U0014872

## ·書系緣起·

早在二千多年前，中國的道家大師莊子已看穿知識的奧祕。
莊子在《齊物論》中道出態度的大道理：莫若以明。

**莫若以明是對知識的態度，而小小的態度往往成就天淵之別
的結果。**

「樞始得其環中，以應無窮。是亦一無窮，非亦一無窮也。
故曰：莫若以明。」

是誰或是什麼誤導我們中國人的教育傳統成為閉塞一族？答
案已不重要，現在，大家只需著眼未來。

共勉之。

# 衝破
# 經濟停滯
## 以無形資產重塑
## 成長與繁榮

# Restarting
# the Future

How to Fix the
Intangible Economy

**Jonathan Haskel**
喬納森・哈斯克爾

**Stian Westlake**
史蒂安・韋斯萊克
————著

曹嬿恆
————譯

# |目錄 | CONTENTS

# |圖表目錄|

## 表次

# 序言暨致謝

　　本書乃源自我們於 2017 年出版《沒有資本的資本主義：無形經濟的崛起》（*Capitalism without Capital: The Rise of the Intangible Economy*）之後發人深省的對話。我們非常感謝以下諸位給我們精闢且慷慨的評論：馬丁‧布拉塞爾（Martin Brassell）、史蒂芬‧切凱提（Stephen Cecchetti）、泰勒‧柯文（Tyler Cowen）、黛安‧柯爾（Diane Coyle）、克里斯‧迪洛（Chris Dillow）、丹尼爾‧芬克爾斯坦（Daniel Finkelstein）、馬丁‧弗萊明（Martin Fleming）、拉娜‧福洛荷（Rana Foroohar）、比爾‧蓋茲（Bill Gates）、約翰‧哈里斯（John Harris）、康斯坦絲‧杭特（Constance Hunter）、理查‧瓊斯（Richard Jones）、約翰‧凱（John Kay）、威廉‧克爾（William Kerr）、索爾‧克萊因（Saul Klein）、阿諾‧克林（Arnold Kling）、巴魯克‧列夫（Baruch Lev）、尤瓦爾‧列文（Yuval Levin）、伊桑‧馬索德（Ehsan Masood）、喬治‧莫羅安（George Molloan）、阿塔曼‧奧茲迪利姆（Ataman Ozyilidirim）、羅伯特‧佩斯頓（Robert Peston）、萊因‧薩拉

姆（Reihan Salam）、麥可・桑德斯（Michael Saunders）、丹・西謝爾（Dan Sichel）、大衛・史密斯（David Smith）、湯姆・薩克利夫（Tom Sutcliffe）、巴特・范阿克（Bart Van Ark）、卡盧姆・威廉斯（Callum Williams）、馬丁・沃爾夫（Martin Wolf）及許多其他人。

　　謝謝與我們合作的人不斷地給我們啟發：山姆・鮑曼（Sam Bowman）、卡蘿・柯拉多（Carol Corrado）、珍妮絲・埃伯利（Janice Eberly）、哈拉爾・埃德奎斯特（Harald Edquist）、彼得・古瑞吉（Peter Goodridge）、馬西米利亞諾・歐米（Massimilliano Iommi）、西西莉亞・喬納拉—西尼奧（Cecilia Jona-Lasinio）、保羅・米森（Paul Mizen）、加文・瓦利斯（Gavin Wallis）和吉爾斯・威爾克斯（Giles Wilkes）。我們很感激慷慨的出資者：愛立信公司（Ericsson）、英國經濟暨社會研究委員會（ UK Economic & Social Research Council, ESRC）、麥肯錫公司（McKinsey & Company）、創新及擴散計畫（Programme on Innovation and Diffusion, ES/V009478/1）、生產力學會（Productivity Institute, ES/V002740/1），還有我們的東家英格蘭銀行（Bank of England）、「商業、能源及產業策略部」（Department for Business, Energy and Industrial Strategy, BEIS）、倫敦帝國學院（Imperial College）、皇家統計學會

（Royal Statistical Society），他們既支持我們的努力，關於本書所討論的主題，也提供我們無數實用的見解。然而，本書的觀點代表我們的立場，並非他們的立場。

　　若沒有許多人的幫助與投入，這本書便不可能完成，包括布萊恩‧安德森（Brian Anderson）、阿齊姆‧阿扎爾（Azeem Azhar）、艾琳娜‧巴內特（Alina Barnett）、珊卓‧伯尼克（Sandra Bernick）、麥特‧克利福德（Matt Clifford）、賽門‧考克斯（Simon Cox）、丹‧戴維斯（Dan Davies）、內德‧多諾萬（Ned Donovan）、艾力克斯‧埃德曼斯（Alex Edmans）、大衛‧艾德蒙斯（David Edmonds）、約翰‧芬格爾頓（John Fingleton）、湯姆‧佛斯（Tom Forth）、馬可‧加洛法洛（Marco Garofalo）、山姆‧吉馬（Sam Gyimah）、安東‧豪威斯（Anton Howes）、強尼‧基特森（Jonny Kitson）、馬克‧科亞馬（Mark Koyama）、愛麗絲‧拉斯曼（Alice Lassman）、詹米‧藍尼（Jamie Lenney）、保羅‧路易斯（Paul Lewis）、約翰‧邁爾斯（John Myers）、拉曼納‧南達（Ramana Nanda）、馬丁‧歐尼爾（Martin O'Neill）、蘇菲‧皮通（Sophie Piton）、佩特拉‧沙拉派特科瓦（Petra Sarapatkova）、班‧索斯伍德（Ben Southwood）、瑪麗蓮‧托勒（Marilyne Tolle）、瑞秋‧沃爾夫（Rachel Wolf）、班‧耶歐（Ben Yeoh），以

及普林斯頓大學出版社（Princeton University Press）的團隊，尤其是喬許‧德雷克（Josh Drake）和漢娜‧保羅（Hannah Paul）。特別感謝讀完整本手稿的蘇‧哈斯科（Sue Haskel）和史蒂夫‧里哥洛西（Steve Rigolosi）。

　　一如既往，我們感謝克絲汀（Kirsten）、蘇以及家人們給我們無盡的愛與支持。我們很高興將本書獻給我們的父母：史蒂安要獻給瑪麗特（Marit）和羅伯特（Robert），而喬納森要獻給卡洛爾（Carole）和賽門（Simon）。

導論

# 如何衝破經濟停滯

　　二十世紀在一陣瞬湧上來的樂觀風潮下告終。人們冀望靠著新科技與新的經商之道,很快就能迎來更大的繁榮與人類的昌盛圓滿。可是事實證明並非如此,過去這二十年來,已開發經濟體的表現始終令人失望。這本書要為事情出了什麼差錯給出一個新的說法,並建議我們可以如何修補問題,創造出一個不只成長得更快,而且也更公平、更永續的經濟。

## 延後明日:賽爾登的銅色牌匾與羅倫澤提的壁畫

　　有時候,一個事後看來似乎無法避免的未來,在當時可是難有定論。而有時,一個看似令人嚮往也很有可能的未來,卻根本沒有發生。我們可以從兩樣東西來思考這件事情:一塊汽車上的黃銅牌匾和一幅七百年前的畫作。

　　說不定比起其他科技來說,汽車更能定義二十世紀。不管好壞,它影響了我們的生活方式、經濟、城市與氣候,甚至在

二十世紀乍始之時，它被人們視為一種未來的圖標。看看來自
1900 年前後的美國古董汽車，你會發現它們之中有許多都具
備了一個不尋常的共同特徵：一塊黃銅色的牌子，上面寫著這
輛車是由名叫喬治・賽爾登（George Selden）的人所設計的。
若你從來不曾聽聞賽爾登此人與汽車先驅卡爾・賓士（Karl
Benz）或亨利・福特（Henry Ford）齊名，那是有原因的。賽
爾登不是工程師，而是一名專利律師，而且當時他從來沒有造
過一輛車子。不過，他倒是在 1879 年申請到一項專利，聲稱
範圍涵蓋所有燃油車（美國專利號 549,160）[1]。他充分利用這
項專利，順理成章地聯手其他幾家業者組成一個壟斷聯盟，對
售出的每一輛車索取授權金，成為今日收購鮮為人知專利，以
用來撼動科技公司的專利蟑螂始祖。像汽車業這樣一個生機勃
勃的行業，便可能成為貪婪集團的受害者。幾年後，亨利・福
特挑戰這項專利，經過八年纏訟，終於勝訴，接下來的故事大
家便都知道了。不過，局面也可能有所不同，而使得美國汽車
業走向一條不同的道路，也影響了更廣泛的汽車歷史。黃銅牌
提醒我們，汽車的發展其實並非必然如現今所看到的。

　　專利戰並不僅限於發生在汽車業。短短幾年後，美國航空
業也受到一場類似專利戰的限定，差點就要脫軌。而好萊塢之
所以成為電影的同義詞，有部分原因出自於早期製片商為了

躲避湯瑪士・愛迪生（Thomas Edison）的「電影專利公司」
（Motion Picture Patents Company）的法律約束而轉往到該地。
這些專利戰是更廣泛的歷史教訓的例證，說明許多新技術的演
進和帶來的經濟成果，取決於規則（rule）、法律與制度面的
好運氣。

　　拙劣的規則幾乎就要阻礙一項重大技術的早期發展，賽
爾登的黃銅牌是我們在經濟上有幸逃脫的一個提醒。不過，
有時候社會沒有那麼幸運，糟糕的制度會讓物質進步嘎然而
止。西恩納（Siena）這個城市裡有一個熱門景點，是由羅倫
澤提（Ambrogio Lorenzetti，他的活躍期大約為 1317 年至 1384
年）所繪製的一組令人歎為觀止的壁畫。該壁畫描繪了這座
城市在十四世紀的模樣，以玫瑰粉和淡紫色凸顯出高塔和市
場，並精心繪製商販在街上叫賣、市民快樂起舞的場景。名為
《良好的治理對西恩納及其領地的影響》（*The Effects of Good
Governance on Siena and Its Territory*）的這幅壁畫，就座落在
市政廳執政委員會所在大廳的牆上，以此提出一個基本政治主
張：良好的治理有助於經濟繁榮。看來在十四世紀初期，西恩
納和義大利北部周邊城市一定已經成功取得不凡的經濟成就。
靠著對貿易、金融與投資的支持，他們開始擺脫困住西歐大部
分地區數世紀之久的生存陷阱。可是壁畫上的油彩尚未乾透，

經濟大潮便開始轉向。曾經讓西恩納昌盛一時的制度，結果證明不足以因應新經濟，就跟許多其他北義大利城市一樣，西恩納開始進入停滯，接著衰落。市政廳上的壁畫抑鬱地提醒著人們曾有的昔日榮光。

西恩納經驗引發一個我們將在第三章探討的重要問題：隨著這個經濟體的成長與改變，它需要什麼樣的制度、規範與策略？

## 經濟大失望及其病徵

我們在考慮今天的經濟狀況時，很難擺脫掉一個念頭：它不應該是這個樣子。這個世界比以往任何時候都更富裕，卓越的科技正在改造我們生活的各個面向——然而，從經濟的角度來看，大家似乎都知道有些苗頭不對。

在 1970 年代後期的英國，這種苗頭不對顯而易見到為英國博得一個封號：「歐洲病夫」。還沒有人給富裕國家的經濟今時所面臨的問題取個名稱，不過我們在一個又一個國家身上看到五個病徵：停滯、不平等、競爭功能失調（dysfunctional competition）、脆弱與不真實（inauthenticity）。這些病徵之所以值得注意，不僅因為它們在客觀上不為人所喜，更因為它們全都有些不好說明、挑戰了傳統經濟學的解釋或呈現出人意表的悖論。我們會在這裡簡要介紹它們，並且在第一章詳細闡明。

　　**停滯**。生產力成長緩慢到令人鬱悶的地步已經十年有餘了。因此，如果二十一世紀的成長照著這個趨勢下去，富裕國家的人均所得會比原本應有的減少 25％。低度成長期本身並不稀罕，可是我們現在的不景氣不但拖拖拉拉而且令人費解。事實證明，它能抵抗超低利率和一大堆非傳統的刺激經濟手段，而且它還跟對新技術與利用它們的新企業的普遍熱情共存於世。

　　**不平等**。不管從財富或所得的角度來看，自 1980 年代以來，不平等的程度已經大幅加劇，而且始終沒變。不過，今天的不平等不單純是貧富問題；反之，它因為我們所謂的**尊嚴不平等**（inequality of esteem），也就是被文化及社會變遷所拋棄的下層人民感知到和上層菁英分子之間的鴻溝，而變得複雜了。雖然尊嚴和物質生活的富裕之間存在一些相關性，不過並非完全相關。很多覺得被現代性所摒棄的人是資產雄厚的退休人士，而自由派菁英裡也有不少一窮二白、負債累累的畢業生。

　　**競爭功能失調**。競爭作為市場經濟的命脈，似乎沒有發揮應有作用。公司的財富看來變得更加穩固，像亞馬遜（Amazon）和 Google 這類兆元企業的表現持續超前，賺進高額利潤，令人望塵莫及。新設立的企業變少，人們也更不可能換雇主或搬家找新的工作。在這裡我們也看到一種矛盾存在，很多人對經濟生活中愈來愈激烈、緊張且無謂的爭論迭有怨言的同時，客觀上衣食無虞的人，甚至富人，似乎必須加倍努力的工作才能維持現況。

**脆弱**。COVID-19 疫情全球大流行已經證明，即便是世界上最富有的國家也不能免疫於自然力量的影響。確實，疫情大流行所造成的損害和經濟的複雜性及精密性有關。我們龐大又密集的城市、複雜的國際供應鏈和全球經濟前所未有的連結性，使病毒得以從一個國家迅速蔓延到另一個國家，也提高了掌控病毒所需的封城代價。甚至不過十五年前，中國偏遠地區爆發大流行疾病，對富裕國家來說頂多是一則小新聞而已。如今，拜全球化、供應鏈與網際網路之賜，我們似乎愈來愈容易暴露在另一塊大陸上一隻蝴蝶振翅的效應中。

對許多人來說，COVID-19 對人類的毀滅性影響，預先警示了氣候變遷將在未來幾年引發何等浩劫。疫情大流行的實質衝擊加上全球暖化的預期衝擊，說明了經濟在面對生態系統等級的巨大威脅時的脆弱不堪。這兩個問題還有另一個共同特徵：知道怎麼解決與實際動手去做之間存在著離奇的鴻溝。從台灣到泰國，這些國家已經證明對的政策有助於減少 COVID-19 死亡人數和經濟損失金額；同樣地，詳細而可信的經濟脫碳化計畫也已經有了。可是，知道跟做到的距離很遠，而大多數國家似乎沒有跨越的能力。

央行抵消經濟衝擊的能力下降，是脆弱性的另一個跡象所在。美國在 COVID-19 大流行之前的九次衰退中，聯準會（Federal Reserve）平均降息 6.3 個百分點[2]。在英國，COVID-19 前的五次衰退中，這個降息幅度是 5.5 個百分點。可是自 2009 年以來，美國、英國與歐陸央行所設定的平均利率已經分別來到 0.54％、0.48％和 0.36％（2021 年 4 月的資料）。「利率」這個央行所謂的政策空間似乎已經嚴重受限。

**不真實**。二十一世紀經濟最後一個令人失望的特徵，不是經濟學家會去討論的東西，但卻在庶民的言談中占有重要位置。我們將之稱為**不真實或虛假**，也就是工作者與企業缺乏他們應有、也曾經擁有的恆毅力（grit）與誠信（authenticity）。想想人類學家大衛‧格雷伯（David Graeber）對「狗屁工作」（bullshit jobs）的批評：即便「解聘跟加快腳步總是落在那些實際在製造、搬運、修理與維護東西的人身上」，但「透過某種奇怪的鍊金術，坐辦公桌領薪水的人數好像最後還是變多了」[3]。

格雷伯乃追隨尚‧布希亞（Jean Baudrillard）等後現代主義學者的腳步而發此議論，這些人認為現代世界被諸多「擬像」

（simulacra）所主宰了：像迪士尼樂園那樣的仿造物與符號，脫離現實基礎而擁有自己的新生命[4]。同樣地，保守派評論家羅斯・杜塔特（Ross Douthat）也主張說，模仿而非原創在文化、媒體與娛樂圈裡大行其道，是現代頹廢病的其中一個特徵。現代世界以一種過往沒有的方式被重組、敘述與策劃[5]。

　　這個觀點也引起社會大眾的共鳴。製造業和政府應該採取更多作為來振興此一產業的想法，常年受到選民的歡迎。讓製造業工作回流美國，是川普（Donald Trump）在 2016 年引起最大迴響的競選承諾。歷任英國政府也承諾要用「新產業、新工作」和「製造者們的前進步伐」（March of the Makers）來因應全球金融危機。這些承諾沒有一個實現，可是它們會被許下，在在強烈地顯示「我們應該回歸『造物』」的這個想法廣受歡迎，以及懷疑很多現代經濟活動不知何故其實並不真實。

　　經濟與社會常常經歷動盪不安的時期。可是，此處所列的五個問題同時存在，則特別令人費解，而且自相矛盾。經濟停滯以前就影響過我們，但是今天，它和低利率、企業高獲利，以及人們普遍認為我們生活在一個科技進步令人眼花撩亂的時代共存於世。物質不平等的加劇已經放緩，不過它的後果和後遺症──地位不平等、政治極化、地理分歧、社區衰敗、嬰兒夭折[6]──仍持續擴大。如我們在第七章要討論到的，隨著新公司變少，以及領先企業與落後企業的績效差距更持久不減，競爭似乎也減少了，可是經理人與勞工的工作生涯同樣令人感到比以往更為騷亂不安。

　　這本書要回答兩個重要問題：是什麼導致這些徵狀？我們又能做些什麼？

## 解釋經濟大失望：行為 × 環境 × 轉型的經濟

　　只要出了大亂子，便不乏解釋成因的理論。如我們在第一章所要討論的，對經濟大失望（Great Economic Disappointment）的解釋往往可以分成兩類：歸咎於行為的理論與歸咎於環境的理論。

　　行為派說法認為，只要我們採取更好的作為，便能避免問題發生。左翼批評家主張我們早該以更高的稅收或更嚴格的競爭法規來取消新自由主義；右翼批評家則怪罪於企業家精神的殞落，並且哀嘆逝去的「建造」文化。環境派的解釋則比較宿命論。其中有些人認為我們今天面臨的問題不過是長期失敗的表徵，是資本主義自作自受的報應。其他人則堅稱停滯是進步的必然結果，也許是因為歷來的成長率靠的是科技的好運氣，譬如內燃機、電氣化、電視和室內管道等等變革性的發明，而我們今天手邊可用的技術就是沒有那麼幸運。有些環境派的解釋是悲觀的，認為過去二十年代表一種新常態；其他人則樂觀一點，預期當我們找到方法提高新技術的成效，未來將有所改進。

我們對於假設人類就是變得更糟糕，或天意或技術的重大開展就是不利於我們的理論，抱持懷疑的態度。這本書要提出另外一種解釋。我們相信，經濟體正在經歷一場根本性的轉變，從一個主要為物質的經濟走向一個基於想法、知識與關係的經濟。不幸的是，大多數情況下，經濟所仰賴的制度沒能跟上腳步。我們看到的種種問題，是一個被夾在不可挽回的過去與無法實現的未來之間的經濟體所顯露的病徵。

我們在 2017 年出版的書《沒有資本的資本主義》，記述了從主要為物質經濟走向基於想法、知識與關係的經濟的這場轉型，從中注意到投資轉而朝著無形資產（譬如軟體、數據、研發、設計、品牌、訓練和商業流程）而去。這種轉變已經持續四十多年。一如我們在這本新書中所指出的，這樣的變化本身便說明了經濟大失望的某些特徵，從尊嚴不平等加劇到領先企業與落後企業之間恆存的差距皆屬之。

我們在撰寫《沒有資本的資本主義》時，意識到無形資本的故事有一個完全出人意表的面向。似乎在金融危機期間，無形投資的長期成長開始放緩。再怎麼說，無形投資已經穩定成長了幾十年，所以這樣的減速根本不在意料之內，像軟體與研發這類無形投資，還有平台、網路與強勢品牌的無形效益，對企業來說只會變得愈來愈重要。無形資產豐富的公司在全世界股市的主導地位正在提升，而從個體的層面來看，無形投資的需求並沒有減少的跡象。起初，我們以為無形投資的成長趨緩必定是全球金融危機下的暫時性後果，可是隨著更多數據出現，我們清楚看到這並非一時的衰退。如今它已經跟我們常相左右十年了，而我們相信，它可以在很大程度上解釋這段期間生產力成長的下跌。

## 革命尚未成功

我們的主張是，這個根本問題是不適當制度（inappropriate institution）的諸多毛病之一，這在第三章將有詳細的闡述。經濟學家和外行人同樣都能普遍接受經濟活動仰賴於制度的這個觀念，這裡所講的制度也就是道格拉斯・諾思（Douglass North）所描述的「人為設計的限制，用來建構政治、經濟與社會互動」，或是阿諾・克林和尼克・舒茲（Nick Schulz）所謂經濟體的「作業系統」。健全的制度促進交流：譬如能為經

濟體帶來進步的貿易、投資與專業分工。健全的制度必須解決
交流上的四個問題：確保足夠的承諾（commitment）、解決集
體行動（collective-action）的問題、提供資訊（information）、
限制無謂的影響力活動（influence activity）。

　　關鍵問題在於，由於無形資本具有不尋常的經濟屬性，為
了適應它們，制度便必須有所改變。想想看，集體行動的需求
增加便是一例：像基礎科學研究或職業訓練這類企業沒有意願
挹注資金的無形活動，由公家機關來資助便成為更重要的經濟
政策。還要考慮資訊的需求增加：資本市場與銀行體系必須有
辦法借錢給那些很難用自身的資產來做貸款擔保的公司。同時
間，無謂的影響力活動也增加了：圍繞著以授予他人某些無形
資產所有權的智慧財產（intellectual property, IP）權的訴訟愈
來愈多；還有在無形投資看來會蓬勃發展的人口稠密地區，有
關計畫與分區的毫無功用的爭論也變多了。少了適當的制度，
會引發兩個問題：(1) 沒有進行有價值的無形投資，導致成長
變慢；(2) 無形資產豐富的經濟體的潛在不利因子乏人關照。

　　我們可以用化學裡的催化劑來做比喻，想想何以足以讓一
國無形資產增加到占 GDP 約 15％的制度，無法支撐進一步的
成長（向反對這種比喻式推理的經濟純粹主義者致歉，雖然我
們注意到經濟學裡已經充斥著滿滿的比喻概念）。酒廠和釀酒

職人都知道，酵母菌會製造「酵酶」（zymase），這是一種酵素（enzyme），能催化出讓糖轉化成酒精與二氧化碳的反應。不過，只要發酵液的酒精濃度逐漸上升到超過 15％，酵母菌便會死亡，再也製造不出酵酶來引發反應。酵母菌會釀出葡萄酒，但不是白蘭地；能做啤酒，但做不出威士忌。化學工程師談到更普遍的催化劑中毒現象，在這個現象裡，催化劑會因為摻有雜質或因為它們促成的反應所帶來的副作用，而導致效果變差。

　　無形經濟仰賴的制度似乎也是以同樣方式在作用。在某些方面，對無形資產友善的制度只存在於經濟的一小部分裡，擴大規模在實務上並不可行，對許多最大的無形資產密集公司提供早期融資的創投（venture capital, VC）產業便是一例。在其他方面，當無形資產占資本存量（capital stock）的比重很小時，缺陷與雜亂無章只是小問題，等到無形資本變得更形重要，這些問題也就日益嚴重。設計不良的智慧財產權制度引發的專利戰、學者為滿足發表目標而遂行的研究詐欺、避免群集雜生的規劃爭端，這些問題在今天的世界都比 1980 年那時更加嚴重。

　　在其他情況下，一個更無形的經濟帶來的後果——譬如不平等加劇，或自由派菁英與被拋下的大眾之間日益擴大的鴻溝所產生的政治後果——會削弱無形經濟所憑恃的制度。被無形資產本錢雄厚的菁英所激怒的選民，選出民粹主義政府，削減能進行無形投資（譬如科學研究）的制度預算。透過有價值的軟體或網路取得市場支配性的企業，出資進行遊說活動，使競爭對手的日子更難過，阻撓了他們的投資。結果就是，制度不足的代價變高了。

隨著無形資產變得更加重要，我們的經濟所仰賴的制度，看起來就像大銀行或政府部門裡的老舊軟體系統：架構過時且代價漸增，形成一種軟體開發人員所謂技術負債（technical debt）的情況。起初，走捷徑、採取折衷架構和變通做法還能被接受，可是隨著時間過去，這些做法的成本提高，最終因為欠債未還而導致系統失靈。技術負債鮮少闖進公共意識裡──最有名的例子恐怕就是耗費數千億美元修補的千禧蟲──不過，它其實潛伏在我們仰賴的無數軟體中。無形資產的重要性與日俱增，已經形成一個更龐大也更普遍的技術負債版本，我們稱之為制度負債（institutional debt）。

## 償還我們的制度負債

制度負債阻礙了未來的無形投資，也使得進行中的無形投資的不良影響惡化，我們會在本書後半部檢視四個制度負債最龐大的領域。

　　**公共資金與智慧財產**。最明顯的問題與那些以鼓勵無形投資為明確宗旨的制度有關。智慧財產（IP）權法和資助研究、培訓或文化內容的公共機構都在努力解決無形資本的其中一個主要特異之處：那就是無形資本會產生外溢效應（spillover），使私人公司較無意願進行若非如此的等量投資。因此，如同我們在第四章討論的，政府制定了智慧財產權法來限制這類外溢效應，或是補貼或直接資助投資項目本身。

　　遺憾的是要能找到適當的平衡絕非易事，而為了風險較低的有形密集型經濟所設計的既有制度，正在面臨愈來愈大的挑戰。尤其是我們現行的制度，經常要費盡千辛萬苦去鼓勵高報酬的無形投資，而非製造垃圾。研究人員有誘因產出沒人要看的論文，而年輕人跑去讀雇主不重視的學位，都是大家耳熟能詳之事。這個問題源於無形資產的一個根本屬性：跟有形資產相比，無形資產的價值更具有多變性與異質性。去蕪存菁帶給政府無比沉重的負擔，尤其是因為資助研究或管理專利的政府體制通常仰賴規則而行，並不擅長做出此等區別。再者，我們的既有體系可能可以提供公眾支持的資金，可是專案成功愈來愈需要提倡多元創意，這件事卻很困難。

　　**金融與貨幣政策**。不只金融市場和提供融資給私部門的銀行系統面臨嚴峻的挑戰，作為支撐的貨幣政策體系也一樣。企業大多以舉債的方式尋求外部融資，可是無形資產密集企業不太適合做舉債融資。無形資產很難當成質押擔保品，而其贏家通吃的本質使得評估信用能力更加困難。這些現實削弱了央行透過改變利率來管理經濟週期的能力。解決方法是對金融機構的監管方式做出制度面的改變，提升他們的能力，去投資富有無形資產的企業，輔以有利於債權而非股權的賦稅與監管規定。

　　該是時候去審視央行在需要振興經濟時降低信用成本的傳統角色了，隨著利率趨近於零——部分因為經濟變得更加無形，使得風險貼水（risk premium，編註：又稱為風險溢酬）上升所導致的現象——這個角色已經變得愈來愈難扮演。我們會在第五章討論這些課題。

　　**城市**。從矽谷到深圳到蘇活區，傳統上，無形資產密集企業會群聚在繁榮稠密的都市裡。無形資產具有外溢效應並能展現綜效（synergy），儘管有 COVID-19 肆虐，但似乎透過某種面對面的互動，仍是善加利用這些效應的最好方法。可是大多數富裕國家的計畫與分區規則，把阻擋開發的否決權交給屋主，不利於都市發展。隨著無形資本變得更加重要，這種否決權也就變得愈來愈昂貴。在第六章，我們將檢視這個問題的證據，探討解決問題的政治挑戰，並提出建議解方，不只能讓屋主與社區享有都市發展的好處，也能在無形資產富饒的經濟裡，有助於遠距工作發揮最大效益。

　　**競爭政策**。從 Google 這類科技平台到連鎖零售業如沃爾瑪（Walmart），愈來愈多人認為大型主導企業的崛起是貧弱的競爭政策造成的，而回歸 1960 與 1970 年代比較積極的競爭規範，才是正確的回應之道。如我們在第七章所言，我們認為這是誤導人的說法。領先者與落後者的差距拉大，主要是無形資產的重要性與日俱增的結果，不應該用專斷的拆分公司來處理這件事，而應該是去確保市場進入門檻低。競爭的另一個不同面向是更為隱伏且令人不安的，尤其是個人之間日益激烈的競爭——也是無形資產愈來愈重要所導致的——造成大家無端投資更多於取得訊號資格〔signalling qualification，編註：在經濟學裡，訊號是指一方以可讓人信服的方式，向另一方提供關於自己的資訊。之所以要傳送訊號是因為資訊不對稱之故，比如在麥可・斯賓塞（Michael Spence）所描述的就業市場裡，求職者送出一個訊號給不知道自己能力水準的潛在雇主，來表明自己是有能力的，該訊號通常是提供自己的文憑等〕上，譬如不必要的學位或多餘的專業證照。抑制這類個人之間的零和競爭不在大多數政府關心之列，但它應該具有政治優先性才對。

　　有兩個共同主題支撐了這些制度性問題，並指出解決之道。第一個主題是為我們的政府與支持制度運作的組織進行能力建構的重要性，特別是和無形投資有關的職能。在某些情況下，這指的是花更多錢在傳統上非政府當務之急的事項，譬如研發；但更多時候，這指的是投資於培養良好的判斷力與執行力。能發揮作用的智慧財產權制度、有效的資助科學研究或教育、提供深度且流動的資本市場給無形資產密集企業，這些全都需要特定的能力，尤其在政府內部，這類能力往往以效率或樽節開支之名而遭到掏空，所以很是稀缺。專利審查員、法院行政人員和研究補助官員，恐怕是最沒有光芒的公僕，碰到政客誓言掃除官僚作風與刪減管理成本時，第一個被砍的也是他們的工作。可是，要打造一個繁榮的無形經濟，建設這類特定的國家與機構能力尤為重要。

　　第二個主題是如果我們想要修復制度，便需要鑑別並達成政治交易。我們的制度不足，並不是因為我們沒有夠多聰明的點子，而是因為現狀適合許多人，而改變需要付出政治與社會代價。屋主不希望建造更多房屋，喜歡可以讓他們阻礙建案的規範；智財制有利於權利持有人，他們會遊說去延展並強化自己的權利。改善這些制度需要的不只是有效率的技術官僚，更需要能讓新制度運作的交易，比方說，街道層級的分區規劃（第六章會討論）讓屋主有誘因支持新的建案，而增加政治資本則有助於給政治人物正當理由去增加科學研究這類菁英專案的公共支出。

　　從政治上來看，這些要求也許是看似艱巨的任務。重建國家能力是一項費力的選舉訴求，而達成確立新制度的交易，更需要創造力、靈巧性與挑戰既有利益的意願。這裡需要的是務實的樂觀心態，一種相信事情真的會好轉的信念。不過，不同於經濟大失望的其他解釋，我們這套說法和提出的解方，給了我們樂觀的理由。如果如某些評論家所言，我們面臨的重大經濟問題是一種普遍的道德淪喪，或一種新技術在生產力上無法抵擋的外生性變遷，那麼能不能解決便是極為難以估量之事。可是如果我們的問題出在未能更新並改進我們的制度，以便跟上經濟結構不斷變化的腳步，那麼即便困難重重，也還是有辦法的。制度更新以前就發生過，也能再次發生，倘若我們能成功實踐，便能促進成長與繁榮，對抗從流行病到全球暖化的生態威脅，也能找到出路，擺脫這困住經濟二十年、令人不快的折衷處境。

第 **1** 篇

# 經濟哪裡不對勁？

第 1 章

# 經濟大失望

　　自二十一世紀初期以來，已開發經濟體便一直在與一連串重大問題搏鬥：停滯、不平等、脆弱、競爭功能失調與一種我們所謂不真實的普遍感覺。在這一章，我們會描述這些問題和一些用來做出解釋的標準敘事（narrative）。這些敘事有著懷舊或宿命的特徵，或兩者皆有。我們則提出另外一種解釋：亦即這些問題應該被看成是已開發經濟體從依賴有形資產艱難地過渡到依賴無形資產的結果。

　　如今，很難不透過 COVID-19 全球大流行及其餘波的稜鏡來審視現代經濟。錯誤與不同之處是如此之多，以至於這個世界在 COVID-19 發生前的問題，看似一幀已逝世界的老照片。

　　不過回想 2019 年，你會記得，即便在當時也瀰漫著一種已開發經濟體不太對勁的感覺。這樣的憂慮無處不在且包羅萬象，從達沃斯年會（Davos Forum）的主題演講到民粹主義政客的集結，它成為我們如何談論現代生活的一種基調。它體現在我們訴說本國經濟的整體敘述（為什麼經濟成長如此緩慢？我們為什麼再也不去製造任何東西？）中，以及我們對個人生活的看法（為什麼工作生涯的壓力愈來愈大？為什麼我的工作會扯到這麼多廢話？）上。它把無可挑剔的主流經濟學家團結起來，討論著長期停滯與市場集中度（concentration），對此發出批判之聲，質問資本主義是否正在摧毀我們的星球，製造出貧富之間無法跨越的鴻溝。當人們談到經濟時，總是語帶失望，彷彿我們活在一個有毒的年代。

　　面對從一場全球健康危機中復甦過來的挑戰，這些顧慮也許顯得古怪且過時。當產出已經下跌 25％，誰會去在乎長期停滯？當眼前的挑戰是保護公共健康及消費者與投資人的信心時，誰又關心經濟結構？然而，我們必須繼續關心，因為這些長期疑慮並未消失。它們出自一個共同原因，根植於發生在經濟裡的長期變化，而我們對此認識與回應的能力，將決定我們重建經濟的能力。COVID-19 危機好比暗夜裡的一場閃電風暴，有助於照亮我們面臨的長期問題，使隱藏的課題變得清晰可見，因此它給了我們一個導正的機會。此外，COVID-19 也說明了為經濟體的長期特徵撥亂反正，有著攸關生死的必要性。好比第二次世界大戰時的創新，乃奠基於戰前累積的基礎研究

（如雷達），COVID-19 疫苗也是奠定在過去發現的基礎上，
譬如卡塔琳・卡里科（Katalin Kariko）對合成信使核糖核酸
（synthetic messenger RNA）[1] 的研究。而當然，我們也需要讓
經濟成長得更快，以便償還 COVID-19 造成的債台高築。

## 經濟大失望的五大症狀

　　有時候，最熟悉且普遍存在的現象，卻出人意料地難以辨
認和描述。我們必須像在診治有著多種症狀病人的醫生那樣，
提出同樣的問題：哪些症狀彼此有關聯？哪些又應該視為無關
緊要？因此，我們的首要之務，便是逐項列舉出二十一世紀的
長期憂慮。

　　如導論所言，我們指出二十一世紀的經濟有五項負面特
徵，引起人們的憂慮：**停滯、不平等、競爭功能失調、脆弱、
不真實**。以下將逐一闡述之。

### 停滯

　　2020 年 COVID-19 爆發後，產出狂跌帶給經濟成長一記痛
擊的景況，還令人記憶猶新。不過，在此之前，富裕世界的經
濟情況也好不到哪裡去。

　　圖 1.1 顯示，如果照著本世紀初到金融危機前的成長趨勢
走下去的話，人均產出會是多少：已開發經濟體會比現在更富
有兩到三成。

　　若我們放眼的期間更長，失望就更深。二十世紀下半葉
大部分時候，已開發國家的每年實質 GDP 成長率平均可超過
2％，而到了世紀之交，經濟成長大幅跌落一半。在 2000 年至
2016 年間，美國的人均實質 GDP 年成長率約在 1％（見本章
稍後的表 1.1）。如果把焦點放在全球金融危機期間及其後，

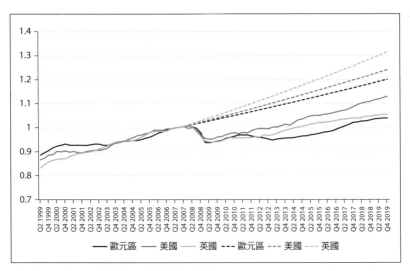

資料來源：作者使用經濟合作暨發展組織（Organisation for Economic Co-operation and
Development, OECD）的數據所做的計算。

**圖 1.1　相對於金融危機前的人均產出趨勢**

數字會更糟糕，2006年至2016年間的年成長率是虛弱的0.6％。歐洲國家也經歷類似的低度成長，至2019年底，英國的皇家統計學會將低生產力成長率選為這十年的代表統計數字。

如今的我們對低度成長是如此熟悉，以至於甚至在COVID-19之前，專家們便已對此見怪不怪，可是它在近至二、三十年前的觀察家眼中，卻是十分令人震撼的事。一個感受當前的成長水平有多麼令人失望的鮮活方法，是去看看本世紀初及更早的時候所做的長期經濟預測。在全球金融危機開始以前，美國國會預算辦公室（Congressional Budget Office）的最後一份報告預測2010年代中期的年成長率是2.5％[2]。大部分央行似乎也做出同樣假設。

再早個十年，權威人士們的看法似乎更為樂觀。經濟合作暨發展組織（OECD）自1992年所做的一份詳細調查，細數了美國在2010年代的幾種經濟成長情境，其中兩個例行預測認為，美國的經濟每年將成長3.1％到3.4％之間。即便在最黯淡的情況（帶著點先見之明的稱為「全球危機」）下，它所預期的年成長率也有2.3％。1997年，情境規劃（scenario planning）之父彼得・舒瓦茲（Peter Schwartz）在《連線》（Wired）雜誌寫了一篇廣受閱讀的文章，提出更為樂觀的看法，預測美國的經濟到2020年都將每年成長4％[3]。保羅・克魯曼（Paul Krugman）直言看淡前景的書《期望下降的年代》（*The Age of Diminished Expectations*）在 1990 年代多次再版，書中提出一個基本預測，認為未來幾十年間，美國的經濟每年將以略高於 2% 的速度成長，這個預測其實也是過度樂觀[4]。連凱因斯（John Maynard Keynes）都會大失所望；他在 1930 年提筆寫下〈我們後代的經濟前景〉（Economic Possibilities for Our Grandchildren）一文時，估計 1930 年至 2030 年間，GDP 將成長八倍[5]。根據截至目前為止的成長率來看，即便排除 COVID-19 疫情的影響，英國與美國的經濟也分別只做到比原來成長了五倍和 6.4 倍。

不過經濟成長的問題不只出在速度放緩，它還以一種違逆許多標準經濟學解釋的方式慢了下來。二十一世紀初期的成長疲軟，與低利率及 COVID-19 危機前的高企業估值並存於世，經濟學家說這種現象叫做長期停滯（secular stagnation）。我們可以在圖 1.2 看到這樣的高估值：托賓 Q（Tobin's Q）比率（衡量投資人對未來企業獲利的樂觀程度）還沒有達到網際網路泡沫時令人頭昏眼花的高點，不過已經遠高於 1980 年代時的低點。

這樣的事態發展令人訝異。通常，高獲利是企業的投資正在收割良好成果的一種跡象。只要資金便宜，我們預期企業會

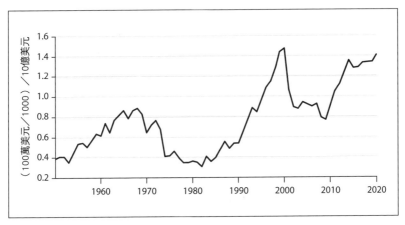

資料來源：Federal Reserve Economic Data。

**圖 1.2　美國的托賓 Q 比率**

籌集資金，去對眼前的機會做更多投資，使經濟成長有所復甦。可是，利率已經走低超過十年了，成長依舊緩慢。更重要的是，這個低成長發生在人們普遍相信許多振奮人心的技術進步正在達陣的時期。果若如此（我們會在第四章詳細探討這個問題），那麼低經濟成長是我們萬萬想不到的事情。

## 不平等

不只經濟大餅的規模引起關注；怎麼分食也是問題。自世紀之交，尤其是金融危機以來，最富有的人與其他人的差距引發愈來愈多疑慮。威金森（Wilkinson）和皮凱特（Pickett）的暢銷書《社會不平等：為何國家越富裕，社會問題越多？》（*The Spirit Level*）認為不平等所導致的犯罪、健康不良和不幸福，不會只發生在窮人之間，更會波及整個社會[6]。2011 年的占領運動〔編註：是指占領華爾街（Occupy Wall Street）運動，其基本訴求就是對於政治腐敗、大商業公司和最富有的 1％的富人在政策制定上享有的特權的反感。活動的關鍵聲明之一為「最基本的事實就是我們 99％的人不能再繼續容忍 1％人的貪婪與腐敗」〕使「99 ％」的哏圖大為風行，凸顯出富有菁英與普羅大眾一刀切的二分法。而托瑪‧皮凱提（Thomas Piketty）的《二十一世紀資本論》（*Capital in the Twenty-First Century*）則把幾十年來關於財富不平等的實證工作帶入公共辯論中[7]。

我們觀察到富裕國家的人民在財富與所得上的物質不平等現象。無論是從擁有多少或從賺得多少來看，比起四十年前，社會上最富有的人都比最貧窮的人超前更多。這種成長有大部分似乎發生在 1980 年代和 1990 年代，自此之後，有些不平等的指標看來持續上升，而其他一些似乎已經趨緩。

圖 1.3 讓我們對這些數字有個概念。這張圖呈現出 1980 年到 2016 年間，全世界從最貧窮到最富有的成年人的人均所得成長。在圖的左邊，我們看到新興國家崛起，已經使得位於世界分配底層的人民所得增加，可是這個增加不敵頂層的成長，

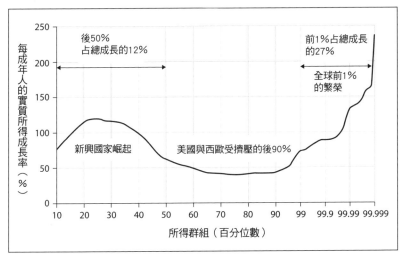

資料來源：Alvardero et al. (2020) 中的圖 E4。

**圖 1.3　全世界依所得群組的成長率（1980 年到 2016 年）**

全球所得前1%的人占了總成長的27%（後50%的人只占了總成長的12%）。

　　就跟經濟成長失靈一樣，不平等加劇的情況和二十世紀未來觀察家預測的不一樣。回頭看看四分之一世紀以前所寫關於未來的宏大敘述，我們發現其中最令人感到憂心的是極端貧窮與社會排除（social exclusion），而非超級富豪與自由派菁英。在暢銷書《2020 年的世界》（*The World in 2020*）裡，作者漢米許‧麥克雷（Hamish McRae）認為包括犯罪、吸毒和家庭破碎在內的社會混亂，「主要影響了較貧窮的社經群體」，而對

2020 年的美國形成威脅，可是在今天，主導敘事的主軸是菁英與社會大眾之間的差距，他卻隻字未提[8]。

當代的不平等不只是一種經濟現象。2000 年代及 2010 年代，在自由派、受過教育、都會化的菁英與從英國後工業城鎮到美國鐵鏽帶等不受青睞地區所謂的落後居民之間，地位不平等的增加摻入了我們熟知的那種物質不平等之中。這個當代不平等的面向非關金錢，而是牽涉到開放性、教育、根植程度及尊重方面的差異。它具有強烈的地理成分，而且有時候無關乎經濟不平等。大量低收入、債務纏身的大學畢業生可能會發現自己被形容成自由派菁英，而落後者則包括有房和養老金、生活舒適的退休人士在內。

經濟學家恩里科・莫雷蒂（Enrico Moretti）把這種落差的地理構面稱為「大分歧」（great divergence），從大學畢業生的比例與薪資，到離婚率和死亡率等種種面向，舉證指出美國繁榮城市與落後城市之間的差異[9]。威爾・詹寧斯（Will Jennings）和傑瑞・史東克（Gerry Stoker）這兩位英國政治學者觀察到於 2010 年代，在他們所謂的「兩個英格蘭」之間出現一道鴻溝——一個是世界性的、向外看的英格蘭，另一個則是狹隘、民族主義的英格蘭[10]。在美國有一個雷同的分歧主宰了 2010 年代後期的政治現實，催出選票把川普送進白宮，促使英國脫歐,並開展了世界各地民粹主義政客的職業生涯。

這種不平等很有可能是攸關生死之事。安·凱思(Anne Case)和安格斯·迪頓(Angus Deaton)認為它和「絕望死」(deaths of despair)的流行有關,這是中年美國白人因自殺、濫用鴉片類藥物和酗酒所導致的死亡潮,始於1990年代後期,而且仍在持續擴大中[11]。即便所得與財富不平等的情況已經趨穩,但這種流行病和地位焦慮的其他表徵仍繼續升高。

## 競爭功能失調

下一個造成二十一世紀經濟萎靡不振的因素,與推動市場運轉的競爭力有關。經濟學家用來量測市場健康狀況的一系列指標,已經表現怪異很長一段時間了。

首先,最成功的企業與其他企業的差距似乎以勢不可當之姿在擴大當中。如圖1.4所示,過去幾十年間,在一個又一個產業、一個又一個國家裡,最賺錢、生產力最高的企業和其他企業的距離大幅拉開。資通訊技術(information and communication technology, ICT)服務業者的差距擴大也許不令人訝異,可是這種差距在其他產業裡卻也很普遍可見了。

非生產性企業萎縮而生產性企業成長是一種被經濟學家稱為商業動能(business dynamism)的現象,同時間,這樣的走

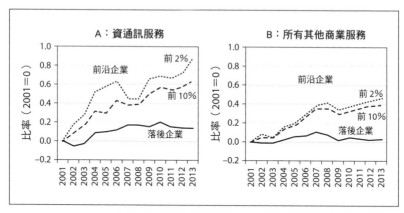

註：在版 A 與版 B 裡，全球前沿企業組的定義是在每一個分類代碼為兩碼的產業裡，
總要素生產力（total factor productivity, TFP）水平達前 5％的企業，其他企業則被
界定為落後企業。
資料來源：Andrews, Criscuolo, and Gal 2016。

圖 1.4　績效差距

向自 2000 年以來經歷了萊恩・戴克（Ryan Decker）及其同僚
所謂的「普遍性下跌」（pervasive decline）[12]。研究也顯示，
隨著追求高成長的創業精神大幅淪喪，正在成立的新企業也跟
著變少了。

此外，經濟學家有紀錄為證，顯示把價格扣除邊際成本後，
近幾年來似乎企業正在賺得的加成（markup）有所增加（圖
1.5）[13]。經濟學家湯瑪斯・菲利蓬（Thomas Philippon）寫了一
本出色的書《大逆轉》（*The Great Reversal*），對這一點做出
很好的總結[14]。

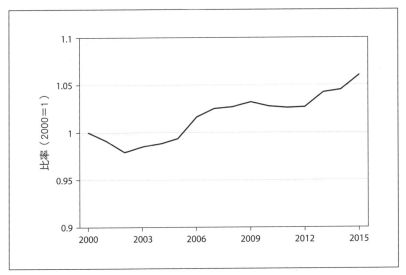

資料來源：Diez, Fan, and Villegas-Sanchez 2019。

**圖 1.5　全球平均加成比率（2000 年到 2015 年）**

　　從個別勞工的層次來看，數據上顯示存在活力下降的跡象。跟千禧世代愛跳槽的流行迷思相反，年輕勞工換雇主的頻率明顯低於前幾個世代；他們也比較不可能從一個城市搬到另一個城市去工作。經濟學家泰勒‧柯文形容這些傾向是一種新興「自滿階級」（complacent class）會有的症狀，他們「比以往更努力推遲改變」[15]。

　　不過，這裡有個前後矛盾的地方。如果你把證據攤在普通勞工或經理人眼前，說市場正變得比較不具競爭性，勞工也比較安逸自滿，他們會給你從驚訝到不相信不等的反應。儘管商業競爭和動能正在走下坡，但就算是在 COVID-19 大流行讓企業界陷入混亂之前，這個商業環境裡的大多數公司也並不覺得安逸。套用美國商務部長馬爾科姆‧波多里奇（Malcolm Baldrige）在 1981 年對美國公司的直率描述，企業並不特別感到「又肥、又蠢、又開心」（fat, dumb, and happy）[16]。

勞工對自己的工作或工作條件也不是特別滿意。像亞馬遜倉庫裡那種低薪工作的勞動強度與無情的績效管理，經常成為調查記者的報導來源。而意在鼓勵失業者重回勞動力的有條件福利制度，則意味著跟幾十年前相比，連失業都要更努力工作一點。

高薪、高技能勞工的工作生活是否變得比較不緊繃，還很難確定。丹尼爾‧馬科維茨（Daniel Markovits）的《菁英體制的陷阱》（*The Meritocracy Trap*），記述「瘋狂的競爭如何主導了高階職位」，和 1950 年代沉滯的企業界以及威廉‧懷特（William Whyte）在 1956 年的《組織人》（*The Organization Man*）一書裡提到執行長沒必要表現得「冷酷無情或強迫取得成功不可」，形成鮮明的對比[17]。高階主管不是從站在辦公室門口才開始奮戰，而是從幼稚園就開始了，作為有理想、有抱負的菁英分子，他們奮起穿越一個又一個永無止境的跳環，為高層次的吃蛋糕比賽中競爭激烈的職位做好準備,得到的獎賞是更多的蛋糕。同樣地,經濟學家彼得·孔恩(Peter Kuhn)也為文指出,儘管美國男性的平均工作時間正在下降,但收入最高者與最低者的平均工時則正在上升當中[18]。

## 脆弱

COVID-19 疫情大流行戲劇性地展現出一件事:即便最富有的經濟體也無法免疫於自然力量的影響。誠然,疫情大流行所造成的損害和經濟的複雜性及精密性有關。我們龐大又密集的城市、複雜的國際供應鏈和全球經濟前所未有的連結性,使病毒得以從一個國家迅速蔓延到另一個國家。

某種程度上來看,這種相互連結的脆弱性是全球經濟專業分工下的自然結果。脆弱性的另一個面向是感覺政府不太能做什麼來抵消一些我們面臨的衝擊。歐洲經濟體通常仰賴國家緩和經濟衝擊所帶來的打擊,或者說得直白一點,提供社會保險給自己的國民。那樣的保險有些來自福利國家,所以是財政面的,但重要的是其中有些來自貨幣政策。在以前,央行面臨不利衝擊時,可以透過降息來穩定經濟,從而為經濟活動添薪加柴並恢復成長。可是如圖 1.6 所示,利率已經跌個不停將近四十年了,隨著利率趨近於零,央行能提供的緩衝似乎有限。

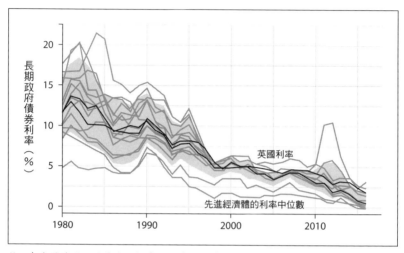

註：灰色區塊呈現的是十七個先進經濟體的第九十到第十百分位數。數據來自 Jorda,
　　Schularick, and Taylor (2017)，引述自 https://bankunderground.co.uk/2020/06 /03/theres-
　　more-to-house-prices-than-interest-rates/。

**圖 1.6　先進國家自 1980 年以來的利率**

　　經濟學家傑森・佛曼（Jason Furman）和勞倫斯・桑默斯
（Lawrence Summers）強調這種政策空間的付之闕如。如本書
導論中提到的，他們計算出來，美國在 COVID-19 大流行之
前的九次衰退中，聯準會平均降息 6.3 個百分點[19]。我們對英
國如法泡製相同的計算，在 COVID-19 前的五次衰退中，英
國的銀行利率平均下調 5.5 個百分點——比方在 1980 年 7 月
到 1981 年 3 月之間，利率從 17％掉到 12％。在寬鬆期間，有
十一個月的時間，每個月平均降息 0.5 個百分點。截至撰寫本

書此時,英國銀行利率是 0.1%,這表示目前英國的利率(在降為零以前)只夠一個禮拜的降息。

此外,COVID-19 不是現代經濟容易受到大自然力量傷害的唯一例子。充足的能源是工業社會核心裡的童話魔法。一年需要超過十萬兆瓦／時(terawatt-hours)才能讓文明之光持續點燃,而我們是如此幸運,活在迄今為止人類存在於世微乎其微的片刻中,有能力製造出這等數量的能源。不過,所有好的童話故事都有個詛咒,而我們這個故事的詛咒是:製造出這樣的能源,其中約有八成會產生看不見且表面無害的汙染,它們正在經年累月地對這個星球造成災難性損害。

令人沮喪的不只是氣候變遷的事實,還有我們的顯然無能應對。低碳能源技術已然存在,而且近幾年來價格大幅下跌。有大量世界上最聰明的人奉獻職涯,致力於解決問題。如何減少碳排放的經濟學在很大程度上是一個已解的問題,大多數政府都有降低碳排放與減輕氣候變遷影響的長期政策。簡言之,減少碳排放是個**難題**,可是相較於提高經濟成長的問題,它看來並不**神祕難解**。然而,儘管這個問題已經取得普遍認知與可觀的政治能量,但是向低碳經濟轉型的速度似乎進行得太慢。

不管這衝擊是像 COVID-19 那樣來得又急又突然,還是像氣候變遷那樣溫水煮青蛙,人們普遍認為,今天的富裕經濟體異常容易受到擾亂，而且不知何故沒有能力採取措施防止問題發生。

## 不真實

　　二十一世紀經濟最後一個令人失望的特徵，是我們稱之為虛假的東西。雖然這種批評不常從經濟學家口中聽到，但卻被庶民百姓和其他學科的評論家所廣泛引述，他們似乎都相信，今天的經濟運作裡缺乏了它應該也曾經擁有的「真實性」與誠信。在保守派對現代性的批判裡，現代經濟虛假到令人不滿是一個恆常出現的主題。從投資人彼得‧提爾（Peter Thiel）的感嘆：「我們想要會飛的車子，結果卻得到一百四十個字元。」（we wanted flying cars, instead we got 140 characters）〔譯註：意指推特（Twitter），因為每則推文有一百四十字元的限制〕便可見一斑。評論家很清楚的表示，他們認為很多經濟活動從某方面來看是虛假的、缺乏誠信的，或甚至是詐欺的。這種不滿情緒在 COVID-19 大流行期間急遽高漲，當時許多西方國家發現自己缺乏呼吸器和個人防護設備，也沒有錢可以很快製造出來。很多人在問，富裕的經濟體怎麼會沒有能力製造這些重要的東西？

　　我們上面提到的網路經驗加重了這種虛假與不真實的感覺。

雖然網際網路可以成為免費資訊的寶庫，但它似乎也飽受江湖術士、誤導者和強迫推銷的叫賣者所擾。一份 2019 年的調查指出，給兒童看的「萊恩的世界」（Ryan's World）是 YouTube 上觀看次數排名第六的頻道，點閱人數超過一千九百萬人。這位七歲大的影音部落客萊恩・卡吉（Ryan Kaji）在頻道上開箱兒童的玩具與遊戲，據稱 2018 年便進帳 2,200 萬美元 [20]。

回顧一下：二十一世紀初，已開發世界的經濟有五大問題。首先，即便資金便宜，企業大部分時候表現良好，而且似乎技術充裕，但成長已經走緩二十年了。其次，貧富間的物質差距擴大，而且伴隨著根深蒂固的社會與文化分歧。第三，企業間瀰漫著一股萎靡且生產力低下的遲滯氣氛，而我們的生活經驗中又充斥著令人精疲力盡的白熱化競爭，儘管這矛盾的組合似乎主宰著人們的工作生活，但大家仍察覺到缺乏競爭。第四，經濟似乎脆弱且容易受傷。我們靠著貨幣政策來支撐經濟的能力看來同樣也在消退當中。我們無法不依賴不具永續性的化石燃料，儘管相當清楚如何補救，但事實證明做出大刀闊斧的改革難如登天。第五，人們普遍認為，我們的經濟運作中有許多地方既不真實也不可靠。

# 黃金年代與大鴻溝：兩個關於經濟大失望的故事

　　評論家與學者們面對這種令人不安的經濟事件組合，提出了各式各樣的解釋。

　　諾貝爾獎得主羅伯特・席勒（Robert Shiller）在最近的一本書中，為敘事在經濟學裡的重要性提出有力的論據[21]。愛德華・利默（Ed Leamer）曾寫過類似看法，哈拉瑞（Yuval Noah Harari）、約翰・凱和莫文・金（Mervyn King）[22] 也是。席勒認為，人類會緊抓著敘事來認識並描述經濟現象。這些敘事往往是一種原型；我們天生就會受到少數幾個反覆出現的故事所吸引，而且會設法去辨認它們，好比我們的眼睛會在月球的陰影與坑洞間辨認出一張人臉那樣。在席勒來看，這些故事具有經濟力量，它們不只幫助人們描述世界，也驅動人類的行為。

　　確實如此，當經濟學大師談及已開發國家當前的經濟狀況時，會突然冒出不少眼熟的敘事元素，尤其是兩個原型故事，讓我們姑且稱之為「失落的黃金年代」（Lost Golden Age）與「大鴻溝」（Great Divide）。

## 失落的黃金年代

　　第一個流行的說法認為，我們生活在一個某種程度比不上

過去的年代。從數據便可相當清楚地得出這個結論：自金融危
機以來或說不定在此之前，生產力成長便已明顯下降。不過，
此一說法還利用了失落的黃金年代這個更為古老的人類故事，
當時繁榮安逸當道，卻因為運氣不好或行為不當，而被艱辛與
匱乏的現代所取代。眾神曾經眷顧過我們，可是如今他們收回
恩寵，我們便再難恢復黃金年代的榮光。

面對當前生產力下滑，有些經濟學的解釋把矛頭指向外生
性事件，泰勒‧柯文〔《大停滯》（*The Great Stagnation*）〕
和羅伯特‧高登（Robert Gordon）〔《美國經濟成長的興衰》
（*The Rise and Fall of American Growth*）〕關於成長力衰退的
有影響力敘事，便符合此一傳統的說法[23]。兩人都認為，一陣
又一陣的逆風襲來，意味著從技術進步到諸如改善教育等人為
因素的成長已經放緩；對於未來成長將再次加速一事，高登特
別感到悲觀。高登以圖 1.7 生動地說明了經濟成長的長期趨勢，
圖中顯示自 1300 年以來前沿經濟體（英國與美國）的成長率。
依照高登的說法，二十世紀是經濟的黃金年代。不過時代已經
不同了，我們必須接受這件事。

經濟成長專家迪特里奇‧沃爾拉斯（Dietrich Vollrath）在
《完全成熟》（*Fully Grown*）這本出色的著作中，提出詳細的
理由說明經濟成長已經呈現永久性下滑[24]。根據沃爾拉斯的說

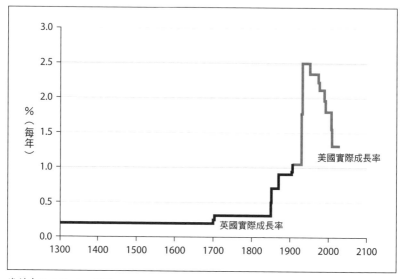

資料來源：Gordon 2012。

圖 1.7　前沿經濟體自 1300 年以來的成長率

法，增加勞工必須用到的實體資本與人力資本，對成長有直接貢獻，比方說，只要農民能用到更多曳引機（實體資本）和受過更好的教育且訓練有素的工人（人力資本），便能提高產量。沃爾拉斯把重心放在美國，指出該國的中學教育在二十世紀下半葉有著極大程度的普及。1940 年，二十五歲以上的人口中，有 60％的人完成小學教育後便沒有繼續求學，而且完成大學教育的人不到 10％；到了 2010 年，只念完小學的人僅有 5％，不過卻有 33％的人讀到大學。在這七十年間，美國勞工的教育程度變得更高，這種人力資本的提升大大地助長了美國的經濟成長。1950 年到 2000 年的人均 GDP 每年成長 2.3％，而人力資本的成長乘上其經濟報酬（勞工受教育所提高的生產力）又每年多貢獻了 0.6％。

不過到了 2000 年，這個效果已經走到盡頭。一旦每個人都能受教育到十六歲或十八歲，送更多人上學來刺激增值成長（incremental growth）的機會就會降低。具體的說，在 2000 年至 2016 年間，提升人力資本對成長的貢獻是 –0.10％。確實，沃爾拉斯證明了人力資本對經濟成長的貢獻減少，很大程度上解釋了 2000 年之後的生產力成長下跌。沃爾拉斯建議我們冷靜看待今日較低的成長率，認為從很多方面來看，這是在一個富裕的社會裡，我們想要的選擇（從少生孩子到減少為了工作四處奔波）所造成的結果。可是跟高登不一樣，他認為試圖回到舊日的成長率而去消耗政治能量是不智之舉。

「失落的黃金年代」另一個版本的故事認同我們生活在一個成長遲緩的年代，不過它聲稱我們可以保持相當的信心，相信成長會恢復——說不定還會比過去成長得更快。我們也許不是生活在戰後的黃金年代，可是在新技術的推波助瀾下，我們可以期待未來將迎來一道新的經濟曙光。艾瑞克・布林優夫森（Erik Brynjolfsson）和安德魯・麥克費（Andrew McAfee）的《第二次機器時代》（*The Second Machine Age*），主張我們生活在一個因為新技術正在站穩腳步而使得成長低緩的時代[25]。我們的經濟田地看似光禿一片，可是只要稍事等待，透過運算力的快速提升和人類努力將其應用在每個領域上，我們便能迎接大豐收。根據這個重新整備假設（retooling hypothesis），一段時期的低成長，反映出企業與勞工正在準備運用截然不同的新技術。

　　不過，這個敘事引發數個疑問：為什麼在等待的時候，生產力成長會下跌？為什麼生產力成長不能保持不變，直到新一波浪潮來臨再次把它推高？答案就落在我們如何衡量生產力上。想想無人車，大筆金錢花在無人車的軟體、硬體與測試上，可是截至撰寫本書之時，無人車並不普及。現在，仔細想想生產力的衡量，它的定義是每單位投入得到的產出。我們為了開發無人車而大幅提高我們的投入，可是還沒能享受到產出帶來的好處。根據衡量錯誤假設（mismeasurement hypothesis），這種現象相當普遍。也許在許多產業裡，譬如醫療照護與教育，已經投入大量資源來尋找新用途，但卻沒有產出可以示人。這種錯配也許可以解釋何以今日看似有如此多的技術契機，但生產力卻如此之低。

## 大鴻溝

在當代的經濟討論中，我們一再看到的第二個古老敘事是富有、人脈豐沛的菁英與落後大眾之間出現大鴻溝的概念。菁英分子的行為不端與道德敗壞，是造成我們落入如此境地的原因。

就跟失落的黃金年代故事一樣，大鴻溝的故事也可以拿出數據佐證。我們已經看到財富與所得不平等多年居高不下，而已開發國家在繁榮發展上的貧富鴻溝比以往任何時候來得更大。不過，這個敘事不單純只是反映當前的數據，確切的說，邪惡菁英的繁榮昌盛緊密關係到或甚至有賴於善良窮人的經濟貧困，這個概念是一種有著它自身漫長曲折生命的敘事。

在針對經濟大失望的某些解釋中，這兩種原型敘事已經融為一體。貪婪、背景雄厚的少數人改變遊戲規則，犧牲整個社會來謀取自己的利益，同時又打破我們賴以追求穩定經濟成長的機制。這套說法廣受激進右翼政黨的支持，有時會與陰謀論及種族主義掛鉤。不過，這不只是一個民粹主義者的話題，它以各種形式存在於左派之間，從馬克思經濟學家大衛・哈維（David Harvey）的《新自由主義簡史》（*A Brief History of Neoliberalism*）到威爾・賀頓（Will Hutton）的《我們身處的國家》（*The State We're In*），都認為自 1980 年代起，自私自利的菁英分子倡議解除管制、私有化與減稅，把資本主義帶入一條死胡同裡[26]。史蒂芬・柯恩（Stephen Cohen）和布拉德・德隆（Brad De Long）的《務實經濟學》（*Concrete Economics*）認為這些選擇削弱了富裕國家的生產力成長，同時使富者更富[27]。

　　大鴻溝故事有一個流行版本是聚焦於大企業透過遊說保護自己免受競爭。湯瑪斯・菲利蓬影響深遠的著作《大逆轉》認為，大型美國企業利用政治影響力與遊說活動來逐步削弱反托拉斯法，保護自己免於競爭，並且以犧牲顧客、勞工與整個社會來獲取獨占利潤[28]。對許多批評者來說，這既能解釋強大競爭對手寡的大型企業的成長（搜尋引擎領域裡的 Google、線上零售業的亞馬遜），也能說明生產力的下降：當你沒有確切的競爭時，又為什麼要創新呢？其他批評家則劍指專利、版權及其他智慧財產權所賦予的合法壟斷地位；當專利蟑螂取得舊專利的唯一目的是去控告合法企業，或當媒體業利用技術細節來尋求展延有賺頭的系列版權，很難讓人不去認為這是有權有勢者這方的惡劣行徑在阻礙經濟進步。

　　吸引人類的敘事是強大的，可也是危險的，因為它們可能會過度簡化或歪曲實情，並且含有糟糕至極的建議。此外，當某些概念，譬如「封建制度」（feudalism）和「革命」

（revolution），與施加在其身上的概念負擔不相等時，歷史學家有時候會用**過度系統化**（overschematised）來形容。結果就是，我們因為過度概括而得出錯誤的結論，今天也許類似的事情正在發生中。失落的黃金年代與大鴻溝的敘事是如此誘人，以至於錯失了真實情況的重要面向。接下來，我們將探討這些面向。

## 傳統解釋的一些疑惑

成長緩慢不是單一原因造成的。有鑑於此，我們上面闡述的這些解釋便不太可能勾勒出全貌。

### 技術的成長走到盡頭了嗎？

長遠來看，羅伯特・高登所記錄到的生產力下降是無庸置疑的（請再參見圖 1.7），不過經濟學家丹・西謝爾已經提醒我們，經濟學家或技術專家都不怎麼擅長預測未來[29]。有部分的困難之處在於知道技術可能會有什麼用途。喬爾・莫基爾（Joel Mokyr）提出了這樣的看法：也許透過個人化醫療、基因療法及其他科技將資通訊技術應用於健康所帶來的成長性衝擊還沒能顯現，因為這些領域儘管前景可期，卻很難導入新技術[30]。技術還沒喪失讓我們感到驚喜的能力：2020 年初的時候，很多人還在想 COVID-19 疫苗需要幾年時間才能做出來。然而時至今日，不但有幾支安全有效的疫苗在幾個月內被開發出來，而且可通用的冠狀病毒疫苗也有所進展，同時還出現了一支明顯有效的瘧疾疫苗。

## 教育的成長走到盡頭了嗎？

　　生產力成長趨緩的第二個解釋落在教育的貢獻上。沃爾拉斯的計算有某些細節值得一談。根據他的說法，我們可以用人均投入的成長來解釋人均產出的成長。表 1.1 匯總相關數據，其中美國 1950 年至 2000 年的資料顯示，此一時期美國人均產出的年成長率是 2.3％。人均實體資本的成長每年貢獻 0.6％，而人均一般技能水平的成長則每年貢獻 0.5％。除此之外，被標記為總要素生產力（TFP）的部分──我們可以把它想成是使用實體資本與人力資本的效率──則每年貢獻了 1.1％。從表中這一列可知，這些要素的貢獻度大致相當。最後一欄顯示這段期間人均人力資本或人均技能的成長率是繁榮興旺的 0.8％，反映出美國高等教育的擴展。

　　表中的最後一列是美國從 2000 年到 2016 年的數據，呈現出極為不同的情況。人均 GDP 的成長速度變慢不少，從 2.3％

掉到 1%。人均資本服務的貢獻度基本上沒有什麼變化，人均
人力資本的貢獻度則大幅跌落，伴隨著 TFP 也有下跌。正如
沃爾拉斯所指出的，而我們從最後一欄也可以看到，人均人
力資本成長率從 1950 至 2000 年的 0.8％ 跌到 2000 至 2016 年
的 –0.2％，下降幅度頗為可觀。沃爾拉斯的主張就是源自這些
數據，認為美國生產力走緩的主要原因，單純就是美國這些年
來的教育效果已經用罄的關係[31]。

　　沃爾拉斯的書描述的是美國的數據。我們也蒐集了英國及
歐元區的數據，並呈現在表 1.1 裡。如表最後一欄所示，歐元
區和英國的狀況不同。歐元區的技能成長並沒有變慢，反而隨

表 1.1　歐元區、英國與美國人均成長率的來源

| 國家 | 期間 | 人均GDP（%） | 貢獻度 | | | 備註 |
| | | | 人均資本服務（%） | 人均人力資本（%） | TFP（%） | 人均人力資本（%） |
|---|---|---|---|---|---|---|
| 歐元區 | 1950–2000 | 3.3 | 1.3 | 0.0 | 2.0 | 0.0 |
| 歐元區 | 2000–2016 | 0.7 | 0.5 | 0.2 | 0.0 | 0.4 |
| 英國 | 1950–2000 | 2.4 | 1.1 | 0.2 | 1.1 | 0.3 |
| 英國 | 2000–2016 | 1.1 | 0.4 | 0.0 | 0.6 | 0.1 |
| 美國 | 1950–2000 | 2.3 | 0.6 | 0.5 | 1.1 | 0.8 |
| 美國 | 2000–2016 | 1.0 | 0.5 | –0.1 | 0.6 | –0.2 |

資料來源：作者根據歐盟 KLEMS 資料庫及 Bergeaud, Cette, and Lecat (2015) 裡的數據
　　　　　計算而來。

著時間加速，從 1950 至 2000 年的 0％上升到 2000 至 2016 年
的 0.4％。至於英國的技能成長率在同樣期間則確實下降了，
從每年 0.3％降到每年 0.1％，不過沒有像美國的成長率掉得那
麼誇張。因此儘管教育效果趨緩在美國是很重要的因素，但因
為歐元區的技能發展速度加快了，所以如果我們想要明白歐洲
發生了什麼事，便需要從其他地方尋找線索。

## 評估重新整備假設

　　重新整備假設的概念是指當我們在摸索如何充分利用全新
的技術時，可能免不了會進入一段低成長時期。有一些證據是
支持這個假設的。大衛‧伯恩（David Byrne）、卡蘿‧柯拉
多和丹‧西謝爾舉證指出，提供雲端運算服務的公司已經在硬
體上投入大筆資金，可是官方數據可能漏掉這些投資，因為這
類採購有很多是內部進行，而官方投資調查大多要求受訪者提
報外部採購金額[32]。這種被漏掉的雲端運算投資金額，足以讓
2007 年至 2015 年的 GDP 成長率增加 0.1 個百分點。儘管如此，
金融危機發生之前及之後都存在衡量問題，致使伯恩和西謝爾
認為，計入 IT 價格會提高 IT 密集型產業的生產力，但卻會使
IT 泛用型產業的生產力變得更低[33]。

　　此外，重新整備假設需要舉出非常大量未被衡量的無形投

資，才能解釋 TFP 成長率所減少的量級。柯拉多、喬納森‧哈斯克爾和西西莉亞‧喬納拉—西尼奧的近期研究顯示 [34]，未被衡量的無形投資必須比有被衡量到的數量規模多出許多，不過這似乎是不太可能的事情。

## 評估加成假設（markups hypothesis）

有一些經濟學家強烈反對加成一直在增加的主張。圖 1.8 乃轉載芝加哥大學經濟學家詹姆斯‧特拉納（James Traina）的研究 [35]，圖中顯示，有關加成的結論的關鍵取決於如何定義公司用來作為標價基礎的變動成本。上升的線顯示高於銷貨成本（cost of goods sold, COGS）的估計價格加成，而平緩的線則是高於銷貨成本加上一般管銷（sales and general administration, SGA）成本的加成。如果 SGA 成本有納入企業的無形支出的話，那麼加成上漲是因為已發生成本的衡量不足之故，而非揭露真實的經濟走勢。查德‧西佛森（Chad Syverson）也提到在其他條件不變之下，價格加成的普遍增加應該會導致通膨的普遍上揚才對 [36]。然而，通膨在過去十年間一直很低。

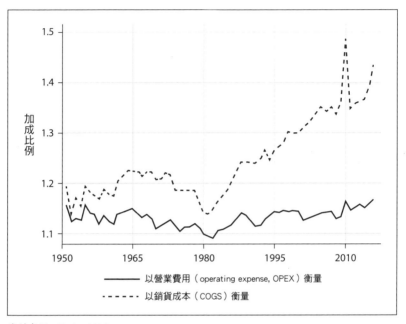

資料來源：Traina 2018。

圖 1.8　排除銷貨成本的估計加成比例
（**Compustat** 資料庫裡的美國企業）

## 不同的解釋：無形資產

　　我們的解釋不一樣。我們相信這個世界正在往一種經濟類型跟蹌地過渡到另一種當中，而且轉型尚不完全。這個新出現的經濟只是表面上基於科技、網際網路、大數據，或任何出現在本月《連線》雜誌封面上的東西。其實，它仰賴的是資本的

性質及其經濟意涵的長期變化。具體來說,我們相信當前的問題會存在是因為:

- 隨著企業做更多投資在(大部分未被衡量的)無形資產上,資本的性質已經發生變化。
- 這種無形資本的成長在過去幾十年間已經慢了下來。
- 我們還沒能緩和無形資產帶來的挑戰,也沒有克服新出現的投資障礙。

藉由記載無形投資的變遷與近年來的衰退,我們繼續接下來的討論。

## 無形投資的變遷:話說從頭

我們已經看到過去這四十年的經濟出現一個重要變化:**無形經濟的崛起**,我們在《沒有資本的資本主義》一書中就曾經描述過[37]。如果你熟悉這套論述與數據,你也許會想要跳過這個部分;若不熟悉的話,以下提供讀者一個簡要總結。

社會繁榮有一個重要的決定因素:**資本存量**,也就是人們、企業與政府長時間下來投資的種種事物,以便藉此實現一種可長可久的利益。如果勞工是經濟的肌腱的話,那麼資本就代表關節、韌帶與支點——它們是讓肌肉可以活動的結構,決定了肌肉能發揮多少效能。自 1980 年代以來,我們已經看到世界上的資本存量出現穩定變化。以往，公司大多投資在機器、建築、車輛、電腦等實體資本上；今天，隨著社會變得更富有，大部分企業資金被用在你摸不著的東西上：研發、品牌、組織發展、軟體。

　　想想蘋果公司（Apple）。它在 2018 年的市值大約為 1 兆美元，其實體資產多為建築、現金及其他儲蓄，價值算起來只占蘋果市值的 9%[38]，剩下的有很大一部分被歸屬於無形資產：取得成本很高、延續時間很長、對公司來說很珍貴，可是卻是沒有實體的東西。蘋果的無形資產包括從研發得到的知識、產品的設計、廣受信賴的品牌、珍貴且持久的供應商關係（包括它的實體供應鏈和支撐蘋果生態系的開發者們在內）、員工的公司內部知識與關係、作業系統軟體、龐大的數據源。

　　這幾十年來，無形投資對世界經濟變得愈發重要。有一份長期研究計畫是在運用既有數據與新的調查來推斷無形投資，並給予正確的評價，研究顯示無形投資至少從 1980 年代以來便一直在成長當中。而且就我們從更多初步的美國數據所看到的，無形資本的累積在更早於此的幾十年前便開始了。如圖 1.9 所示，到了 2007 至 2008 年全球金融危機之時，英美等國每年投資於無形資產的金額高於有形資產。

　　圖 1.10 呈現的是主要已開發經濟體的短期趨勢。無形資本

資料來源：http://www.intaninvest.net/charts-and-tables/。

**圖 1.9 美國投資比率（1977 年到 2017 年）**

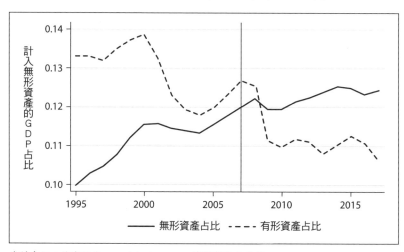

資料來源：作者取自 www.intaninvest.net 資料所做的計算。

**圖 1.10 主要已開發經濟體的有形與無形投資**

的穩定增加並非只是富裕國家所具有的現象,中國經濟近幾十年的快速成長,似乎也伴隨著無形投資的大幅增加。

## 無形投資的減速現象

這個討論把我們帶到無形經濟興起中一個重要卻被大為忽略的轉折。雖然圖 1.10 與圖 1.11 顯示無形投資的總體趨勢是成長的,但它們卻沒能揭露另一個重要走勢。這幾十年來,無形投資占 GDP 的比重一直在穩定上升當中,但是到二十一世紀的頭十年告終之際,成長的腳步開始變慢。一開始並不清楚這種成長變慢是否是全球金融危機的短暫影響,不過顯然很多方面的企業投資會因此減少。可靠的投資數據需要一段時日才會產生,所以回到 2016 年我們在撰寫《沒有資本的資本主義》那時,當時我們很難知道這樣的衰退是數據上的小差錯、一種暫時性現象,還是發生什麼更嚴重的事情。

然而隨著更多近期資料浮現,顯然可知無形投資放緩並非一時的現象。圖 1.11 呈現的是截至 2017 年的數據對比於 2007年以前的趨勢,歐陸國家與美國的減速很明顯,英國則有一點雜亂。當我們把投資轉換成資本服務時,這種步調放慢的現象還是很明顯。圖 1.12 顯示不管有沒有包含軟體在內,「無形」資本服務的成長都衰退了。成長的步調自 2010 年代起開始變

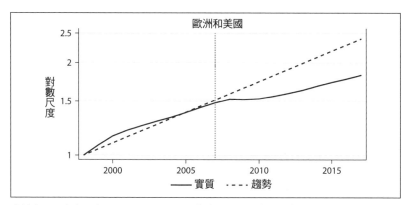

資料來源：作者取自 www.intaninvest.net 資料所做的計算。國家為歐陸、英國與美國。

**圖 1.11　無形投資：實質成長率對比於趨勢成長率（1997 年到 2017 年的趨勢）**

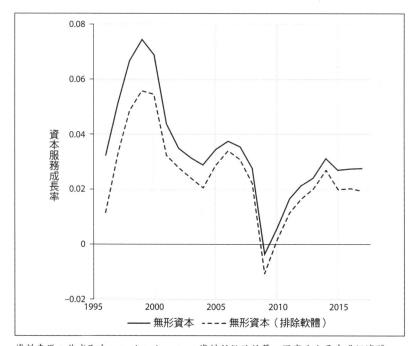

資料來源：作者取自 www.intaninvest.net 資料所做的計算。國家為主要先進經濟體。

**圖 1.12　資本服務成長率**

慢,尤其是排除軟體後的無形資本服務。我們將會看到,這種無形投資的減速便是自身一連串問題的根源,尤其是它對經濟成長與生產力所造成的直接影響。

打個比方來說,想想一桶發酵成酒的葡萄汁。隨著酵母把果汁裡的糖轉化成乙醇,溶液裡的酒精濃度會愈來愈高,不過如我們在導論中所指出的,當酒精的比例逐漸上升到超過15%時,酵母會停止作用,使發酵過程變慢,然後停了下來。此階段有兩個重要特徵:這個液體現在因為含有酒精,所以它如今的表現跟過去曾經是果汁時不一樣;而且它不再發酵了,所以不會製造熱量、二氧化碳和其他副產品。同樣地,當前的無形投資處於一個比過去更高的水準,但它的成長速度也比以前慢很多。

## 無形資產更豐富的經濟:特性與後果

你可能會問,轉而投資無形資產為什麼很重要。投資不是本來就會隨著時間而改變的嗎?我們曾經投資運河,然後投資鐵路,接著是公路,現在則投資網際網路。在《沒有資本的資本主義》裡,我們主張這種向著無形資本的轉變是很重要的,因為跟過去構成大部分商業投資的實體資產相比,無形資本的作用大不相同。

　　具體來說，我們辨識出無形資產在四個主要方面有別於有形資產：(1) 無形資產往往具有高度的**可擴展性**（scalable）（像演算法這種資產可以用在一家非常大的企業裡）；(2) 無形資產具有**外溢效應**（企業投資於譬如說研發領域好了，並不能確定自己是唯一從其投資獲益的實體）；(3) 無形資產是**沉沒成本**（sunk cost）（如果企業倒閉的話，它們在債權人眼中通常不值什麼錢）；(4) 無形資產具有**綜效**（當它們與其他無形資產結合時，其價值往往會遠高出許多）。就無形資產豐富的企業和一個無形資產密集的經濟體的行為表現而言，這些特徵具有廣泛的意涵。

　　企業擁有可擴展性的無形資產，便能以極快的速度成長，變成龐然大物，今天的科技巨頭便是如此。外溢效應意味著投資無形資產的企業可能會發現最後是他們的競爭對手享受到好處，一如已倒閉的智慧手機製造商黑莓公司（Blackberry）及諾基亞（Nokia）所領悟到的鬱悶結果那樣。它們也給了政府更強的理由去補貼投資，幾乎所有的政府都會在科學研究、訓練與教育上這麼做。

　　無形資產往往是沉沒成本，這個事實為企業融資帶來挑戰。尤其是小企業，舉債融資通常最終會拿企業的資產來抵押。如果生意失敗，資產就不值什麼錢的企業，在銀行眼中並不是那麼有吸引力的放款對象——在一個舉債融資和銀行放款是外部融資主要來源的世界裡，這會是個問題。

J. K. 羅琳（J. K. Rowling）變得比 P. G. 伍德豪斯（P. G. Wodehouse）或托爾金（J. R. R. Tolkien）更富有，有部分原因在於她以《哈利波特》（*Harry Potter*）系列小說的形式所創造的珍貴無形資產，可以如此有效地結合特效及商品化等其他無形資產，創造出大受歡迎的電影系列，這件事情讓我們看到無形資產之間的綜效價值。綜效之所以重要，也是因為它們提升了結合正確無形資產的重要性，從而促成中介創意、品牌或技能等相關工作機會的必然成長，以及最容易發生這種活動的活躍城市的繁榮發展。

無形資產的這些特徵有兩種重要效應。一方面，在某些情況下，它們帶來直接的挑戰與問題，包括不平等加劇和競爭動態弱化。這些問題形成我們所謂無形資產危機的第一個部分。另一方面，它們改變了一個社會追求持續、健全的經濟成長所需的制度類型。很多時候，我們需要的制度和我們擁有的制度是有差異的。無形資產危機的第二個部分便是這種制度失靈。

## 何謂無形資產富饒的經濟？知識、關係與後工業經濟

自十多年前初次撰寫關於無形經濟的文章以來，我們已經

跟各式各樣的業界人士、記者、投資人、經濟學家及政策制定者談過無形經濟。我們注意到一件事情，那就是人們有時候以為的意思，其實並不然。特別是我們發現大家會把無形投資與其他當代經濟現象（如知識經濟或後工業經濟）聯想到一起。他們也會把它跟科技部門掛鉤，或在某些情況下聯想到一種反烏托邦的現代性。這些聯想都誤入歧途，所以讓我們來更仔細地審視一些關鍵術語、趨勢與現象。

## 知識經濟

「知識經濟」是由傅利茲‧馬克洛普（Fritz Machlup）所創的用詞，此人在一本 1962 年出版的書中首次提出衡量無形投資；隨後在管理大師彼得‧杜拉克（Peter Drucker）的推廣下，知識經濟一詞普及於世。更近期一點來看，一份 2013 年 OECD 報告形容無形資產是「以知識為基礎的資本」。把某些無形資產描述成知識確實是公允的說法——比方說，開發一款新藥的研發成果、一種新的生產技術，或訓練勞工學習一項新技能的結果。而有些無形資產由資訊所構成，就算不能精確地說成是知識的同義詞，但也相去不遠，譬如軟體程式或資料庫。

不過，其他無形資產關乎的則不僅是知識或資訊。舉例來說，品牌的價值便不只在於名稱與標誌的訊息內容而已；反之，品牌既是關係性的，也具有表現性。它具有**關係性**，是因為它是一種承諾和對過去的提醒，不言而喻地指涉到構成品牌聲譽的無數次過往交易，並標榜提供顧客一種特定的體驗與品質。時尚的設計和簡單好用是蘋果產品的兩個品牌面向，這種品牌識別不只是一則資訊而已，更確切的說，它的價值來自數百萬顧客的經驗和蘋果設計新產品的隱含動機。品牌的價值是有**表現性**的，因為它傳達出一種關於產品的情感訊息，而這往往是消費者很看重的地方。當我們聽到「做就對了」（Just Do It）、「這就是可樂」（Coke Is It）或「因為你值得」（Because You're Worth It）時，我們聽到的不是這些字眼在正常意義下的知識，而是某種更為主觀的東西。

公司或供應鏈裡所累積關於組織資本的價值同樣也很主觀。讓我們來看看馬莎百貨（Marks & Spencer），這是一家受人敬重的英國零售商，素來以維持多樣化供應鏈的良好關係而享有盛譽。人們普遍認為，這些關係是它能獲利的一個重要原因。供應鏈的各個面向當然可以說成是一種知識——比方說，馬莎百貨會根據特定時程、以特定的價格和等級，向一群特定農場購買一定數量草莓的知識。可是這類無形資產的價值不在於知識，而在於關係——在於各方對彼此所抱持的期待，還有那些期待如何有系統地影響他們的行為。同樣的道理適用於公司內部，一個人可以寫下一家企業的營運或編纂出管理實務，譬如 Scrum 或六標準差（Six Sigma），不過這些東西的實踐不只關乎知識，也跟它們在一組關係裡的實例展現有關[39]。

說不定無形經濟常常被描述成「知識經濟」，是因為經濟學家這些有頭腦的人，發現無形資產的知識面向最突出。可是，把無形資產和知識經濟劃上等號是一種誤導人的簡略說法，掩蓋了關係性資本和表現性資本在現代經濟裡的重要性。

## 後工業經濟

人們有時候會用後工業來描述無形經濟，這個名詞是法國社會學家亞倫・杜漢（Alain Touraine）所創，在 1970 年代因丹尼爾・貝爾（Daniel Bell）而廣為人知。大家有時候會從這種描述來做推斷，認為無形資產主要是對服務業來說很重要，以及一個無形資產富饒的經濟是服務業居多而製造業很少的經濟體。

可是用這樣的方式來思考無形資本也會讓人產生誤解。如果我們審視富裕國家的製造商，會發現大部分時候，他們在無形資產與有形資產兩方面都下了重本投資。他們會為了生產尖端產品而投資於研發與設計，為了提高工廠生產力而投資於組織發展，而且他們投資軟體與數據不只考慮跟自己的生產有關，也當成是他們銷售實體商品的一種附屬品。

如果我們去看那些被認為製造業特別興盛的富裕國家，通常會從中發現他們對無形資產進行持續且饒富特色的投資。顧問赫曼‧西蒙（Hermann Simon）勘查德國的中堅企業（Mittelstand）——有獲利且具全球競爭力的中型製造商構成的骨幹企業群——發現他們的獲利能力源自對研究、發展與創新的承諾；牢固、持久且富含資訊的供應商關係及顧客關係；卓越的勞動力技能與組織：全部都是無形資產[40]。如果沒有大力投資於研發、流程設計與培訓等無形資產，促成從造船到半導體等產業裡具有全球競爭力的製造商崛起，日本、台灣與南韓這些所謂的發展型國家就不可能成功。描述現代經濟擁有豐富的無形資產和某種程度的後工業化，也許是正確的，可是無形資產和蓬勃發展的產業——就製造業的意義上來看——是互補的，而非替代的。

我們也發現，人們會把無形經濟和高科技企業聯想在一起，尤其是所謂的科技平台業者，譬如 Google、蘋果、臉書（Facebook）和亞馬遜。某種意義上來看，這麼聯想是合理的，因為這些企業巨擘的價值大部分來自他們所擁有非常珍貴的無形資產。不過，無形資產投資的重要性不侷限於科技業。以我們所能衡量的範圍來看，我們發現所有經濟部門都有無形投資。過去十年大型科技公司的快速成長是故事重要的一環，但不是故事的全貌。

　　無形投資也不是研發的次要延伸。受COVID-19重創最深的產業（零售、娛樂、旅館、餐廳）所做的創新並沒有被包含在研發數據裡，因為這些行業幾乎不做研發；反之，他們投資的無形資產是培訓、行銷、設計與商業流程。而有做的公司在研發時也會聯手大量其他無形資產，譬如花在新藥物上的行銷支出。其實，如同艾佛·本米萊克（Efraim Benmelech）、珍妮絲·埃伯利、迪米崔斯·帕帕尼古拉烏（Dimitris Papanikolaou）和約書亞·克里格（Joshua Krieger）所記述的[41]，研發本身也發生很了不起的變化。在美國，每10美元的研發支出中，藥廠就占了其中1美元（從1970年代的每10美元有0.3美元往上增加）。再者，這些公司的研發支出約有三分之一是為了六十五歲及以上的人而投入的。

　　無形資本的最後一個誤解是認為它是高度商業化的、交易性的和極度現代主義的——一種馬克思主義式的金錢關係，所有堅固的東西都在此消散於無形，傳統也遭到蔑視與毀棄。傳統確實可以被顛覆，因為創意有時候是有破壞性的，可是破壞性並非無形資本的必要元素。

　　想想現代主義批評家如詹姆斯·史考特（James C. Scott）

和恩斯特‧修馬克（Ernst Schumacher）的作品。史考特是無政府主義經典之作《國家的視角》（*Seeing Like a State*）的作者，他舉例說明立意良善但過度自信的統治者和管理者撕毀傳統做法——普魯士傳統的森林經營、爪哇或坦尚尼亞的傳統耕作方法——以沒有人情味的、「科學化」的新系統取而代之，結果證明遠不如以前的系統有效[42]。同樣地，修馬克在《小即是美》（*Small Is Beautiful*）一書中的觀察是，具有地域敏感性的、「中型的」或「適度的」技術，一般來說比統一的全球化產品更有價值，即便後者表面上看起來比較先進[43]。我們很容易就把無形資產看成是極度現代主義的工具，而史考特和修馬克所設想的經濟樣貌根據的則是別的東西。不過，這種解釋是錯誤的。史考特的個案研究描述的是富含無形資產的生產方法，乃是根植於鉅細靡遺且歷史悠久的專業知識與關係（即是無形資產），卻在不經意間，被更能迎合有權有勢的人的低品質構想及實務做法（又是無形資產）所取代了。

　　這些有關無形投資的不當定義，反倒有助於闡明無形投資到底是什麼。如果你想要思考無形資產密集的經濟跟比較不那麼密集的經濟有何不同，不要去探討知識工作、小型製造業或大型科技公司，反而要去思索這樣的一個經濟體：是人們在其中的所做所為能在經濟關係裡有著更為強力且密切的連結；是在其中從工廠生產到超市購物的各類活動都飽含更多資訊；是在其中的經濟活動更具有意義、關聯和情感重要性。

## 無形資產的長期成長和近來的衰退

長期來看，無形投資在歷史上的成長似乎與世界變得更富裕有著內在關聯。對於不能簡單地去開疆闢土、砍伐森林或開採更多礦產的先進經濟體來說，無形投資是推動成長的必要條件。就這層意義來看，誠如安德魯·麥克費在《以少創多》（*More from Less*）一書裡所主張的[44]，走向無形資產密集的經濟，對每一個關心這個星球天然資源的人來說是好事一樁。同時間，隨著人們變得更加富有，基本物質需求獲得滿足，可以想見他們會要求更多不同種類的商品與服務，而且往往必須具備無形資產才能提供的那種表現性或情感性價值[45]。

無形資產密集企業能從彼此的近身接觸享受到好處，這是因為透過面對面的互動，知識與關係通常能發揮更好的效果。可是，若想要在最活躍的城市譬如舊金山與倫敦及其周邊地區開發新的辦公空間與新住宅，則會因為我們的規劃系統而變得極其困難。COVID-19 迫使許多人遠距上班，暫時消除一些這種規劃問題，不過也引發了自身的問題，剝奪知識工作者面對面接觸的機會（不論如何至少有些人覺得這種接觸對他們的工作來說很重要）。擁擠的城市和偶然地轉變成遠距工作，使得投資無形資產益發困難，這有可能拖慢了原本應有的長期投資速度。我們會在第六章檢視這個課題與可能的解決方案。

## 為什麼 2008 年後速度放緩？

如我們已經看到的，2008 年經濟衰退之後，無形投資的成長放緩，而且似乎沒有恢復之前的速度，尤其是外部軟體。為什麼？一個原因是它跟其他形式的投資有互補性，譬如資通訊科技，其投資水準相對之下仍然較低。不過還有其他理由。古斯塔沃・艾德勒（Gustavo Adler）及其同僚發現在他們的公司樣本裡，衰退前財務風險特別高的公司（也就是說在 2008 年時負債累累或有債務到期），其無形投資相對於有形投資是下降的[46]。而無形投資在衰退後的五年內下降，顯示這不只是一種週期性的低迷而已。OECD 對全歐洲的公司所做的一份研究中也提出類似發現[47]。

這個發現認為金融「摩擦」（friction）加劇正在影響無形投資，儘管很難具體確認是哪些摩擦。很多制度並不適合用來支持無形投資，舉例來說，銀行一般不願意對他們認為不適合當作抵押品的資本放款。可是這種情況大概一直以來都是這

樣，那麼假若無形投資放緩是因為有更多「摩擦」的關係，想
必是有其他事情改變了。

　　一個可能性是由於危機過後的不確定性與風險上升了，
所以銀行與公司在借貸上變得更為謹慎。金融危機本身就是
一個大震撼，後面跟著 2010 年代初期希臘可能從歐元區退出
〔希臘脫歐（Grexit）〕、2016 年後英國內部圍繞著英國脫歐
（Brexit）的冗長課題，加上美國貿易政策引起的爭議，凡此
種種都有可能增加不確定性[48]。重要的是，由於無形投資具有
「沉沒性」，所以可能受到不確定性增加的嚴重影響〔沉沒投
資就是你無法回收的支出：微軟（Microsoft）就是因為支援諾
基亞行動電話的 Windows Mobile 系統退役，而必須沖銷 50 億
美元〕。不確定性增加會提高等待的選擇權價值，特別會對這
類不可逆的投資形成阻礙[49]。

　　另外一個可能性是綜效。經濟學家詹姆斯・貝森（James
Bessen）及同僚已經用會計和無形資產數據建構了一個（主要
是美國的）公司層級數據集[50]。他們得到受人矚目的發現——
舉例來說，在 2000 年左右，落後企業追趕上領先企業的能力
大幅滑落。這種衰退與領先企業對無形資產的投資，尤其是內
部自行開發的軟體之間有著強烈相關性。從無形資本的屬性作
用來看，這層發現是有意義的。由於無形資產具有綜效，每多

花一塊錢在研發或產品設計上,對臉書這類無形資產豐富的公司會比對落後企業來說更有價值。此外,大公司似乎特別能享受到無形資產的外溢效應帶來的好處,因為他們擅長利用這些外溢效應,去複製或調整小型競爭對手的點子(這就是被科技業稱為大型科技公司周邊的殺戮區——在這一圈裡的競爭對手向來會遭到輾壓)。那麼,說不定 2000 年至 2009 年間是一個轉折點,此時期領先企業無形資本的綜效已經大到令追隨者卻步不敢投資,結果就是整體投資放緩,以及/或者儘管投資仍繼續進行,但整體生產力成長卻變慢了。

## 總結

我們已經審視自這個世紀之交及金融危機以來令人失望的經濟表現,並探討了停滯、不平等、競爭功能失調、脆弱與不真實這五個問題。傳統的說法——失落的黃金年代和大鴻溝——似乎無法做出周全的解釋。我們則認為,轉向無形投資及其近期的步調走緩,有助於解釋我們遇到的困難,我們將在下一章對這個主題做更詳細的闡述。

第 2 章

# 經濟危機是無形資產危機

在這一章，我們主張無形資產的基本經濟屬性有助於說明第一章談到的五個問題。無形經濟的集中度提高、公司之間出現落差、價格加成明顯上揚，並且存在潛在的競爭功能失調和一股不真實的氛圍。

如我們所定義的，**無形資產危機**結合了：(1) 無形投資的水準空前地高；(2) 無形投資的成長率走緩；(3) 制度不足以應付無形資產豐富的經濟帶來的挑戰。在本章，我們將探究如何借助無形資產危機來解釋二十一世紀讓人不滿意也不尋常的經濟狀況。我們首先描述一個無形資產豐富的經濟——因無形資產基本經濟屬性而產生的特色。接著，我們會討論如何用這些特色來協助解釋今天世界面臨的五大經濟問題。

# 無形經濟的特色

如果我們在第一章所看到的，無形資本的表現往往不同於有形資本。明確的說，無形資本有**可擴展性**，它具有外溢效應與綜效，而且它通常是一種沉沒成本。這些經濟特徵結合起來，在整個經濟裡產生三個值得注意的特色：最佳與其他之間的差距、群聚的效益和爭議性升高。

## 最佳與其他之間的差距

由於有價值的無形資產是可擴展的，擁有它們的公司便能踩在競爭對手的頭上，以飛快的速度成長為龐然大物。又因為無形資產具有綜效，一家擁有數個寶貴無形資產的公司將具備不成比例的強大競爭優勢地位。此外，無形資產的效應外溢到其他公司的能力，能使領先市場的業者得到好處，因為其中有些企業善於從弱小競爭對手的無形投資中攫取利益（在科技業經常被稱為**殺戮區**）。因此，無形資產豐富的經濟給人一種「O型環」（O ring）的感覺：公司之間看似微小的差異，可以被極度放大到成為廣闊的鴻溝[1]。

## 群聚的效益

經濟學家老早就知道，當人們聚在一起交流想法和意見，便能繁榮昌盛。馬歇爾（Alfred Marshall）在一個世紀前寫下關於產業群聚的觀念時，他是在給一個自古以來隨意觀察下便已知道的現象取個名稱。今天，座落於活躍城市的好處〔所謂的**聚集效應**（agglomeration effect）〕已經增加，而且在各個產業間愈來愈能看到這種狀況。想想舊金山灣區，它曾經是半導體聚落，可是如今，它是一個由許多只有微弱關聯的產業形成的聚落。同時間，落後地方以及跟這些地方有關係的人們則更處於劣勢。不幸的是，就在我們的經濟比以往更仰賴實體鄰近性（physical proximity）的此時此刻，COVID-19 大流行卻讓它變得危險。

## 爭議性升高

因為無形資產具有外溢效應，所以很難證明它們是誰擁有的——有形資產就不一樣了，它的擁有權相對之下比較容易證明。職是之故，我們看到更多牽涉高度利害關係的爭執、對抗行為及訴訟圍繞著什麼東西屬於誰，甚至某些東西是否應該被擁有而發生。這些爭端在科技業已是司空見慣之事，舉例來說，

Uber 對其合作司機應負有什麼義務？談到盜版內容，YouTube 應該在多大程度上尊重權利人的要求？這類糾紛正在遍地開花當中。圖書館可以出借電子書嗎？農民可以修理自己的曳引機嗎？

　　當我們企圖鼓勵貿易與投資時，合約履行是好事一樁，因此我們應該預期到引發爭議的資源數量會增加：它只不過是反映出整體經濟的無形投資增加。如果有更多的專利，就會有更多專利律師。說實在的，爭議不見得總是這麼激烈。此外，它還催生了無數的職業，發揮轉移、組合、切分無形資產的功能，從著作出版經紀人和專利師到商品經理人與本體論者皆是。

　　不過，不是任何形式的爭議性都對經濟有好處，有兩種具體形式是有問題的。首先，當經濟的本質正在改變而新的遊戲規則正在形成時，政治權力與社會權力的經濟報酬會增加——到了那些能推動經濟遊戲規則有利於己的人身上。其次，比起一般有形投資，無形投資更有可能是你死我活的零和遊戲或者具有地位攸關性，尤其遇到主要是基於關係的而非基於知識的無形資產時。舉例來說，一個治療疾病或讓乘客登機的新點子，並不會減損其他點子的可用性；可是有些關係性的無形資產可能會降低其他人擁有的無形資產價值。在規模固定的市場裡，以傷及競爭對手的方式發揮強化品牌的效果，一個這樣的廣告活動創造出有價值的無形資產，不過只能在減損對手的資產價值下做到。設立一家唯一功用是避稅的國際子公司，開公司的成本也是一種無形投資，但它所創造出來的價值只不過是從納稅人那邊移轉過來而已。具備這種特徵的有形資產相對較少，但有個例子是交易頻繁的交易員為了把證券交易時間砍掉幾個毫微秒以便打敗對手，而使用的光纖電纜。

綜言之，經濟裡大部分的投資如今都是無形投資，只是無形資本的成長已經大幅放緩。這種資本具有高度可擴展性，呈現出外溢效應與綜效，而且往往是一種沉沒成本。此外，有些無形投資是零和投資，而且無形投資平均每投入一塊錢會比有形投資更有可能是零和的。結果帶來更強的聚集效應，使繁榮都市的生產力比落後城鎮或鄉間來得更高。最優秀、無形資產豐富的企業和落後的競爭對手之間的差距擴大了。無形資產的所有權常常是不清不楚的，因此會產生爭議，而且遇到企業經營失敗的時候，無形資產的價值會變低，對放款人和尋求信貸的企業構成了挑戰。

## 無形資產與我們身處的國家

現在，讓我們回到第一章所描述二十一世紀經濟令人憂心

的特徵：停滯、不平等、競爭功能失調、脆弱、不真實。新無
形經濟的特徵對這每一個憂慮都產生了重大的影響。

## 停滯

　　無形資產危機以三個重要方式對我們的經濟放緩產生影
響。第一個因素最直接：自金融危機那時以來，無形投資速度
減緩有很大程度沒能被辨識出來。企業對無形資產的投資比我
們以 2007 年之前的成長率為基礎所做的預期還少。我們認為，
這種投資減少會從兩個具體面向轉化為較低的經濟成長率。首
先，我們預計無形資產有更大跌幅的國家會經歷更嚴重的緩
滯，而這個結論也確實有數據支持。其次，我們預期經濟緩滯
會表現在總要素生產力（TFP）的減少上，而無形投資的外溢
效應——推動整個產業前進的技術突破、被廣泛採納的新管理
方法、創造出全新品項的新產品設計——就是顯現在 TFP 上。
確實，我們正在經歷的不景氣主要就是 TFP 的欲振乏力。由圖
2.1 可知，無形資本服務成長放緩程度最大的國家，TFP 也會
出現最明顯的遲滯。

　　這裡還有一種二階效應（second-order effect），它是跟現
代技術令人失望有關。如我們已經知道的，二十一世紀的經濟
停滯有一個古怪之處，那就經濟低成長和對科技部門的奢望及

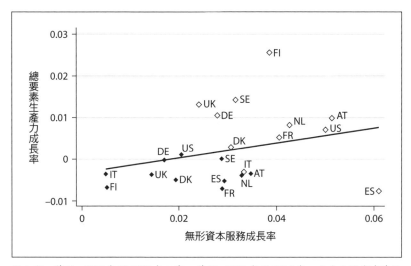

註：空心菱形 =1999 年到 2007 年；實心菱形 =2008 年到 2016 年。包含的國家有奧地
　　利（AT）、丹麥（DK）、芬蘭（FI）、法國（FR）、德國（DE）、義大利（IT）、
　　荷蘭（NL）、西班牙（ES）、瑞典（SE）、英國（UK）與美國（US）。
資料來源：Corrado et al. 2019。

**圖 2.1　TFP 與無形資本服務成長率**

預測之間是脫節的：說好的飛天車，卻從來沒有出現過。經濟
學家艾瑞克‧布林優夫森、丹尼爾‧洛克（Daniel Rock）和
查德‧西佛森認為技術上這種令人失望的狀態跟無形資產有關
聯[2]。具體的說，他們注意到新科技要能產生經濟效益，需要
伴隨著大量其他無形投資——新的流程、新的商業關係、新的
勞工技能——才能讓這些技術發揮作用。換句話說，牽涉到新
技術時，無形資產的綜效特別強。因此我們估計，當正在發展

全新的技術時，無形資產的遲滯對生產力成長會有更劇烈的負面影響[3]。

　　還有一個對 TFP 成長的影響不是來自無形投資成長緩慢，而是因為後者處在歷史上的高水平之故。回想一下，有一定比例的無形投資存量是零和的，因為投資的是關係性的無形資產。也就是說，它只在破壞他人價值的情況下，對擁有者而言才有價值（避稅用的子公司就是一例）。我們可以把這種交換（exchange）想成是一種負面的外溢效應，表現在較低的 TFP 上。如果零和無形投資的比例比起零和有形投資（可能性不大）來得高，那麼一個無形資本相對豐富的經濟體，其 TFP 就會比我們預期的更低。這三種效應結合起來，就會產生我們看到的影響：一個無形投資豐富卻成長緩慢的經濟體，有著較低的總要素生產力。

　　以無形資產來解釋生產力的低成長，與其他相關發現不謀而合。它有助於說明高登、柯文和布林優夫森所擔憂的技術進展緩慢，並對於這種放緩為什麼應該發生在現在，提供一個根本性的解釋。它也跟迪特里奇‧沃爾拉斯在《完全成熟》一書中對下跌的 TFP 所做的兩種解釋看法一致。沃爾拉斯指出，從 2000 年到 2016 年間，美國 TFP 下滑有很大一部分原因出自商業動能較弱（生產型小企業壯大並取代現有企業的速度變慢）

和從製造業（TFP 成長在歷史上向來很高）走向服務業（TFP
成長在歷史上向來較低）的長期變化[4]。這兩種起因都有一個
從無形資產切入的角度：商業動能較弱跟無形資產使領先者／
落後者正在擴大的差距更形惡化有關。再者，服務業的生產力
想要有所成長，很可能需要更多無形投資增加得更快一點，以
及在健康與教育等艱困領域引進資訊科技並進行改善。

## 競爭功能失調：利潤、集中度與生產力落差

　　二十一世紀的競爭問題是一個自相矛盾的問題。很多人認
為，企業間的競爭和市場動能已經更為普遍地大幅下降。這種
減少有部分是隨著領先企業與落後者之間久存的巨大落差而變
化，不過這套解釋不僅止於此而已。正在設立的新企業比較少，
正在成長茁壯的小企業也比較少。然而，這幅停滯與自滿的景
象並沒有反映在勞工與經理人的生活經驗上。工作生活感受到
比以往更階級分明、更具評判性，也更為競爭。低薪勞工愈來
愈受制於繁重的績效制度，而地位高的勞工則愈來愈體會到生
活是一場從孩提時期就開始的豪賭錦標賽，需要通過繁複奇異
的教育儀式來獲取昂貴的能力訊號。

　　我們將在第七章討論這些課題，不過大體上我們不認同競
爭已經減少的看法。儘管競爭對手的數量和領先者／落後者差

距在某些市場上已經下跌或惡化,不過在無形資產密集的世界裡,這些數據恐怕不宜用來衡量對抗性。當公司可以擴大規模並善加利用綜效,擁有吸引人的無形資產和不吸引人的資產的公司之間,一點點微小的差異都會被加重放大。領先的公司將能因此把落後者狠甩在後,收割無形投資的報酬。這不必然表示競爭正在下降,即便數量不多,少數幾個平台之間的競爭也可以很激烈,而計算價格加成需要去衡量那些無形資產的報酬,這個部分卻少有人做。

有三個發現支持這樣的論斷。第一,如我們在第一章談到特拉納的研究可知,當我們把可能涵蓋無形資產的數據也合併進來看的話,美國的價格加成並沒有上升。不過,一般管銷支出還包含無形資產以外的其他東西,所以一個往下做的方式是去計算在總體經濟中有無形資產與沒有無形資產的報酬率,運用在公司層級付之闕如但產業層級可以取得的各類資料集來衡量無形資產,如圖 2.2 所示。若沒有無形資產,美國的報酬率節節升高,有了無形資產,這報酬率就躺平了。因此,從這個衡量標準來看,美國的報酬率上升是未能適當衡量無形資產所引發的錯覺。

第二,經濟合作暨發展組織曾經研究過集中度的變化與無形資產密集度的相關性,而發現到,大多數無形資產密集的產業已經出現集中度上升的現象,如圖 2.3 所示[5]。

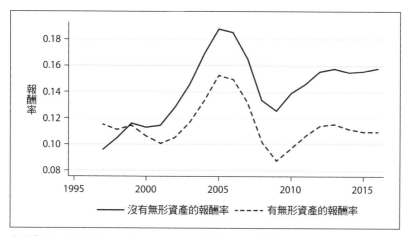

資料來源：作者運用 www.intaninvest.net 的數據所做的計算。

**圖 2.2 美國有無形資產和沒有無形資產的報酬率**

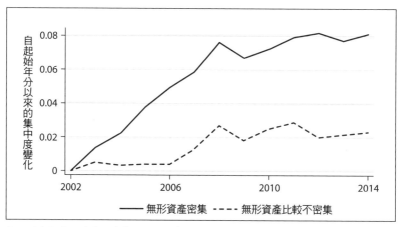

註：國家包含比利時、芬蘭、法國、義大利、日本、西班牙、瑞典、英國和美國。
資料來源：Bajgar, Criscuolo, and Timmis 2020。

**圖 2.3 依無形資產密集程度來看集中度
（前八大企業所占比例）的演變**

　　第三，卡蘿・柯拉多及同僚檢視生產力落差的擴大[6]。如圖 2.4 所示，控制大量其他因素不變之下，在無形資產比較密集的產業裡，領先者與落後者之間的生產力差距拉得愈來愈開。

　　那麼，關於工作生活裡的競爭，我們最後可以得出什麼結論？丹尼爾・馬科維茨在《菁英體制的陷阱》一書裡提到，家庭教養、教育機會及對證照的「盲目迷戀」，正在成為取得好

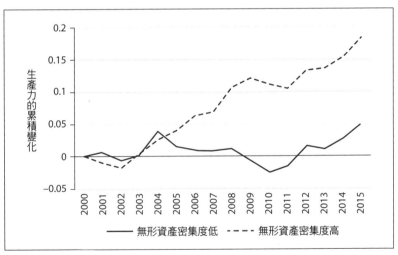

註：本圖繪出無形資產密集度高與密集度低的產業的生產力離散度的演變，該結果是在控制其他造成生產力離散的因素不變之下，包括總產出、資本與勞動投入、勞動資本率。國家包含奧地利、比利時、丹麥、芬蘭、法國、德國、愛爾蘭、義大利、荷蘭及葡萄牙。

資料來源：Berlingieri et al. 2021。

**圖 2.4　依無形資產密集程度來看生產力離散度的演變**

工作與經濟成功的重要通行證[7]。除了已經是富者的人之外，所有人都被拒於門外，連中產階級也拿不到這樣的機會。我們可以解釋這種通行證在無形資產豐富的世界裡的重要性。以教育的形式（如大學文憑）對無形資產進行地位性的／零和性的投資、運用諸如軟體監測等無形資產來對勞工分門別類[8]、社會資本（如人脈）在「爭奪性」工作中的價值，這些全都形成了精英體制的陷阱（更多關於競爭的討論請見第七章）。

綜言之，看來無形資產可以說明很多已經觀察到的利潤與集中度趨勢。我們會在第七章更詳細討論這個課題。

## 不平等

在第一章，我們觀察到二十一世紀的不平等有三個特徵：貧富差距在 1980 與 1990 年代明顯擴大，而且始終沒能縮小；高收入者與低收入者的差距也有類似模式；自尊與社會地位的分歧雖然比較難在實證上加以衡量，但過去二十年來似乎一直有所惡化。

西方政府歷來不遺餘力地透過累進稅與福利制度來縮小貧富差距，而富者愈富、貧者愈貧的觀念至少跟聖經一樣古老，所以當不平等加劇時，可以肯定原因出在政府的重分配努力鬆懈了。不過，也有理由相信這可部分歸咎於無形資產豐富的經濟。事實證明，在觀察到的不平等增加中，有很大一部分可以用無形資產造成的改變，特別是領先者／落後者差距和群聚效應來解釋。

想想所得不平等。針對所得差異的近期研究指出，近幾十年來，最賺錢的公司員工跟所有其他公司員工的薪水差距，是所得不平等加劇的一個主要驅動因素。不只美國，在奉行平等主義的瑞典也觀察到這樣的研究結果。在一個某些公司表現得很好而其他公司做得很爛的世界裡，高收入者與低收入者的差距似乎會擴大[9]。

企業為了更容易觀察與管理勞工績效所做的無形投資，似乎也會使不平等擴大。經濟學家長久以來一直在研究效率工資（efficiency wage）的概念，也就是雇主可能會為了防止員工偷懶而支付豐厚的薪水。效率工資有部分理論基礎是認為管理靠的是信任，而非時時刻刻盯著員工看他們在做什麼，因為這麼做通常既令人反感，成本很也高。不過，軟體、數據分析與新的管理實務使得近身觀察容易許多，結果曾經必須委以信任的勞工，他們的活動現在可以被詳細地觀察、比較與評估。亞馬遜監測倉儲人員每小時搬運多少包裹、電話客服人員每小時處理多少來電、客服專員接聽每通電話之間間隔多少時間，這些監測能力都是建構在無形資產上，也就是用來衡量與獎勵員工績

效的軟體與商業流程。類似的技術與實務做法也會擴大白領勞
工之間的不平等，比方說，路易斯‧加里卡諾（Luis Garicano）
和湯瑪斯‧哈伯德（Thomas Hubbard）便說明了更好的績效監
控與工時計費系統，如何使律師事務所得以把表現最好的人跟
其他人區分開來[10]。結果明星級人物得到更多報酬，而落後者則
被甩在後頭或遭到解僱。無形投資使得提供專業服務業界的雇
主，得以用極端激勵型工作文化讓勞工「賺多少就吃多少」（eat
what they kill），來取代往往根據資歷敘薪的平等主義文化。

　　無形投資提高也會對財富不平等形成一個間接但強力的影
響。隨著托瑪‧皮凱提劃時代著作《二十一世紀資本論》的出
版，可以清楚看到在二十世紀後期與二十一世紀初期，皮凱提
觀察到的財富不平等加劇，有大部分〔根據麥特‧羅格利（Matt
Rognlie）的說法是幾乎全部〕[11]源自房地產價格的快速飆漲。
這些不平等加劇現象並非遍地開花，反而大多發生在因為無形
資產日益重要而出現群聚與聚集效應的活躍城市中。

　　地位不平等與無形經濟之間的關聯更是明顯。由於群聚在
經濟上變得更加重要，繁榮都市與落後地區的經濟分歧也日漸
加深，尤其因為嚴格的城市規劃法使得低薪勞工在經濟上愈來
愈負擔不起為了把握工作機會而移居到繁榮都市[12]。無形資產
的爭議性所蘊含的意義凸顯了這層關聯：牽涉到爭議性資產的

礎商與主張權利的經濟活動如果愈來愈多，那麼社會資本以及階級與教育等代表社會資本的標籤也將變得更加重要。

## 脆弱

「由於我們未能投資於無形資產，所以現代社會不堪承受諸如流行病與氣候變遷等威脅的打擊」這樣的觀點是和人們所以為的不同。確實，大部分人會做相反的假設，認為脆弱性是因為擔心太多無形資產這種鬆鬆軟軟的東西而對堅固的實體關心不夠所造成的。

當 COVID-19 大流行開始的時候，大眾談論的焦點大多放在對抗疫情所需的有形資本上。中國在武漢蓋一座 COVID-19 新醫院的速度之快，令國際觀察家感到驚嘆不已。西方人緊張地想知道，他們是否也能那麼快地蓋好新的醫院，同時也擔心他們可能沒有足夠的呼吸器應付尖峰需求，或沒有足夠的工廠來生產防護設備。

事實證明，許多這些有形資本的問題都在掌控之中。英國與美國建造了自己的急診醫院，避免加護病房的量能被突破。事實上，在應付 COVID-19 疫情上表現出色的國家，都已經大力投資於無形資產：有效的追溯與隔離系統（仰賴軟體、數據與流程）、功能正常的供應鏈（避免在西方國家看到那種明明有卻無法快速運送足夠防護設備到正確地點的情況），以及快速衡量、分析與回應流行病學數據的能力。一些富裕的國家譬如台灣與南韓就做得很好，而較貧窮的地方像是越南也不遑多讓。脫離疫情也需要大量的無形投資：追蹤、溯源與隔離患者的軟體與流程；開發有效藥物、治療準則與疫苗的研究；確保人們接種疫苗的網路、系統與活動。

　　若要面對減少世界碳排放量的挑戰，也是需要大力投資於無形資產。當人們提到對抗氣候變遷，想到的通常是有必要投資於實體資產：太陽能板和風力發電廠、電動車、捕捉與封存碳的設備。這種有形投資是減少碳排放的必要條件，但不是充分條件——而且，事實已經證明它是最容易做對的部分。舉例來說，英國已經大幅降低燃煤發電的量，以再生能源和低碳形式的能源取代之。發電產生的平均碳排放量從 1990 年的二億四千二百萬噸二氧化碳當量（$CO_2$ equivalent）降到 2018 年的九千八百萬噸[13]。由於英國是由一個共用電網來供電，只要提供正確的誘因，以潔淨能源取代骯髒能源就只是建立生產能力的問題而已。電網有部分是有形資本（電塔與接線），不過也有一塊是無形資本：設置好一個到位的電網需要投資於系統、標準與協議。美國東岸、西岸與德州都已擁有各自的電網，然而風力發電的部署速度向來較慢，有部分原因便是出在缺乏一個共用電網，以至於很難在多風的德州發電後，將電力輸送到再生能源需求量大的東岸與西岸。德國啟動了一個雄心萬丈且昂貴的計畫，打算透過投資再生能源實現電力供應脫碳，但因為需要讓核電廠除役而使得計畫受阻。問題不是出在實體資本，而是跟社會許可（social licensing）及提供選民認為可接受的安全制度有關——失靈的是無形資產，而非有形資產。

當我們往發電之外的領域去看，便會看到更多無形資產失靈的現象。能源專家傾向於同意，一個經濟體要脫碳的難處不在發電，而在交通系統與室內暖氣供熱上。這種轉型有賴於有形投資：安裝空氣源熱泵或氫燃料鍋爐，而非使用燃氣供熱，或以電動引擎取代內燃機，以巴士取代汽車，以自行車道取代汽車用路。不過就跟發電一樣，難的不是有形資本。供熱與交通之所以是難題，是因為它們是複雜的系統，為了能夠投資於有形資本，你也必須進行大手筆的無形投資。就交通的部分來看，這可能包括有效的新道路設計、用路人之間的新協議，以使那些道路設計得以落實、讓人們能夠跟加油一樣容易地替車子充電的系統和營運模式、製造足夠續航力的電動車所需的電池研發。就室內暖氣供熱來說，無形投資指的是為了使用電加熱或氫燃料所做的房屋設計與翻新計畫，以及支援此種轉換的系統與營運模式。

倘若我們能從零開始打造城市，許多這類無形投資的問題
會變得容易許多。由於被老舊的系統綁死，才使得無形資產的
挑戰如此巨大。

脆弱性還有另外一個超越健康與氣候的重要面向。過去我
們因應負面經濟「衝擊」所使用的某些政策槓桿，尤其是貨幣
政策，其防範效果似乎已經消退，從這層意義上來看，這裡面
是有著脆弱性的。在一個無形資產更為豐富的世界，隨著結果
的不確定性升高，借貸的風險也更大。同時，高齡化社會所採
取的預防行為提高了「安全」資產的需求——例如為退休養老
所準備的資金。上揚的儲蓄需求以及安全報酬與風險報酬之間
存在著的上升楔形（rising wedge），這兩者將降低長期實質安
全利率，使央行降低利率和提振經濟的空間變小。第五章會更
詳細討論貨幣政策的脆弱性。

## 不真實

「我們的經濟缺乏真實性，而我們應該為此感到困擾」的
這個看法至少有三個面向。首先是羅斯・杜塔特在《頹廢社
會》（*The Decadent Society*）一書中所做的觀察，發現我們有
太多的產出是衍生性的和自我參照的，這是重組後的產物，沒
有原創性[14]。第二個是大衛・格雷伯和富裕國家的千名政治人

物所表達的關切，擔心經濟牽涉太多造假的事物、太多不會帶來有用實質結果的工作。在大眾心目中和政治論述裡，製造業是我們喪失的經濟活動中最令人哀嘆的一類。第三，人們普遍的印象是現代經濟充斥著華而不實的快速致富計畫，沒有實質內容，往好的方向看是荒唐可笑，往壞的方向看是詐欺，譬如Juicero公司從連網榨汁機賺到10億美元的失敗計畫、Theranos公司的冒牌驗血帝國的殞落、英國政府承包商Carillion的突然進行清算。企業經營看起來不那麼像是誠實、努力工作的產物，反而更像是傑克（Jack）的魔豆。

在杜塔特看來，我們的創意經濟愈來愈被重混合（remix）與遞歸（recursion）所主宰，這個想法在本質上令人感到不安：一個如此令人擔憂的缺點，必然是某種深層且腐敗的跡象。不過，從無形資產的角度來看，重混合是有道理的。今天的經濟擁有空前多的無形資產存量，包括從《哈利波特》到百老匯音樂劇《漢彌爾頓》（Hamilton）、從全國運動汽車競賽協會（NASCAR）到國家地理雜誌（National Geographic）在內的創意性財產。當你用對方式把它們結合起來——發揮綜效的作用——這些資產有時候會變得特別珍貴。在這種情況下，許多尋找正確組合的嘗試，往往會以重混合或再加工的形式呈現，也就不應讓人感到意外，而是我們在一個富含無形資產的社會裡所期望看到的。

對喪失「真實」工作的顧慮，也跟利用無形資產的綜效時所發現的龐大價值部分有關。事實上，許多格雷伯所指認出來的「狗屁工作」，都牽涉到運用綜效的努力。以製造業來看，無形資產提供一個不同的解釋。當人們想到製造，他們通常想到的是有形資產：工廠、機械工具、生產線。可是，一旦我們去審視有能力維繫相對龐大的製造部門的富有國家──德國和日本是兩個主要範例──會發現他們的競爭優勢主要仰賴無形資產：勞動力的技能與培訓、使他們能維繫產品技術領先地位的研發與設計能力、為了降低單位勞動成本而不斷改進的流程〔譬如精實（Lean）與六標準差〕。製造業的衰敗，以及喪失了它所提供在實質上、政治上都很討喜的就業機會，是未能投資於無形資產所造成的結果。

無形資產的重要性也有助於解釋魔豆因素──為數十分可觀的企業，看起來像變異性極高的賭注。愈來愈多企業資產具有高度可擴展性，而對的組合能釋放出巨大的綜效，在這樣的一個世界裡，我們預期會看到商業構想（其中有很多是靠不住的或古怪瘋癲）上的一種寒武紀多樣性大爆發，以及有人終於弄對組合時獲得巨額報酬的可能性。

# 總結

本章認為，無形資產危機非常適合用來解釋我們在第一章所陳述的問題與矛盾：停滯、不平等、競爭功能失調、脆弱、不真實。變得比較無形的世界，尤其能說明這些問題如何以及為何共存於世。停滯與令人眼花撩亂的技術變革共存。基本上已經停止惡化的不平等，與尊嚴不平等加劇共存。競爭指標顯示競爭性正在下降，可是我們的私人生活卻變得更加壅塞。脆弱與明顯變得更好的通訊及旅行共存。而不真實，則與跨境創造力大爆發共存。

本書其餘部分將檢視克服這些問題所需的制度性變革，不過首先我們必須解釋我們所認為的制度是什麼。請見下一章分曉。

第 3 章

# 無形資產危機：制度失靈

　　好的制度有助於促進經濟成長，可是如同我們將從燈塔史所看到的，隨著經濟發生變化，好制度也會變成壞制度。無形資產具有非比尋常的屬性，所以需要為它做特定的制度面安排，而這些安排大多還不存在。若要終結無形投資放緩的走勢，恢復經濟成長，制度更新與創新是有必要的。

　　在美景如畫的托斯卡城市西恩納，你會看到羅倫澤提令人歎為觀止的壁畫《良好的治理對西恩納及其領地的影響》（圖3.1）。它被繪製在市政廳執政委員會所在大廳的牆上，是義大利文藝復興時期（1338 年）最早的世俗畫之一。如本書導論中所提到的，這幅畫提出一個基本政治主張：良好的制度創造出繁榮的經濟[1]。

　　在十四世紀初期，從經濟的角度來看，西恩納和其他義大

圖 3.1 羅倫澤提的《良好的治理對西恩納及其領地的影響》（西恩納市政廳）

利城市似乎已取得非凡的成就，他們開始突破困住西歐大部分地區數世紀之久的生存陷阱。按照現代的標準，西恩納仍然窮得不得了，可是比起過去稍微沒有那麼窮了，而以歷史的標準來看，那種成長本身是十分出色的。可是壁畫上的油彩尚未乾透，經濟大潮便開始轉向。曾經幫助托斯卡城鎮變得更富有的制度與規則，無法應付正在興起的新經濟的需求。投資趨緩、有錢的市民愈來愈會把錢花在地位與炫耀上、輕率的土地開發導致洪水成災、日益加劇的不平等帶來了暴動與失序，而為了因應這些新挑戰去改進西恩納的制度卻非易事。其實，城市的統治者覺得有必要委託製作關於良好治理與不當治理的昂貴壁畫，便顯示這件事情在當時是一個有爭議的課題。

曾經讓西恩納昌盛一時的制度，並不足以因應已經崛起的新經濟，就跟許多北義大利城市一樣，西恩納開始進入停滯，接著衰落。市政廳上的壁畫抑鬱地提醒著人們曾有的昔日榮光。

話雖如此，西恩納的壁畫為我們的主張帶來三個重要教訓。第一，好的制度能驅動經濟成長與投資。第二，隨著時間流逝，好制度的定義會因為經濟發生變化而改變。第三，一個沒有進行制度更新的經濟體，是會從成長走向停滯的。如俗話所說「水能載舟，亦能覆舟」。

當我們講到制度（institution），指的不是「宏偉而古老的組織」，而是跟經濟學家使用到該詞彙所秉持的意義相同：正式與非正式的經濟遊戲規則。新制度經濟學（New Institutional Economics）先驅之一的道格拉斯・諾思，將制度更精確地定義為「人為設計的限制，用以形塑人類的互動」[2]。那麼，在這個定義下，舉例來說，哈佛大學並不是一套制度（儘管它既古老又宏偉），大學裡的「學術同儕審查」、「博雅教育」（liberal arts education）及任何其他實務與規範才是制度。

## 制度與經濟成長

批評主流經濟學的人經常指責經濟學家低估制度的重要性。他們認為，經濟學家太快接受亞當・斯密（Adam Smith）的主張，認為繁榮有賴於「……和平、寬鬆的稅賦和堪可容忍的司法行政，此外沒太多別的了」[3]，而且輕看了支撐現代市場經濟的規範、規則與期望所構成盤根錯節且複雜精密的基礎設施。借用馬克思（Karl Marx）與恩格斯（Friedrich Engels）的話，經濟學家被指控「除了赤裸裸的利害關係，除了冷酷無情的『現金交易』，人與人之間再也沒有任何別的聯繫」是他們所關心的了[4]。

經濟學家拿出新制度經濟學數十年來的研究為自己辯護，這些新制度經濟學工作者們將歷史、法律、政治科學及其他學門的觀點與嚴謹的經濟分析結合起來，檢視制度與經濟表現之間的關係。2009 年諾貝爾經濟學獎得主之一的伊莉諾·歐斯壯（Elinor Ostrom）撰文論及沿海社區管理漁業所使用的規則與規範；2020 年克拉克獎（John Bates Clark Medal）得主瑪莉莎·戴爾（Melissa Dell）檢視殖民時期祕魯的強迫勞動規定，如何影響幾個世紀後的貧窮與健康。制度對經濟成長很重要，如今這個看法在經濟學家之間並無爭議。甚至，戴倫·艾塞默魯（Daron Acemoglu）、賽門·強生（Simon Johnson）和詹姆斯·羅賓森（James Robinson）[5] 在一連串極具洞察力的書籍與論文中，把好的制度界定為提供「財產權的保障和相對平等的經濟資源取得機會給社會廣大階層」；阿諾·克林和尼克·舒茲用「作業系統」來形容制度，十多年前便強調它們在無形經濟中的重要性[6]。

「好制度可以鼓勵投資與成長，而壞制度會形成阻礙」這個想法是符合直覺的。再怎麼說，法治、運作良好的市場、公共財的提供，全都是源自於各種制度的結合：法律本身、執行法律的法院實務、使大多數人易於遵法守紀的規範準則。倘若不是經濟學家的人也一向知道制度很重要的話，那麼他們可能會提出一個合情合理的問題：「我們真的需要長達五十年的制度經濟學研究來證實這件事嗎？」

然而，有些經濟學家對經濟成長有賴於制度的說法表示懷疑。他們會辯稱說：當然了，**大體來說**，制度很重要，可是人們太容易訴諸制度來解釋任何不尋常並因此不可靠的事物。經濟表現好的時候，你總是可以感謝有好的制度，而當景氣沒有那麼好的時候，你也可以怪罪於糟糕的制度。我們相信，好好地思考為什麼制度有益於成長是有幫助的，因為這麼做會逼使我們訂出一個比較高的舉證門檻，來判定制度何時可能會讓我們失望。有了這個重點，我們便能闡明何以無形經濟對現行的制度形成壓力。

## 制度、社會互動與經濟交換：一張前進路線圖

我們之後將會提出一些相當抽象的制度觀念，所以在這裡我們先簡要概述這麼做的理由和一張我們將往何處去的路線圖。接下來幾頁裡，我們會談論到制度是時代的產物，因此我們有必要說明為什麼某些制度在某些時代裡是好的，到了其他時代就變得不好了。我們將做出如下主張：制度有助於交換的某些面向，但會傷害到其他面向。因此當經濟發生變化而交換的條件改變了，有些制度就會變得不那麼合宜。

　　交換是社會互動的主要特徵之一：商品與服務的交易，有時候則是金錢上的交易。這種交換對經濟成長是好的。事實上，經濟成長需要一種特定的交換，叫做投資——概括的說，就是為了將來的利益而進行現在的交換。因此我們必須確認交換流程的面向，或說的具體一點，交換的條件或階段；接著，我們必須描述什麼樣的制度支持或創造交換發生的條件；最後，我們必須呈現走向無形經濟如何需要一個不同的交換流程，進而需要不同的制度。

　　我們將以燈塔的歷史作為例子，說明我們的論點。燈塔知識的學習者（到本章末了，你就會成為這樣一個學習者了）學習燈塔知識的方式可能有許多種。**技術法**是從技術的面向去學習燈塔，譬如它的構造和照明。其他方法則可能圍繞著燈塔的**交換條件**（conditions of exchange）去學習：它賣的到底是什麼東西？我們也必須檢視**支持交換的制度**，這是個私有的、公家的、慈善的，還是受管制的燈塔？然而，在開始詳盡闡述燈塔的例子之前，我們必須提出並回答一個重要問題：制度是拿來做什麼用的？

# 制度的用途是什麼？

要回答這個問題，讓我們先從一個沒有制度的社會談起。如經濟學家哈洛德‧丹賽茲（Harold Demsetz）所指出的，《魯賓遜漂流記》（*Robinson Crusoe*）裡的魯賓遜（Robinson Crusoe）就不用擔心制度問題。沒有律師、會計師或警察，因為他不需要跟任何人打交道。魯賓遜的世界是一個沒有交換的世界，不過也是規則下的例外狀況。諾貝爾經濟學獎得主諾思提出「制度是人為設計來建構互動的限制」後，又接著說：「從整個歷史上來看，制度向來都是人類設計來建立交換的秩序並減少不確定性的。」[7]

我們若是有興趣知道無形投資和可能拖慢它的原因的話，「交換的不確定性」便值得注意一番。投資當然是一種交換形式，而且比其他形式的交換更容易產生不確定性，因為它是隨著時間的遞嬗而發生的：人們做投資的時候，是在現在付出代價，以期在未來獲取利益。如我們將看到的，無形投資會招惹出屬於自己的不確定性。

那麼，我們就從檢視交換的條件或階段開始談起，接著鑑別什麼樣的制度在支撐那些條件。

# 交換的條件或階段

完成一項互蒙其利的交換需要什麼？這樣的交換可以是貨幣的或非貨幣的，交易的夥伴可以是一個人或是由多人組成的聯盟（例如向另一家公司買下一間公司）。交換有沒有一些什麼關鍵要素？還是交換的樣態分散到無從加以分門別類？我們相信進行交換有四個步驟。

## 步驟一　資訊：找到一個可以進行互惠交換的潛在夥伴

大多數的交換分析都把互惠交換的情況視為理所當然：買家和賣家已經匹配好了[8]。比方說，在 COVID-19 危機發生初期，衛生當局急切地想要找到個人防護設備（personal protective equipment, PPE）、呼吸器和疫苗。從根本上來看，這種結盟或匹配的過程是一種資訊問題：衛生機構需要知道哪裡可以找到 PPE、誰可能有能力開始生產呼吸器、疫苗可能是什麼配方的資訊。

資訊的主要特徵是什麼？首先，資訊可能是分散的（PPE的買家不總是知道賣家在哪裡）。一定要有個方法來揭露市場買賣雙方各有哪些人馬。第二，資訊可能是不確定且甚至是不對稱的：醫療保健的提供者並不知道 PPE 的品質如何。更糟的是，如果買家認為市場上都是品質拙劣的供應商，那麼市場可能把沒有能力傳達該資訊的好供應商給趕出去了。第三，資訊有可能單純就是找不到。我們不知道有誰在生產呼吸器，而2020年初那時，也不清楚有效的疫苗什麼時候能做出來。

## 步驟二　集體行動：確保所有從交換得利的人都能做出貢獻

一旦找到 PPE 的供應商或發明出疫苗，便須想方設法確保從中得利的人都能付出代價。在一對一的交換中，過程很直接明白；可是碰到國家付錢的時候，這就是為了集體供應所做的交換。有些人會認為，譬如提供 PPE 或更廣泛的健康服務給外國人，會排擠到其他人，使其無法取得設備。如此一來，當有人吃了白吃的午餐，一些集體行動的問題就出現了：例如說，鄰居觀賞了你施放的煙火，或有人沒有投資卻使用別人發明的化學配方。也許你可以跟鄰居談價錢，或向競爭的化學公司收取知識許可費。不管用什麼方法，解決集體行動問題的一個重要因素，是確定是否可以將得利的人排除在外，或確保他們能做出貢獻。當商品有必要做組合或有一個人阻礙了整個交易，其他集體行動的問題就出現了。橫越多片土地建造交通運輸路線就是一個例子。

## 步驟三　承諾：確保任一方夥伴不會在交換中背信食言

當交換隨著時間而進行時，倘若夥伴不能承諾未來的表現，交易就會失敗。購買 PPE 的款項在三週內支付，需要有 PPE 即將供應的承諾做基礎。開發一款疫苗所投入的大量資源，需要有公司能合理預期未來可以回本的承諾。

## 步驟四　把討價還價成本或影響成本減至最低：不要在交換過程中吸收太多資源

交換的過程中可能會牽涉到人們所謂的「討價還價」或「影響」成本。保羅・米格羅姆（Paul Milgrom）和約翰・羅伯茨（John Roberts）列出討價還價的成本，像是議價活動本身的成本、監督成本、執行成本、無法達成協議的成本[9]。其中有些可能是人們為了「影響」決策而招惹來的成本，例如遊說和給予誘因的成本。因此這類成本當中有些跟交易的資訊有關，比方說想要蒐集是否已經履行合約的資料；而有些成本則可能是集體行動問題的一部分，譬如把從中得利的人排除在外。不過，它們看來都重要到足以單獨列舉。此外，奧立佛・哈特（Oliver Hart）和約翰・摩爾（John Moore）也指出，交換往往會牽涉到「討價還價成本」[10]，包括很多人在議價時自然會感覺到緊

張的心理成本、因為在交易中感知到不公平的失望或委屈感所
產生的成本。

## 制度如何支援交換的四個面向？

　　為了把交換的四個關鍵特徵與制度聯繫起來，讓我們轉而
看看人類學家的工作。根據人類學家愛蓮娜・李考克（Eleanor
Leacock）的說法，現代魁北克地區的一支原住民族因努人
〔Innu，她稱之為蒙他那人（Montagnais）〕，在十七世紀的
時候並沒有土地所有權的概念，相反地，他們認為土地是每個
人都可以享用的共同資源[11]。獵人可以隨其所好地在任何地方
打獵，餵飽家人。與外界的貿易或交換，至少在今日慣常的理
解下，是少之又少的。

　　到了十八世紀，部落間以及與外界譬如航海人的貿易開始
發展起來。李考克認為，有了貿易，土地權非屬任何人的情況
改變了。部落開始把一塊塊土地分配給家族，賦予他們獨家狩
獵權。狩獵陷阱被打上標記，並分派給特定的家族。拉布拉多
半島上森林裡的獵人也被發現有類似的模式，家族狩獵的領地
都被劃分好了。此外，在中央土地區域是禁止狩獵的，除非家
族自己的領土裡有短缺問題，才能進入公共土地。家族每季輪

流在不同的土地上打獵。美國西北部的所有權比較穩定，並出現一種繼承制度；相較之下，美國西南平原上的美國原住民就沒有財產權，土地仍然是所有人的共同資源。這樣的安排直到歐洲移民帶著牛隻來到才發生變化。

　　道格拉斯・諾思形容許多社會有類似的演進。他們先是從家族內部的交換開始，但少與其他人交換。隨著交換的範圍超越單一村莊，變得更加匿名化，圍繞著交換的活動也變多了。這些活動包括提供抵押品、融資和不履行的補救做法，顯示有助於交換各面向的某些關鍵制度，或那些「人為設計的限制」發展出來了。

## 信任、聲譽與互惠

　　在貿易普及以前，交換大多發生在家族內或也許鄰近的部落／村莊之間。我們可以把信任與互惠想成是協助早期貿易的「制度」。人類學家已寫下大量的文章，討論這類規則如何成為少數已知玩家進行重複賽局下的穩定結果。不過，我們不應過度美化這件事情。信任與互惠不表示早期的社會總是善良而寬大為懷的，或跟現代資本主義社會的無情詭詐形成對比。確保信任的過程需要對那些破壞信任的人施予懲罰，而其他條件不變之下，懲罰愈是嚴厲，便愈有可能維繫信任。我們可能希望回到一個更互信的社會，可是那樣的社會很可能是靠著對濫用信任者的嚴刑峻法來維繫。再者，隨著社會變得更龐大並有更多的交易，要知道一場交換的所有各方人馬已是不可能的，所以必須用其他東西來替代信任，譬如聲譽或退款保證。

## 財產權

　　一旦交換的本質改變，會發生什麼事情？哈洛德・丹賽茲思索了人類學家描述的獵人所面臨的誘因。他推斷，如果獵人不擁有土地，也不能控制其他人的打獵行為，那麼沒有一個獵人有動機投資於提高或維繫動物存量。如此一來，便相當有可能發生過度密集狩獵的情況，使其他獵人與後代子孫為此蒙受代價〔經濟學家稱之為外部性（externality），指的是某個人的行為帶給他人的影響〕。毛皮貿易發展出來以前，過度狩獵在獵人人口稀疏的廣袤土地上是個小問題。獵人之間的互動少之又少，大地也足以供給相對較少的獵人，並自然地補充獵物存量。不過，等到毛皮貿易發展出來，獵人間的互動就變得很重要，因為獵人需要毛皮不只是為了自己，也是為了與其他人交易。

　　社會需要一套機制來處理這類互動，有個對解決問題大有幫助的機制是財產權。一旦明定保障財產權，個別獵人便會關心動物的數量和未來。原則上，他們可以相互磋商捕獵量等等事項。這些處置在毛皮貿易上尤為重要，因為海狸通常住在特定區域，而不是四處遊走；因此把特定區域分配給特定獵人，就會使該人有強烈的動機去節約使用打獵的機會。

　　那麼，為什麼美國西南平原上的原住民在歐洲移民到來之前沒有財產權呢？丹賽茲認為有兩個原因，首先，財產權只在歐洲移民帶著牛隻來到時才發展出來。第二，西南平原上的動物主要是草食動物，不會像海狸那樣把自己侷限在有限空間裡。因此指派一塊塊土地的特有財產權，對那些捕獵會四處遊走的動物的獵人來說，顯然不甚具有意義。

　　最後，海耶克（Friedrich Hayek）認為，如果市場要成長茁壯，發展財產權事關重大。這些權利進而有助於解決資訊分散的問題。在海耶克眼中 [12]，一場交易並不是在交換貨品或服務，而是在交換與使用它有關的所有權（比方說，轉售或排除他人使用的能力）。因此財產權是市場得以發展的關鍵制度，然後才能透過市場價格的資訊內容來解決資訊分散的問題 [13]。

　　當然了，不管是個別財產權（你的房子）或集體財產權〔共有財產或專利聯盟（patent pool）〕，都必須被保障與尊重；這種制度特色可以總歸於下面談到的承諾。

## 集體決策機制

財產權可以採取多種形式。土地可以是共有、私有或國有，如我們已經看到的，拉布拉多半島上的早期獵人設立共有土地，如此一來，交換便需要能提供集體決策機制的制度。

集體決策機制的制度有很多可能的做法，其中一個單純就是靠著信任與互惠[14]。極端相對的做法則是設計一套管制國家決策的政治系統，譬如各種投票形式。介於中間的則是有權選擇如何使用自家資本的大公司。換句話說，社會必須找到一個方法去分配交換相關的**權威**。

儘管集體決策或權威可能有助於解決集體行動問題，不過若牽涉太多討價還價或影響力活動（遊說、官僚主義等等），它也有可能代價十分高昂，這就是經濟學家所謂**交易成本**（transaction cost）的一部分。如果這些成本很高，設計出來的制度必須要能節省這類成本[15]。

## 合約履行

由於財產權必須獲得保障與尊重，因此合約履行成為關鍵所在。當交換隨著時間遞嬗而發生，會出現一個特別嚴峻的問題，如艾塞默魯、強生和羅賓森所說的：「在任何發生經濟交

換的市場情況下，只要等價交換的兩造交換物被切割開來，將
會引發承諾的問題。」[16] 對政府而言，或更廣義的說對任何權
威當局而言，承諾都是一個特殊問題。在法制許可下，私部門
可以藉由簽訂一份具有法律約束力的協議來做出承諾。可是權
威當局制定法律，根據定義，他們不能幫未來簽訂一份可執行
的合約。因此這種承諾的付之闕如，是一個需要從制度面解決
的重要問題。制度面的解方是一套履行承諾的政治制度。艾塞
默魯及其同僚們認為，英國內戰（English Civil War，1642 年
至 1651 年）和光榮革命（Glorious Revolution，1688 年至 1689
年）帶來的正好就是這種制度變革。都鐸王朝的君主們，尤其
是亨利八世（Henry VIII），想要建立一個可以任意沒收財產
與提高稅收的專制君主制。內戰打下來的結果是把權力從君主
身上移轉到議會，一個在光榮革命中獲得鞏固的變革。這類制
度變革給人可靠的承諾，確保沒收的情況不會再發生或至少會
被減少。事實上，艾塞默魯和同僚們進一步追蹤這種變革到世
界貿易的擴張與新興商人階級的興起，這些人的經濟利益直接
牴觸了國王任意占用的行為 [17]。

　　如辛巴威從白人統治過渡到多數統治的案例所示，因為承
諾的關係，這類政治制度乃處於微妙的平衡當中。儘管白人只
占總人口的 3％，但最早的選舉制度保證白人選民可以取得立

法機關的兩成席位。不過,那樣的體系在五年內就發生變化,隨後的憲法修正案允許土地重分配,為穆加比(Mugabe)政府經由法律與法外手段重新分配土地打開大門。艾塞默魯和羅賓森認為,政治制度因此必須穿梭行走於需要一個強大的國家來履行合約並提供集體財和需要一個強大的社會以防國家變得過於強大之間——所以才把他們的書取名為《自由的窄廊》(*The Narrow Corridor*)[18]。貝瑞・溫格斯特(Barry Weingast)也提出類似的觀點[19]。

凡此種種,顯示對承諾有幫助的制度是隨著時間推移進行交換的關鍵,而合約履行與信任顯然就是有助於承諾的制度。對於無法做出承諾的政府來說,解決集體行動問題和盡量減少影響／討價還價成本是關鍵所在[20]。

## 交換的條件與支持那些條件的制度:總結

表 3.1 匯總交換所需的條件和支持那些條件的制度。該表的第一欄呈現交換的關鍵條件,並與第一列的制度類別相對應。如第二欄所述,有助於信任／互惠／聲譽的制度滿足所有條件。這樣的一套制度因為有助於承諾、集體行動、資訊與議價成本而有利交換進行。在第三欄,不管是私有或共有財產權,都如早期獵人個案研究所示的有助於集體行動,又如果能協助

表 3.1 交換所需的條件與支持它們的制度類型

| 交換所需的條件 | 可能支持那些條件的制度類型 | | | |
|---|---|---|---|---|
| | 信任、互惠、聲譽 | 財產權（私有、共有） | 集體決策機制（如投票制度、集權制或分權制） | 合約履行 |
| 承諾 | ✓ | | | ✓ |
| 集體行動 | ✓ | ✓ | ✓ | |
| 資訊（分散的、不對稱的、找不到） | ✓（不對稱的） | ✓（分散的） | ✓（分散的） | |
| （沒有）影響／討價還價成本 | ✓ | | | ✓ |

註：表格裡的元素呈現的是我們認為欄與列之間的主要關係。

創立市場的話，也對提供資訊有幫助。在第四欄，集體決策有
助於解決集體行動問題和資訊分散問題。舉例來說，投票系統
匯聚了選民的願望，就這層意義上來看對掌控分散訊息是有幫
助的。最後，合約履行應該主要有利於承諾。它也有助於避免
產生議價成本，譬如如果碰到意見分歧的時候，能快速、便宜
且公平地訴諸具有約束力的仲裁或司法審判。

這張表清楚傳達出幾個重點。首先，它強調信任（互惠／
聲譽）作為跨領域的社會制度，在增進交換上的重要性。學者
們一次又一次地注意到這個重要性，而去追溯譬如說希望促成

信任極大化的許多經濟安排。家族企業以及種族／宗教團體內成員之間的貿易，就是兩個很好的例子。

第二，這張表提出一個重要問題：什麼叫做一個「好」制度？表格中的差距顯示，除了信任之外，其他制度都沒有涵蓋交換過程的所有部分。想想私有財產權，如我們已經看到的，它們也許有助於增進獵人節制打獵的誘因，或讓公司有投資智慧財產的動機，可是就其本身而言，它們並不能保證討價還價的成本很低。那麼，任何關於「更多」（或更有保障）的私有財產權是促進成長的「好」制度的說法都是不完全的。如果對狩獵範圍或從專利取得知識許可權需要進行成本高昂的討價還價活動，這類權利將不會成為產生交換行動的誘因。艾瑞克・波斯納（Eric Posner）和格倫・韋爾（E. Glen Weyl）以一條鐵路線需要一百塊相鄰私人土地為例，指出類似的問題[21]。私有財產權在這裡將派不上用場，因為即便其他九十九個地主都願意繼續進行下去，但第一百塊地的地主就能阻礙整個計畫。在這種情況下，他們認為私有財產就資訊目的（土地的價值會在交易時經由價格被揭露出來）來說是一個好制度，但就集體行動目的來說，卻是一個爛制度[22]。

制度可能不支持全部的交換條件，此一觀察也是艾塞默魯、強生和羅賓森所提出的一個重點[23]。如他們所指出的，內閣政府這類中央集權制也許是解決集體行動問題的好方法，不過擁有職權的代理人（尤其是政府），可能會受承諾的問題所擾。如我們已經知道的，私人可以簽訂具有法律約束力的合約，可是政府不行，因為它總是可以修改法律。再者，權力與職權集中化本身並不能保證就不會有遊說與影響成本，事實上它們可能還會引發這樣的成本。

第三，如果交換的根本面向發生變化，那麼原本合適的制度也許也就不再適用。以信任為例，原始經濟體彼此之間幾乎沒有什麼接觸或貿易，不過隨著經濟體的成長，與外界貿易所需的資訊條件與承諾條件就會變得愈來愈重要。靠著當地人彼此之間的信任已經不夠了——因此需要有新的制度，譬如合約履行來支撐那些新條件。

在本章其餘部分，我們會解釋何以朝無形經濟移動，會是「交換的根本條件發生變化，所以需要新制度」的一個例子。不過，我們先用先前已提過要說的例子——燈塔——來闡釋這個要點。


## 水能載舟，亦能覆舟：制度與技術變革

如我們已經看到的，制度有助於支撐某些交換條件，但無

法做到全部,這表示隨著基本條件發生變化,它們也必須有所改變。所以怎樣才算得上是一個「好」制度,其定義並非永恆不變的,而是會隨著時間流逝,跟著經濟體的變化而轉變。燈塔的歷史說明了這一點[24]。

## 燈塔與「對」的制度

燈塔在經濟學家心目中占有一個特殊位置。以燈塔作為簡明易懂的例子來說明公共財,是經濟系一年級學生最早上到的課程之一,而且是用交換的概念來學會的。這個「經濟學101」課程裡的故事是這樣講的:在古時候,燈塔提供的是警告水手們有礁岩存在的重要服務。這項服務很有價值,卻不具排他性,因為任何人不管對燈塔運作成本有無貢獻,都可以使用它[25]。簡言之,燈塔是一個經典案例,說明這個情況下的交換需要解決集體行動的問題。燈塔是一種公共財,所以傾向於由政府以稅收為資金來提供服務。這個故事接著說,曾有一度因為制度不當所以燈塔太少;然後出現了好的制度解決公共財的問題,燈塔的數量才多了起來[26]。

乍看之下,燈塔的歷史證實了「經濟學101」課程裡關於單一制度創新的基礎論點。想想位於英國西南部康瓦耳郡附近的蜥蜴燈塔,照亮了一路延伸至英吉利海峽的一個險峻的礁岩半島。確實,這片海岸危險至極,以「海洋墳場」而著稱。
一個當地的地主約翰·基里格魯爵士(Sir John Killigrew)在
1619 年取得建造燈塔的許可權,可是他只能靠著募捐籌錢興建
燈塔。他一毛錢都沒賺到,新建的燈塔也在幾年後被拆除了。
1751 年,另一個當地地主蓋了一座新的燈塔,也就是現在的這
一座。當時燈塔使用燃煤火盆照明,但被認為無法發揮燈塔的
作用,直到 1811 年和 1874 年安裝新的照明才獲得改善,但到
那個時候,燈塔已經不再是私有的了 27。所以根據這個故事的
說法,私有財產制阻礙了交換(在這個例子裡是指提供燈塔)
足足兩個世紀之久,直到對的制度,也就是公有制被發展出來。

　　廣泛來講,制度不當這個解釋是準確的,但詳盡的細節則
可以幫助我們了解到底問題出在哪裡。若要進行交換,必須從
兩個面向去支持燈塔服務的供應。首先,提供燈光就是在提供
水手們資訊。這是燈塔的一項持久不變的特徵;就跟其他成
功的資訊商品一樣,光線必須可靠、可辨認且值得信賴。其
次,燈塔若不能排除經過但沒付錢的船隻使用,就會出現潛在
的集體行動問題。從交換的面向來看,排他性並非如「經濟學
101」課所暗示的那樣,是這個市場的「自然」特徵;事實上,
它是由燈塔的具體位置與運用的技術所決定的。關於技術方
面,如大衛·范贊特(David van Zandt)所指出的,如果前現

代時期的船隻有無線電和行動支付系統,那麼便可能讓經過的船隻發無線電給燈塔,並且在支付費用後,由燈塔看守員點亮燈光[28]。

古代水手拿著手機也許看似牽強附會之說,可是燈塔的實際發展呈現了技術變革如何改變燈塔的作業方式,並影響維護燈塔所需的制度。儘管資訊特徵是持久不會消失的,但集體行動特徵(隨著技術變革)卻變得更為重要。

1566 年,海事慈善機構海商促進公會(Trinity House)取得一種早期形式的燈塔專利。也就是說,向政府繳交授權費後,他們就可以建造燈塔,並可將取得的任何收費作為己用。可是即便海商促進公會擁有國家授予的獨占權,但還是出現了私人設置的燈塔,這是因為專屬權並不被繼任的國王們所承認[29]。公共的與私有的燈塔並存至 1830 年代。可是如果排他性是一個問題,私有燈塔要怎麼生存下去?比方說,離岸很遠的艾迪史東燈塔(Eddystone Lighthouse)便是在 1699 年由私人所建造的。燈塔為什麼後來會走向公有制?又為什麼先是法國,然後是美國擁有一個完全公有的系統?

原因出在技術改變了,所以排他性和相應於此的合適制度也轉變了。這個技術變革就是充足照明的發明。在 1800 年代初期,點亮燈塔的方式是用蠟燭或油燈加上鏡子反射,通常有一半的光線會被鏡子吸收掉，而且照亮範圍限於五到八英里左右。技術突破發生在 1819 年，當時法國人奧古斯丁‧菲涅耳（Augustin Fresnel）發明了一系列的透鏡，能將光線集中為一束。菲涅耳的儀器除了可以讓照明範圍增加到三十英里，更可以旋轉，如此一來，配合不同的旋轉速度，便可發出閃爍的燈光信號，閃光的時間長度取決於離岸的距離。菲涅耳還可以給每一座燈塔不同的信號，藉此協助導航船隻。從 1825 年開始，菲涅耳在公共工程部的資助下，運用新技術建造了一個由五十一座燈塔（最初是十三座）構成的網絡，這項計畫工程在 1854 年時完工。

英國的情況大不相同。1836 年，英國有五十六座燈塔，其中十四座是私有的。不過，儘管英國在 1821 年派遣代表到法國，也在 1822 年看過技術展示，但沒有一座燈塔使用到新的折光技術。到 1854 年，法國海岸每 12.3 英里就有一座使用新技術的燈塔，而英國則每十四英里海岸有一座燈塔，且其中半數是使用過時的反射鏡。到 1851 年，美國在完成一項由稅收資助的建設計畫後，擁有的燈塔數量是英國的兩倍，且幾乎全部使用菲涅耳透鏡。

此處的關鍵在於當科技變革改變了交換的根本面向的重要性時，包括公有制與私有制在內的制度也必須隨之調整。燈塔必須區別為港口燈或登陸燈／海岸燈，排他性對前者來說不是問題，但對後者來說卻是個大問題。在菲涅耳透鏡發明以前，照明技術彆腳到實際上僅有的海岸燈都是港口燈。他們可以收取服務費用，因為會經過的船隻都是要前往港口停泊，所以燈塔的資金是從港口費來的。事實上，當地引水人也提倡建造燈塔來協助他們導航，因此私有燈塔可以從當地收費取得資金。舉例來說，雖然艾迪史東燈塔離海岸很遠，但是幾乎所有經過的船隻都是要前往普利茅斯的港口。而用來為一般沿海航行照明的燈塔，譬如蜥蜴燈塔就會面臨更嚴重的排他性問題。所以他們無法靠著當地收費來支持營運[30]。

　　當菲涅耳透鏡被發明出來，海岸燈變成一個更有效的可能方案。唯有隨著新技術出現，排他性才成為交換的一個面向，也因此需要一個新制度。而確實，海岸燈塔那時是不得不由公家以一般稅收出資[31]。當地籌資這個適合舊技術體制的制度，碰到新技術便不適用，後者需要透過集體行動來設立國家資金。若要採用新技術，便必須改變那些制度上的安排。英國改變的慢，由政府資助的燈塔就比較少。

# 制度的屬性

　　燈塔的案例凸顯出制度的四個有趣的屬性，這四個屬性對本書其餘部分的論點很是重要。如同維持燈塔運作的理想制度會隨著燈塔運作技術而改變，制度是**專屬於**（specific）特定經濟情況下的。它們受制於**慣性**（inertia），好比英國的燈塔制度，即便那些經濟情況已經改變，它們往往還是會持續存在。它們本身就是**無法預測的**（unpredictable），因為並不總是能明顯看出哪一套規定與規範的效果最好，尤其是涉及到新技術或做生意的新方式時。而且制度受制於**政治**（politics）：一群既得利益者為了維持次佳的制度而聯合起來，通常可以占上風。

## 專一性

　　一些經濟學家研究的制度非常廣泛。對現代經濟成長起源的研究，經常把重心放在宏觀的制度上，譬如「有限政府」（limited government）[32]、「創新的文化」[33] 或「改善型思維」（improving mindset）[34]。這些制度的重要性橫跨不同的文化與時間長河。舉例來說，財產權的力道與強制性，與中世紀歐洲水磨坊、十九世紀美國西部田野、現今拉丁美洲房屋的投資多寡有關[35]。總的來說，研究認為財產權和有能力強制執行會提高投資。中世紀領主比較不可能在他們怕被徵收的領地上花錢建造磨坊；當有刺鐵絲網的發明使西部牧場主可以架設便宜的圍籬時，他們對自己的土地做了更多投資；如果國家法律制度使現今的人們很難合法擁有或證明所有權的話，那麼他們便不太可能投資自己的房屋。

　　不過，制度也是碎形的（fractal）。宏觀制度通常是由比較小、比較具體的制度所組成，而這些制度又是由自己的制度組成，以此類推。我們拿到的細節愈多，就愈會看到更為多樣化的性質，而制度在相互之間以及它們所在的更廣大脈絡下的偶然性就愈高。理查・尼爾森（Richard Nelson）在 1994 年對此提出強力的主張，指出新技術往往會有自己的制度需求 [36]。比方說，無線電的部署有賴於管制頻譜與內容的制度；摩托車的興起要靠著從道路安全到燃料供應與土地使用的各種管理制度；奠定電力商業化基礎的制度，範圍從電氣技師如何培訓與交流知識，到生產與傳輸電力的技術標準皆有。在側重於技術—治理適配性（tech-governance fit）概念的政策辯論中，這個老觀念重獲新生，認為某些形式的政府特別適合於某種通用技術。

　　以不當的精細度來檢視制度，可能會對經濟出了什麼問題做出錯誤診斷。如伊莉諾・歐斯壯所說：「關係到解決特定難題的時候，制度分析師在確認適當的分析層次上面臨一個重大挑戰。」[37] 這個警告建議我們應該保持開放的態度，面對經濟中的生產方式發生變化時，其制度需求也有改變的可能性，魁北克因努人和燈塔就是佐證。

## 慣性

制度也會表現出慣性。即便會連累經濟表現，制度也會在效期過後仍頑強存在不退場。QWERTY 鍵盤配置就是一個經典案例，最早會這麼設計，是為了把常用鍵分隔開來，以便減少機械式打字機卡住的情況。有些專家指出，使用不同的鍵盤配置可以讓人打字打得快一點 [38]。那麼，假使我們拋棄 QWERTY，我們就可以更快地打字，而一個常見的行動也能變得稍微更快速、更簡單。可是即便打字機現在只是一種古玩珍品，而按鍵卡住也已成遙遠的記憶，QWERTY 還是歷久不衰，這是因為使用者學會用它來打字，也因為消費者期待看到它。技術專家把 QWERTY 配置這類東西稱為**擬物**（skeuomorph）：即便代表一種技術限制，或現在來看是多餘的功能，卻持續存在的設計特徵，譬如牛仔褲上的鉚釘或電腦上做成磁碟片圖案的「儲存」標。如果像鍵盤配置這種微不足道且顯然隨意的東西都能屹立不搖，那麼受到文化珍視的、根深蒂固的規範與規則，豈不更是如此？

　　經濟學家艾夫納・格雷夫（Avner Greif）發展出一個制度何時會變、何時不變的理論，提出制度頑強存在的幾個理由[39]，包括協調困難（集體行動問題）、大家不去關注不斷變遷的環境、人們和社會固守習慣與常規的事實。這個想法在英國文化裡很常見，因為托爾斯坦・范伯倫（Thorstein Veblen）和科雷利・巴納特（Corelli Barnett）等批評家力圖把英國相對經濟衰退的各個面向，都歸咎於過時制度的持續存在，從菁英教育和技術培訓的體系，到資本市場與公司治理的架構皆然。然而在有些情況下，經過仔細的學術研究後，會令人對這些主張感到懷疑，比方說大衛・艾傑頓（David Edgerton）的戰後英國史指出，英國的制度對科技與產業的友好程度，比專家們所任意以為的還高出許多[40]。觀察到一個不好的結果，就假定某個制度過時了且它肯定是罪魁禍首──如此推論是有風險的。

　　說壞制度是經濟成長無法跨越的障礙也不對。在英國，從通過議會法案、發給公司特許權，到建造鐵路、向地方名流而非金融市場募資，工業革命的故事就是一個規避並重塑過時制度的用途，俾以掌握新商機的故事。當龐大的新經濟機會存在，而制度難以趕上的時候，通常可能會出現一種拼裝式的制度。不過它的成本比好制度更高；我們不應忘了，在工業革命的輝

煌歲月（十九世紀）裡，英國經濟成長率是每年 0.3％——比
美國和德國還低，後者可以從英國的賽局中學習，而在起步時
便推出更好的制度。簡言之，當我們審視經濟變遷時期的制度
風貌，看到殘跡、擬物和遺風時也不應感到驚訝。

## 不可預測性

　　當資訊缺乏或遺失時，交換將會產生不可預測的後果。理
查・尼爾森認為，制度是演化下的產物，不是被設計出來的。
個別的政策或規則也許可以設計，可是只要你結合規則、法律
與規範，形成一套可以運作的制度，它們會呈現難以預料的突
現屬性（emergent property）。因此，新制度的創建會是一個很
難做好做對的蹣跚過程。

　　現代創投產業的發展是一個好例子。有功用的創投業和隨
之而來的規範與業界實務，便是制度的一個實例，而且這套制
度顯然已經塑造出矽谷乃至全世界的經濟發展[41]。從經濟的觀
點來看，創業投資是在提供風險資本給短期內很有機會變得非
常有價值的年輕公司。在某些地方與某些時候——譬如二十世
紀下半葉的北加州和麻薩諸塞州——那樣的廣泛投資策略應該
贏得輕鬆漂亮才對，因為許多所需制度已經存在了。相反地，
成為矽谷創業投資規範的種種事物需要時間來發展：形成由有

限合夥人提供資本的合夥制;執行鉅細靡遺的盡職調查;取得少數股權與董事會席次;提供獎勵給合夥人。總部設於波士頓的美國研發公司（American Research and Development, ARD）是現代創投基金的前身,這是一家上市公司（造成財務上一直出問題）,而且沒能掌握砍掉壞投資的藝術。靠著 ARD 公司的失敗,加上超過十年的實驗,當代模式才被策劃出來並加以採用。一個好制度長什麼樣子,是很難在事前得知的。

　　如果我們把制度的慣性與專一性考慮進來,這個困難度將更上一層樓。倘若制度難以精心打造、往往會頑強存在、具有技術特定性,那麼舊有制度的風險會提高。

　　想想萊特兄弟（Wright Brothers）的專利戰,真是智慧財產權史上令人傷心的一章。1906 年,航空時代拉開序幕之時,萊特兄弟所設計用來控制飛機飛行的方法獲得一項專利。這項專利涵蓋範圍很廣,不僅包括萊特兄弟的翹曲機翼技術,也包含任何形式的飛行控制技術 [42]。該專利使得萊特航空公司（Wright Aviation）得以控告任何使用副翼的競爭對手,索取過分的高昂授權費,阻礙對新興航空業的投資,尤其是在美國（而事實證明,翹曲機翼是一個非常糟糕的技術,被今日使用的副翼所取代 [43]）。當美國投入一次世界大戰,政府卻無法採購適合部署的美製飛機時,這個問題變得尖銳起來。美國政府出手干預,強迫萊特航空與競爭對手組成航空製造商協會（Manufacturers' Aircraft Association），允許以低成本使用彼此的專利。

此處的廣泛制度背景是美國智慧財產權法。可是專利局准予萊特取得範圍極廣的專利，此一具體決定有效地在航空業內部形成一套不同的制度──一種制度面的微氣候──帶來極壞的經濟影響。1906年時，航空是一個令人興奮的利基市場，沒有明確的主導性技術；決定授與大範圍專利的長期衝擊即便推測得到，也不清楚專利審查人能不能意識到它們的重要性。然而，此一決定所創造出來的制度性動力持續存在超過十年，需要世界大戰這麼重大的國家利益（raison d'état）為由，才能刺激政府出手干預並做出改變[44]。

制度是錯綜複雜的，而且它們造成的那些往往既繁複又難以分析的影響，在參與制度設計的人眼中，通常也是不明顯的。因此政府和其他負責設計規則與實務做法，以形成新制度基礎的那些人，會對已然困難的任務投資不足，而且有時候保留了損及未來的錯誤與妥協做法，我們也不應感到驚訝了。

## 政治性

壞制度不只因為專一性、不可預測性與慣性才長存不朽，它們也會因為既得利益的關係而持續存在。

　　一小群人在隱喻意義上挾持公眾以勒索贖金的觀念，是政治修辭的一個中流砥柱。政治學家曼瑟爾‧奧爾森（Mançur Olson）提出一套框架解釋為何及何時我們可能預期會發生這種情況[45]。改變制度或保留一個失敗的制度需要政治行動；採取這類行動會產生財務面與社會面的成本。協調行動的成本便是其一，譬如籌劃一次罷工或祕密形成同業壟斷聯盟。當某個制度使一小群人獲益但會讓更大一群人承擔較小的代價時，這一小群人會發現協調的成本較低而個別成員的利益更大。因此即便大團體的總體利益比較大，我們可以預期小圈圈和陰謀集團會比大而分散的群體更善於密謀與聯手。沉默的多數保持沉默是有理由的。

　　奧爾森也觀察到，綜觀歷史，當遇到重大卻不明顯的問題時，小群體擁有一種特殊優勢，所得稅的稅率與免稅額便是一例。所得稅率一般來說採累進制，以較高的比例對富人的所得徵稅，不過免稅額通常就對有錢人慷慨許多。奧爾森認為，富有的少數可能想要遊說以削減極高薪水的所得稅，可是這個問題太顯眼了，以至於這種分贓可能眾所周知而難以實行。不過，遊說一個含糊隱晦的租稅減免或漏洞就可以做得很巧妙，即便淨效果──減少富人繳的稅，增加其他人的負擔──其實是一樣的。

更有甚者，那些受惠於現有制度的人可能會繼續支持這些制度。經濟歷史學家巴斯・范・巴維爾（Bas van Bavel）在《看不見的手》（*The Invisible Hand*）一書中詳細闡述了這個看法，他認為「握有經濟大權的人鞏固了他們的經濟及隨後的政治支配性，取得正式、合法的權力，用來維繫有利於他們的市場制度，或發展能穩住他們的市場主導地位的新制度」[46]。范・巴維爾提出幾個生動鮮明的個案研究，說明經濟體變得更富有，卻無法發展出在更高經濟層次上有效運作所需的制度；結果就是，它們從此停滯不前或開倒車。這些經濟體包括阿拔斯王朝時期的伊拉克、中世紀後期的北義大利、十七世紀黃金時代以後的荷蘭。范・巴維爾認為，在這每一個個案裡，那些有權形成制度的人，對生產性投資或經濟的進一步成長並無助益。

落後的制度是中國衰落的一個關鍵。當很多人知道中國在公元 1000 年是全世界最富有的國家時，莫不感到訝異。儘管到 1300 年，整個國家來看可能落後於他國，不過直到十八世紀，中國的重要區域仍和歐洲領先國家一樣富有，或甚至更富有。學者們把中國的經濟成功歸功於更極權專制的亞洲體制，但這些制度是過度強大（且適合），還是極度軟弱（無法提供公共財，譬如執行財產權以防止盜版），則尚未有定論[47]。

此處的教訓是，鑑於既得利益者的權勢之故，改變過時制度是一項艱巨的政治工作，遇到問題不明顯的時候，更是困難重重。

　　制度的這四個特徵——專一性、慣性、不可預測性與政治性——會在某些情況下結合起來，在經濟體經歷技術變革時引發問題。制度的專一性意味著在昨日的科技景觀下有助於促進公平且永續成長的制度，到了今天可能行不通。慣性意味著這些制度不再有用之後，往往還會頑存一段時日。制度的不可預測性表示為了因應新技術而去發展制度的努力，儘管立意良善，卻可能功敗垂成，尤其是在那些新技術的早期階段。而制度的政治性使得既得利益小團體往往能非常成功地捍衛那些總的來說對社會有害的制度。

## 無形經濟的制度需求

　　我們對制度的四個特徵的討論，將我們帶回到第一章所概述朝向無形資產密集經濟的轉變。從狩獵採集者到燈塔建造者，我們已經看到，制度需要隨著經濟環境的變化而轉變。提供照明的技術變革，使得燈塔的潛在需求從資訊問題轉變為集體行動問題，所以需要一套新的制度。同樣地，無形資本不尋常的經濟屬性——外溢效應、綜效、沉沒成本、可擴展性——

以及經濟對它的依賴愈來愈高，已經改變了交換的根本條件，並產生新的制度需求。

　　由於無形資產具有外溢效應，解決集體行動問題變得益發重要。外溢效應創造出與財產權有關的制度新需求。如果節制捕獵海狸的好處是那些海狸會跑到鄰近的狩獵場，那麼個別獵人就不會充分投資於畜牧業。基於同樣理由，如果無形資產的利益外溢到其他人身上，我們預計追求利潤極大化的企業會少做投資。

　　制度的一個重要作用是減輕這種影響。有時候，這種緩解的實現方式，是通過專利或著作權等智慧財產權來對外溢效應形成一種人為法律限制：這是一種私有產權。有時候，它是通過公家直接補貼而發生的，例如政府對商業研究提供資金或稅額減免：這是一種公共產權。其他機制則比較複雜，比方說學術研究不只要靠公共補貼，也仰賴一套繁複的規範、規則與非貨幣性誘因，範圍從同儕審查與論文引用實務，到 H 指數與諾貝爾獎。管理無形資產外溢效應的制度，往往源自民間社會而非政府，例如由地方商會或產業團體來發展標準或開辦學徒制或培訓計畫。因此一個變得更為無形的經濟，將對旨在即便有外溢效應也能維繫活動進行的制度（如財產權）形成壓力。

　　無形資產之間的綜效呢？無形資產需要透過結合才能實現

綜效[48]。可是，什麼需要跟什麼結合？綜效使得經濟體對資訊產生需求。一般來說，它需要一個平台來進行匹配或結合的行為，也需要一套機制把潛在的夥伴無形資產吸引到平台上。一家企業的科學實驗室可能就是一個平台，而該企業對其他公司的收購，就是把別的無形資產帶到平台上的機制。另外的平台可能是一座城市，以及鼓勵人們見面並交流想法的場所、機構與機制。還有其他的平台則可能是搜尋引擎和娛樂供應商。

有助於綜效和外溢效應的平台興起，提升了城市的經濟重要性，這暗指一個無形資產豐富的經濟，會更加仰賴如何建設與管理城市的治理制度——尤其是土地利用與規劃的系統。另外還要注意一件事情，如果無形資產的結合很重要，那麼影響成本和討價還價成本也可能很重要。這些成本體現在專利相關的訴訟與專利叢林（patent thickets）上，不過更有建設性的是圍繞著專利聯盟和開源軟體的社會規範與信任，能有助於管控這些成本並解決集體行動的問題。

無形投資的沉沒性為承諾與商業金融制度帶來額外的需求。大多數的企業外部融資採取舉債形式，尤其對較小型的企業來說，這會牽涉到對公司資產的求償權和重大的制度閉鎖效應（lock-in）。要進入一個有更多公司主要擁有的是無形資產的世界，將會需要商業金融的制度創新。就某種程度上來看，

沉沒性是產權不充分造成的結果，比方說如果有專利交易的
話，知識投資就能有所回收。

　　最後，無形投資的可擴展性使經濟變成一個更為贏者全拿
的結構，增強了遊說和窮盡努力於影響力活動的誘因，以便創
造出有利於贏家的監管制度。

　　表 3.2 是以表 3.1 為基礎延伸而來的，它的最後一欄，闡
述了每一個無形資產屬性如何需要更多不同的交換條件，並因
此凸顯出不同的制度類型。表 3.2 顯示，制度對無形經濟裡一

### 表 3.2　交換與制度類型

| 交換所需的條件 | 可能支持那些條件的制度類型 | | | | 需要對應交換條件的無形資產屬性 |
|---|---|---|---|---|---|
| | 信任、互惠、聲譽 | 財產權（私有、共有） | 集體決策機制（如投票制度、集權制或分權制） | 合約履行 | |
| 承諾 | ✓ | | | ✓ | 沉沒性 |
| 集體行動 | ✓ | ✓ | ✓ | | 外溢效應 |
| 資訊（分散的、不對稱的、找不到） | ✓（不對稱的） | ✓（分散的） | ✓（分散的） | | 綜效 |
| （沒有）影響／討價還價成本 | ✓ | | | ✓ | 可擴展性 |

些至關緊要的交換面向是有幫助的，但不是全都幫得上忙。如果可能發生外溢效應，那麼集體行動就更會是個問題。可是如果結合智慧財產（IP）的討價還價成本過高，創造更多私有產權來解決集體行動問題，可能不會帶動 IP 投資。不完善的集體決策機制，譬如一套功效不彰的規劃系統，約束了城市也降低了綜效和外溢效應，將使無形經濟承擔高昂的代價。大眾對無形投資的支持也許有助於外溢效應，但是倘若投資的多樣性不足，對綜效的促成也就愛莫能助。

## 為什麼走緩？

在接下來幾章，我們將審視現今的經濟制度在支持無形投資上如何地表現不佳。不過，現在有個一般性的問題值得一提。如果我們現行的制度對無形資產不友善，何以無形資本的流動能這樣發展——數十年來穩定成長到每年占 GDP 的大約 12% 到 15%——然後才停滯不前？

有兩個可能的解釋。第一個是現行制度可能運作良好，足以支撐經濟裡某些子部門（subsector）的無形投資，但無法支持更廣泛的轉型。比如說，想想我們將在第五章詳細討論的股權融資（equity finance）重要性。一個根本問題是，世界上大部分金融制度都是為了提供債務融資而設立的，由於無形資本具有沉沒性，所以這種制度並不適合無形資產豐富的公司。事實上，已經有一套小而重要的股權融資制度出現了，透過創投業的形式提供資金給少數無形投資異常重要的經濟部門，大多為軟體業與生技業。不過對絕大多數企業而言，融資制度還是偏斜到舉債面。

第二個解釋是在某些情況下，無形資本存量增加使得現行制度促進無形投資的效果降低。一個例子是我們將在第四章討論的智慧財產規定。智慧財產規定有助於緩解無形資產的外溢效應問題，可是隨著無形資產變得日益重要，專利叢林的成本上升，而權利持有人以尋租（rent-seeking，編註：又稱競租，是指通過壟斷或管制獲得超額利潤）的方式遊說政府改變規則的誘因也提高了。

## 總結

制度是人為設計的互動規則，有助於交換的特定面向，譬如承諾、集體行動、資訊。可是那些面向的重要性會隨著時間而變，所以制度也必須跟著改變。如此看來，隨著無形資產增加，交換的各種組成成分和有助於這些特定成分的制度勢必要做出改變。無形經濟需要的制度，要能有助於節省討價還價的成本；有助於解決外溢效應造成的集體行動問題與資訊問題，以及沉沒成本帶來的綜效問題與承諾問題。

　　本書接下來將更進一步探討這些問題和可能的解方。城市是連結公私產權與集體決策的紐帶，其緊密性有助於外溢效應與綜效，可是卻充斥著擁擠與堵塞的集體行動問題——科學政策也是如此，它試圖解決集體行動問題，但需要獲得資訊並且抵抗影響力活動。競爭政策與貨幣政策想要協助解決的是健全貨幣市場與競爭市場的集體行動問題，所有個體都可以從這樣的市場獲益，但還不到值得他們耗費資源去獨立落實的地步。

第 **2** 篇

# 修復面目全非的經濟

第 4 章

# 「促進科學與工藝」：
# 公共投資與智慧財產權的興革

　　政府每年花幾十億美元資助研究與教育，或用來保護
智慧財產（IP），以緩解無形資產外溢效應的問題。儘管
對這類執行系統的需求年年增多，但它們往往雜亂無章或
功能失調。想要有所補救，便需調和兩種矛盾，並且克服
政治上的重大阻礙。

　　政府有很大一部分職責是牽涉到解決無形資本連帶產生的
一個特定問題：也就是無形資產的利益會外溢出去的事實。若
你曾就讀於公立學校或大學；若你曾花錢買過一本書、一個電
玩或一段音樂；從行動電話到類固醇，若你曾用到這世上無
數科技的任何一種，又這些技術的發明要歸功於公家資助的
研究，那麼你已經跟以外溢效應監理者之姿出面的政府打過交
道。

　　主流意見認為解決外溢效應是政府的責任。從理論的角度
來看，這個想法已獲經濟學家確立超過半個世紀[1]，存在於政
策制定者之中的時間甚至更久。舉例來說，在二十世紀前半葉
的富裕國家之間，公共資助的大型研究計畫和國家公共教育體
系已是司空見慣之事，而智慧財產權法的傳承甚至更為久遠。

　　政府聯手大學院校等非政府實體，資助或補貼教育訓練、
研發及藝術與創意內容，以便造福企業和公民。他們也會出於
自利而投資無形資產，其中有些有著廣泛且重大的外溢效應
（十九世紀美國兵工廠發展可互換零件的製造系統和開發用於
彈道飛彈的半導體，便是其中兩例）。政府也會管理包括專利、
著作權與商標在內的智慧財產權（intellectual property rights,
IPRs）制度。

# 政府與外溢效應

　　如果外溢效應的作用直接明瞭，我們有兩種明確的方法可
以提高無形投資，並增進生產力與成長率。具體的說，我們需
要加強並釐清包含專利與著作權在內的財產權，我們也需要增
加研發、教育及其他無形資產的公共投資，不過不幸的是，這
都不是簡單的事。有兩個矛盾會令提高無形投資和強化智財權

困難重重，甚至適得其反。此外，制定政策來克服這些問題時，也會遭遇重大的制度面障礙。

## 第一個矛盾：iPhone 與帶輪拉桿行李箱——數量與品質

如果你有關注科技政策的辯論，會看到兩個起源故事以驚人的規律性冒出來：iPhone 和帶輪拉桿行李箱。它們背後的開發故事既說明創新的過程，也暗藏國家的角色在其中。

因瑪里亞娜‧馬祖卡托（Mariana Mazzucato）這本具影響力的書《打造創業型國家》（*The Entrepreneurial State*）[2] 而廣為流傳的 iPhone 故事是這樣講的。你以為 iPhone 是私部門的一場勝利，但根本不是這樣。事實上，從觸控螢幕顯示器、晶片組架構，到用來編寫網頁和可供你下載的音樂檔案的協定，所有零組件都是源自大量政府投資。沒有國家，就沒有iPhone：這套闡述生動清晰地表達了無形投資具有外溢效應，而少了公部門經費就會投資不足的概念。據英國前科學部長暨保守黨政治家大衛‧威利茨（David Willetts）的看法，這是個可說服許多右翼人士的有力理由，令他們認同創新不應簡化為私部門的故事[3]。

帶輪拉桿行李箱則是另外一種故事了。機長羅伯特‧普拉斯（Robert Plath）想到把一對輪子安裝在他的行李箱上；因為這樣，他永遠地改變了行李箱。這邊的重點是，這樣一個明顯有用且如今無處不在的發明，不過是簡單地把兩個現有產品組合起來，套句科普作家馬特‧瑞德利（Matt Ridley）的話：「感覺帶輪拉桿行李箱好像可以更早被發明出來。」[4] 那些拿帶輪拉桿行李箱當範例的人，通常是用它來引發人們關注創新的一個不同面向：構想的明確組合真的很重要。有時候，他們把這個觀念連結到更前瞻且多元思考的呼籲，有時候則與訴求更遠大的創業精神或更廣闊的市場有關。

　　我們也可以用帶輪拉桿行李箱來說一個關於無形資產綜效的故事。靠著找到兩個既有技術的正確組合，普拉斯創造出一種有價值的新技術。如果所有創新都像帶輪拉桿行李箱那樣，那麼真正重要的不是研發的總投資額，而是我們能從中得出的那一些明確的組合。這種創新觀點反映出經濟學家之間的一個古老爭論。在 1950 和 1960 年代，新古典主義和凱因斯主義經濟學家投入一場關於資本性質的跨大西洋大辯論，奧地利學派的一個異端經濟學家路德維希‧拉赫曼（Ludwig Lachmann）提出自己一套關於資本運作的理論 [5]。他主張資產在本質上是異質的，任何把它們加在一起以得出資本存量的嘗試，從根本上就錯了。真正要緊的反而是公司與企業家如何選擇結合資本，而經濟問題的關鍵就在於缺乏此類組合的知識〔「不知道我們不知道什麼」（unknown unknowns）〕，這是從路德維希‧馮‧米塞斯（Ludwig von Mises）到海耶克、拉赫曼和伊斯雷爾‧柯茲納（Israel Kirzner）的奧地利學派經濟學家的一個主題。奧地利學派的追隨者認為，政策不應太著重於投資極大化，而應多鼓勵企業家找出這些珍貴而新穎的資本組合[6]。

資本的異質性和缺乏組合的知識，對今日的經濟學家來說仍然是個問題。我們衡量 GDP 和生產力的系統，所根據的構想是資本可以依其成本或市場價值被有效的衡量與加總，而這件事碰到異質性資本就會變得很棘手。你要怎麼把一台 iPad 和一架波音飛機加總起來？此外，無形資本的異質性比有形資本更高，從車輛到工具機，很多有形資產都是大量生產，而且可以在二手市場上買賣，但無形資產就比較不是這樣，尤其是那些跟創新有關的無形資產。當它們以對的方式結合時所展現的巨大綜效，意味著一個無形資產豐富的經濟體的表現，會比主要為有形的經濟更接近拉赫曼及其追隨者的描述。職是之故，說不定今天真正重要的是獲得正確的無形資產，並以正確的方式加以組合。

我們可以從「數量」與「品質」的角度來建構這些目標。透過公家補貼解決外溢效應問題，處理的是缺乏無形投資的**數量**問題；可是如果無形資本確實常常是異質的，而做出正確的投資組合真的很重要，那麼我們面臨的是品質的問題。

　　當我們嘗試解決品質問題時，有助於交換的制度會發生衝突。我們把研發資金委任給一個集權組織，藉以解決外溢效應的集體行動問題。可是假使某個無形投資計畫需要組合／綜效，那麼它也會需要資訊，這是集權組織可能沒有辦法提供的。同樣地，該集權組織可能會引發影響力活動，譬如科學家們試圖讓自己青睞的項目入選。此外，承諾也可能會出問題，有些批評家注意到，一旦政府支持某項計畫，即便計畫失敗，仍會基於政治理由而繼續支持它，甚至可能阻礙了更好的新計畫進場。如果政府能夠承諾不要這樣，情況會有所改善，不過這是個很難實現的目標。

## 重質還是重量？

　　政策制定者向來習慣上想要兼顧數量與品質。政府資助大學與公有實驗室的公共研發項目，以提高研發的數量，也提供企業家租稅減免並補貼風險資本，希望能鼓勵更巧妙聰明的創意組合。不過假使這兩個目標最終發生衝突，問題就出現了，尤其是如果靠著補貼來增加無形投資數量的政策，結果會系統性地減損其品質時。在那種情況下，我們可能會看到政府投資某些類型的無形資產，得到的報酬逐漸減少，並伴隨著錯誤的無形資產正被製造出來的跡象。

至少有間接證據顯示，上述兩大問題存在於兩個重要的公共無形投資領域裡：技術與科學研究，以及後期中等（postsecondary）教育與訓練。在這兩個情況裡，大多數政府會砸下大把銀子補貼或直接提供此處討論的無形資產。此外，人們普遍認為全面而無差別的資本投資在經濟上是很重要的。政府密切追蹤自己國家的研發支出占 GDP 的比例，而且往往以提高這個比例為目標。他們也會監控接受高等教育的年輕人人數。不僅如此，談到教育的話，有證據顯示過去那些相信品質勝於數量的人都錯了。克勞迪亞‧哥爾丁（Claudia Goldin）和勞倫斯‧卡茲（Lawrence Katz）的劃時代著作《教育與科技的競賽》（*The Race between Education and Technology*）開宗明義便描述和歐洲國家相比，美國如何在十九世紀及二十世紀初大手筆投資學齡教育，並且因此得到生產力的巨大效益，儘管歐洲觀察家們不明白，教未來的農工與勞工識字有何意義[7]。

而在這兩個情況裡，也有證據顯示「數量」法可能造成今天的問題。愈來愈多文獻指出，科學與技術研究的生產力正在放緩。我們此處談的不是複雜的因果連結，譬如研發與 GDP 成長之間的關係，而是關於研發投資與發現之間更直接了當的關係[8]。除了緩滯的量化證據外，還伴隨著普遍出現的軼聞報導，談論公費資助系統如何使得從事突破性研究更加困難[9]。

　　我們在後期中等教育裡看到類似跡象。大學畢業生比沒上大學的人多享受到的薪水溢價似乎正在逐步縮水中，而且有更多畢業生最後做的是不需大學學歷的工作。由英國政府在 2018 年所做的一份後期中等教育檢討報告指出：「在英格蘭和北愛爾蘭，有 34% 的大學畢業生從事用不到大學文憑的工作，比愛爾蘭及捷克之外的所有其他歐洲國家還高。」[10] 而許多大學學位並沒有讓個人對將來的工作做好準備，此一觀點普遍獲得政客、企業領袖與輿論界人士的支持。這樣的想法與堅信「英美等國教育系統拙於提供特定技術能力，進而變成雇主的一大問題」，有著密切的關係。

　　有三種具體機轉似乎正在引發這些問題：分配公共投資的規則本身就是有缺陷的、隨著技術變遷而更新規則是有其難處的、公費系統容易被特殊利益團體所把持。

## 有缺陷的公共投資分配規則

　　第一個機轉是目標與規則的反向作用。政府是法律的產物，當他們頒布一項研發稅賦減免措施、資助學術研究或補助大學教育時，一定要透過簡單到足以讓政府官員大規模實施的規則。如此一來，規則的意旨與該項規則本身總不免會存在差異。那麼,舉例來說,政府可能有個意圖是資助最有前景的科學研究計畫,以便為社會帶來最大的福祉。可是研究的社會效益非常難以事前衡量,所以在實務上,政府衡量的是別的東西,譬如研究人員申請補助的提案品質、研究人員的發表紀錄、研究人員工作機構的各項指標,以及許多近似「預期社會效益」但充其量只是不完美替代物的其他變數。

1970 年代中期,心理學家唐納・坎貝爾(Donald Campbell)和經濟學家查爾斯・古德哈特(Charles Goodhart)提出以他們命名的法則,大意是說,量化的激勵制度總是會導致適得其反的結果 [11]。也就是說,選定某個指標來當成目標,最終將使該項指標腐化。坎貝爾法則與古德哈特法則看來肯定在公共研究資助領域開始發揮作用。所謂的**指標潮**(metric tide)使富裕國家的研究人員和研究經費受制於愈來愈精細複雜的績效管理與評量流程,而被普遍認為充其量只是個有利有弊的東西。儘管它已經排除了一些異常無效率的實務做法和學術勢力範圍,但也阻礙了許多突破性工作,並且導致大量時間被花費在計畫的提案與合規上。

## 隨著科技進步修改規則

除了有缺陷之外,補貼無形資產的規則有時候根本有違常情，要不就是因為它們根據的是投資如何進行的過時模型，要不就是因為它們忽視了一些重要的投資類型。我們來看看兩個例子：軟體工具與數據在研究中漸增的重要性，以及所謂的再現性危機（replication crisis）。

　　人們普遍同意，近幾十年的計算力大爆發已經提高數據密集型研究的報酬[12]。許多研究涉及新數據集的建立與分析，加上輔助的新工具的開發。舉例來說，來看看 OpenSAFELY，這是一個數據平台，可供醫學研究人員以安全且匿名的方式，運用英國國民保健署（National Health Service）的病患電子病歷來研究數據，也能供緊急的 COVID-19 相關研究使用非常龐大的資料集[13]。其中一個計畫主持人班·高達可（Ben Goldacre）經常撰文談到很難以說服傳統的研究資助機構提供資金去發展這種數據集和工具，以及承認這些跟傳統學術出版物一樣是正統研究產出。研究資助者正在開始改變態度，不過這是個緩慢的過程，而且受限於資助者的官僚本質。

　　科學界另一個廣為公認的問題是**再現性危機**[14]，在這場危機中，一整個過去被認定為是可靠的研究發現，卻被發現原來是不確定的：研究人員試圖複製這些發現所依據的實驗，卻得不到相同結果，這顯示最初的發現充其量只是運氣好，最糟的情況下則是欺瞞。舉例來說，**促發**（priming）的心理現象——

給一個人看一連串譬如說老年人的文字或圖像,會導致他潛意識裡行為舉止像個「年長者」——被證明若不是不存在,不然就是比心理學家們以為的還弱。再現性危機引發了系統性的嘗試,讓人們想去看看歷史悠久的發現是否真的可以被複製再現[15]。資助這類再現性嘗試的人通常是慈善家,譬如約翰‧阿諾德(John Arnold)。再現性嘗試可以是極為有價值的工作,大大地強化了人類的知識基礎。可是又來了,傳統的研究資助機構向來不太願意給錢幫忙,而學術機構也不認為複製再現是學術地位崇高的研究活動。

有些評論家[16]已經主張科學資助者應該投入更多資金來建構新的數據集與資料,並支持再現性研究。可是資助機構改變的速度很慢,而且往往沒有很強的動機去回應如何做研究的技術變革,因而使得這類轉型變得更難實現。

## 被特殊利益團體把持

制度俘虜(institutional capture)和利益衝突在此也發揮作用。比起政府贊助機構,有些學術研究人員可能對於讓工作產生有用的外溢效應更不感興趣。大學院校對於收取費用以作為教育學生的報酬有著濃厚的興趣,但確保學生真的學到對接下來的人生有幫助的東西,動機就非常的弱。政府有時會用更多規則與指標來試著解決這些問題，這麼做可以幫上忙，但是接著我們又會回到坎貝爾法則與古德哈特法則的作用了。

## 第二個矛盾：黑莓機與《模糊界線》──智慧財產的困境

政府嘗試減輕無形資產外溢效應問題的另一個途徑是智慧財產權，尤其是專利與著作權。這裡還是陷入一種進退兩難的困境。

智慧財產權的基本概念很直接了當。如果競爭對手可以很快的複製想法而且不用付出代價，那麼公司就比較沒有財務誘因率先投入時間與精力去研發這些想法。換句話說，政府克服外溢效應問題的做法，是對發明者所創造的無形資產授予一種暫時壟斷權，禁止他人占了外溢效應的便宜。

可是，有大量文獻記載了專利與著作權造成的問題。以iPhone 發明前最受歡迎的智慧型手機黑莓機為例，2000 年時黑莓機的擁有者 RIM 公司（Research in Motion，編註：黑莓公司的前稱）和其他手機製造商遭到NTP控告；NTP是一家小公司，主要活動是取得一套無線專利的擁有權，並拿來控告侵權的手機業者。NTP 的個案充其量只能說很可疑，可是經過六年代價慘重的訴訟，RIM 最後付出 6.125 億美元來達成和解。這個情況是**專利蟑螂**的一個典型案例──利用專利來敲詐創新者，對於率先投資創新活動的誘因鮮少有正面效果。根據研究員詹姆斯·貝森和麥可·繆若（Michael Meurer）[17] 的估計，1990 年代後期，專利訴訟成本占總研發成本的 14％，浪費的程度十分驚人。毫無疑問地，專利戰已經成為智慧手機產業不可分割的一部分。經濟學家米歇爾·鮑德林（Michele Boldrin）和大衛·列文（David Levine）描述了微軟與蘋果如何運用專利叢林來阻擋 Google 進入智慧型手機市場，他們認為 Google 在 2011 年以 125 億美元收購摩托羅拉行動技術公司（Motorola Mobility），是為了要取得該公司的專利組合——不是要直接採用已獲專利授證的創新發明，而是要作為反訴蘋果與微軟的依據[18]。

換一個不同的角度，來看看羅賓·西克（Robin Thicke）和菲瑞·威廉斯（Pharrell Williams）2013 年演唱的流行歌曲《模糊界線》（Blurred Lines）。《模糊界線》之所以備受爭議，不只是因為其歌詞和影片有厭女的內容，也因為智慧財產權的關係。歌曲發行兩年後，加州的陪審團判定西克和威廉斯抄襲馬文·蓋伊（Marvin Gaye）1977 年的歌曲《必須放棄》（Got to Give It Up），並裁處 740 萬美元侵權賠償金。這個案子的不尋常之處在於，毫無疑問《模糊界線》在某種程度上是對蓋伊歌曲的一種混仿（pastiche）或致敬，不過威廉斯確信這種寫作方式不會被裁定為抄襲（西克則聲稱服用了太多藥物和酒精，幾乎不記得自己寫了這首歌）。陪審團就像他們有時候會做的那樣，成功地讓音樂家對音樂著作權法的理解昨是今非，使其在實際上變成一個嚴格許多也更不確定的法規。套句多產的歌曲作家賈斯汀・特蘭特（Justin Tranter）的話：「（最近備受矚目的侵權案）絕對會讓大家在開會討論時拼命猜測，想說：『喔！幹！這首歌聽起來可能有點像那首歌？』……真是瘋了，我看到唱片公司現在正在為每一首即將發行的歌曲聘請音樂學家來看看。」[19]

這些事件彰顯出關於智財權的幾個大問題。首先，它們鼓勵公司耗費時間與金錢在零和的法律訴訟策略上，譬如應對專利蟑螂和聘請鑑識音樂學家，而非從事正和（positive-sum）的創新。第二，它們創造出法律學者邁可・海勒（Michael Heller）[20] 所謂的僵局（gridlock），亦即對靠著混搭不同點子所做的創新來說，舊點子在一定程度上變成一種阻礙，不管是經由蓋伊遺族控告《模糊界線》這種討厭的意外，還是製造出一大堆難以磋商的許可權。這種困境可能會讓後來想要用幾十首集錦歌曲來錄製音樂的全民公敵樂團（Public Enemy）敗下陣來。

反對智慧財產權的人也堅稱專利的效益被誇大。鮑德林和列文認為，如果專利不存在，那麼先行者優勢（first-mover advantage）可以讓投資創新的企業獲得足夠的回報。比方說，他們觀察到蘋果的競爭對手花了一年時間，才開發出類似 iPhone 的產品，在這段期間，蘋果享有新一代智慧型手機市場的獨家控制權。他們也注意到專利的一個原始動機——具體的說，就是在公開意義上賦予某項創新享有「專利權」，如此一來，其他人才能從中有所學習——已經不再有效了，因為大多數專利都被寫得不會真正披露基礎技術的運作原理。

話說回來，一舉擺脫智財權充其量只是未經檢驗的極端情況。經濟學家們，像是廣泛為文討論專利制度史的卓里娜·孔恩（Zorina Khan），都認為專利對美國經濟有著不可或缺的貢獻 [21]。由布朗溫·霍爾（Bronwyn Hall）、克里斯汀·海默斯（Christian Helmers）、馬克·羅吉斯（Mark Rogers）和瓦尼婭·賽納（Vania Sena）所做的一份研究文獻回顧，則指出企業使用專利、其他智財權、營業祕密及其他權利的複雜組合來保護自己的創新，而那些自稱專利廢除主義者可能正犯下卻斯特頓柵欄（Chesterton's Fence，編註：意指凡事存在有其合理的原因，改變這些之前應先了解它們存在的合理原因）錯誤，除掉他們並不充分理解其運作道理的東西 [22]。而且可以清楚看出，如果沒有智財權的話，某些複製成本不高的活動——譬如藥物

研發或出版——將徹底被改變，甚至可能變得更糟。經濟學家
亞歷克斯‧塔巴羅克（Alex Tabarrok）以塔巴羅克曲線（Tabarrok
curve）總結這些利弊得失（圖 4.1），將創新度放在 Y 軸而專
利強度放在 X 軸。曲線呈現倒 U 形：完全沒有專利，創新程
度相對較低；有了超級強大的專利，創新度就更低了。不過在
這兩點之間的曲線是上揚的：介於沒有智財權與嚴刑峻法之
間，有個令人滿意的折衷點。

　　我們相信，此處真正的情況與我們先前討論公共資助無形
投資時所指出的困境雷同。曲線的基本形狀，是被無形資產外

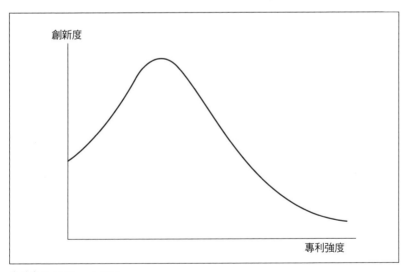

資料來源：Tabarrok 2013。

**圖 4.1　塔巴羅克曲線**

溢效應與綜效之間的一種取捨所催逼出來的。如果外溢效應既豐富又龐大，那麼強大的智財權會有幫助。出版業就是一個好例子，若沒有著作權法，在《飢餓遊戲》（Hunger Games）或《哈利波特》最新一集小說出版隔日就複製並免付版稅出售，是易如反掌之事（檔案分享已經導致大量複製本免費流傳），那麼撰寫暢銷書的報償將會縮水。不過倘若無形資產間的綜效是顯性效應，那麼非常嚴格的智慧財產規則，就會是擋在路上的一顆大石頭。這個世界比較像鮑德林和列文所描述的智慧手機產業，或像是瑞德利所說的帶輪拉桿行李箱，任何新產品都需要用到非常大量歷史上的創新。在這個世界裡，未來的創新者將被迫付出龐大的金錢，來償付其他相關創新擁有者的索賠，或者他們可能根本就懶得費心創作了。

我們可以把這個討論延伸到教育訓練以及創新相關的無形資產上。把勞工和出資訓練他們的公司綁在一起的規則，就相當於培訓的智財權保護。這些規則的可能形式有競業禁止條款、雇主貸款減免計畫，或對未受訓勞工的禁止規定，譬如職業證照。有關這類體制的負面影響已有廣泛的記載，舉例來說，在職業證照方面，經濟學家摩里斯·克萊納（Morris Kleiner）便已提出充分證據顯示，美國對從事牙醫與房貸仲介設下更多限制，使其要價更高，但卻沒有帶來更高的品質[23]。

更重要的是，智財規則跟提供公共無形投資的制度一樣，有三個風險。當創新者把焦點放在玩弄智財規則而非創新上，古德哈特法則的作用就會顯現出來。早期嘻哈藝術家面對來自音樂權利人的挑戰，就是一個例子，顯示基本上符合意旨的智財權制度，碰到技術改變時，效果如何大幅變得更差（在這個案例裡不是指取材的實體技術，而是指音樂風格本身的「審美技術」）。而當然了，大家都同意智財權領域充斥著遊說活動與特殊利益團體（作者某次就創新政策提供建言的時候，曾有幸被最親切、手腕最高明、想必也要價最昂貴的說客們遊說，這些人一定都是在幫智財權持有人做事）。

## 智財權與中央集權

綜言之，圍繞著無形資產公共資金和智財權範圍的爭論，乃根植於兩個現象：無形資產的外溢效應（以及政府如何減緩它們對無形投資的抑制作用）和無形資產的綜效（以及政府如何創造盡可能發生綜效的條件）。如果你相信無形資本相當同質化，而且外溢效應非常強，那麼你應該偏好更強大的智財權與更多對無形資產的公共補貼。如果你相信無形資本的異質性很高，而正好獲得正確組合會帶來極大的效益，那麼你應該會想要一個比較溫和的智財體制，以及一個即便犧牲無形資產總量也要鼓勵創業實驗的制度。這就是品質理論。

## 設計一個更好的系統

在抵消外溢效應和促進綜效之間必須有所取捨，這個觀念有助於理解改革智財制度與無形資產補貼的許多共同政策提議。舉例來說，在埃德蒙・菲爾普斯（Edmund Phelps）的《大繁榮》（*Mass Flourishing*）和馬特・瑞德利的《創新論》（*How Innovation Works*）裡所闡述的議程，乃基於綜效問題很大而外溢效應問題相對不重要的看法所做的申論[24]。所以我們應該削減智財保護和公共部門研發活動（兩者都會造成扭曲），並提倡企業家精神（使我們更有可能識別真正有價值的綜效）。而瑪里亞娜・馬祖卡托《打造創業型國家》的一個核心論點是，政府資助研發及其他類型的創新投資，根據的是「外溢效應問題至關要緊」這個看法[25]。因此我們需要大量創新投資，才有機會取得有價值的重大突破。

政府採取「任務導向」投資，把公共研發的重心放在綠色科技或健康照護等特定領域，是《打造創業型國家》裡的另一個重要觀念[26]。這類投資試圖解決的是公共補貼的品質問題。該主張認為政府規劃做得夠好，就能使公費出資的研究聚焦於能創造出最大價值的領域。然而像瑞德利這樣的品質論者則會質疑這種主張，指出品質問題不僅跟挑選對社會有益的目標有關，也跟允許廣泛的創業實驗有關，因為找到無形投資的致勝組合配方太複雜了，只靠一家大型組織很難做到位。

在資助高等教育的辯論裡也看到類似的二元對立。在英國及許多其他富裕國家，政府政策長久以來秉持的觀念是有更多的大學畢業生通常是好事一件，以及他們的教育所代表的無形投資是值得政府補貼的。補貼的理由有部分是外溢效應，有部分則考慮到年輕人的資金有限。世界各地的大學這五十年來的擴張，是無形資產數量理論的一種表現。這種擴張當然引起廣泛的批評；我們在彼得・提爾成立提爾獎學金資助聰明孩子別去念大學的理由裡，還有在英國 2018 年的後期中等教育檢討報告裡，都看到這樣的批評，認為很多大學教育對學生、雇主或社會來說，都是不值得的。博雅教育學位太普通了，而大學資助系統的本質，使得學校與學生去教導和學習真正有價值的東西的動機非常薄弱。根據批評者所言，我們反而需要比較少但比較好的教育：更多硬科學學位和更高品質的學徒制與技術訓練計畫（在其中，學生學習的技能和想要雇用這些學生的企業的資產之間，有著高度的綜效）。這種教育當然是在實踐品質理論。

　　許多常見的改革提案，都是在回應這三個困擾智財制或公
共資金的問題：規則有缺陷的問題、尋租風險、確保制度適應
技術變遷的困難。提議之聲四起，建議成立類似藍天美國國防
高等研究計畫署（Defense Advanced Research Projects Agency,
DARPA）那種更能自主權衡的補助機構。英國在 2019 年宣布
自己的改革版本，而美國則在 2020 年提交國會的《無盡邊疆法》
（Endless Frontiers Act）中，提出類似但更龐大的內容 [27]。這些
計畫給予資助人員更多自由裁量權去挑選革新性的專案，可以
被看成是在試圖擺脫日益計量化且官僚化的研究資助體制（人
們有時會指控這些體制被學術利益分子把持了）的專橫。

　　同樣地，鮑德林和列文所提出改進專利系統的提議，也是
嘗試使規則更適合於創新的具體情況，譬如說，呼籲在反托拉
斯政策、貿易政策、研究與專利政策之間有更多的互動；調整
不同行業的專利權期間；在選擇是否授予專利時，同時考慮經
濟證據與技術證據。泰勒‧柯文和班‧索斯伍德所提出的藥品
專利與管制革新建議，包括採取措施確保該制度能反映藥物研
發與測試方法的發展，譬如電腦模型的角色改變；替代性指標
（surrogate end point）在核准專利時所發揮的作用；由醫生主導
的實驗在發現既有藥物與傳統藥物的新用途上扮演的角色 [28]。

　　可以基於同樣的道理去擴大政府補助無形資產的範圍。自

二十世紀初以來，資助教育和科學研究已被公認是合法的政府活動，不過補助其他具有外溢效應的無形資產，接受度就沒有那麼高，我們可以來看看開源軟體。娜蒂亞・埃格巴爾（Nadia Eghbal）的《路與橋》（*Roads and Bridges*）一書促使人們注意到，大多數技術專案都仰賴出於自願所設計與維護的免費軟體[29]。我們開始看到出現分攤這類人力成本的嘗試，比方說由程式庫 Github 在 2019 年所發起的「贊助人」行動，以說服大型企業對開源成本做出貢獻。合乎邏輯的下一步，應該是運用公共研究資金來支撐開源軟體成本。「開放資料運動」（Open Data movement）希望政府能產生並發布關於重要課題的更多數據，這個運動正在興起，但對人們來說仍是相當新穎。醫學研究員暨科普作家班・高達可認為，在資助數據工具和可發表的研究方面，研究資助人應該要做得更好[30]。丹・戴維斯觀察到，在提供訓練給更廣大的廣播及電視產業方面，公共服務廣播公司經常發揮沒人注意到的作用，不過如果限制這些廣播公司只能提供商業頻道不做的高深內容，這種作用就會被弱化[31]。

## 建言

我們可以把這些建言拼湊得稍微連貫一點，這可能是已開發世界大多數經濟政策制定者能認可的方案。

　　首先，我們應該審慎地削弱智慧財產權，在某些專利範疇正在擴大的領域裡，降低專利的數量，例如終止軟體與簡單商業流程的專利；縮短選定產業的專利權期間；要求真實揭露基礎技術的運作原理；針對某些社會期許的發明，引進獎勵或專利買斷機制 [32]。當全世界正在競相開發 COVID-19 疫苗時，經濟學家約書亞‧格恩斯（Joshua Gans）建議用一種針對 COVID-19 疫苗的獎勵來解決承諾的問題——也就是成功開發出一款 COVID-19 疫苗，要冒著被政府以低於市場價格掌控疫苗的風險，而這個問題終於在 2021 年引發熱議 [33]。預先承諾購買這麼重要的創新，從政府的角度來看也許是理想的方式，因為疫苗不只能拯救生命，也能挽救經濟其餘部分；可是，政府也必須找到一種方法來承諾補償疫苗公司所蒙受的沉沒成本。

　　不過，重要的是切勿把疫苗開發經驗一體適用於政府創新政策上。如果創新容易具體指明，那麼給予獎賞就能發揮作用：比方說，林白（Charles Lindbergh）因為做到從紐約飛行到巴黎中途不落地，贏得了奧迪格獎（Orteig Prize），而安薩里 X 大獎（Ansari X Prize）的千萬獎金得主，則是在兩週內兩次把三個人載運到離地表一百公里的太空中。贏得一項疫苗獎所需要的條件也許相對容易指明（如特定程度的有效性），不過並非所有創新都這麼容易被清楚界定。事實上，預先承諾購買 COVID-19 疫苗，不僅只是一種獎賞，而且還是必要之舉，因為疫苗的創新既需要配方，也需要成功的製造流程。

第二，除了基礎研究與教育，我們應該增加別種無形資產的公共經費，包括投資更多於良好規劃的職業教育（包含直接由國有企業如國家廣播公司或國家藝術機構提供的訓練）、投資更多於開放資料與開源軟體大型專案，並且做更多的產業發展〔例如，透過資助研發稅額抵減或公共研究中心，如英國的加速器中心（Catapult Centres）〕。

最後，想要解決指標潮和研究經費被學門利益所把持的問題，我們應該進行實驗，依據我們招募優秀人才擔任這些職位的能力，而給予某些公家的研發補助機構更多裁量權去支持前瞻且困難的專案。

## 兩個政治問題

這些建言並無什麼特別爭議之處，而且大多數政府至少會做做嘴上工夫。左傾政府可能會放較多重心在政府設定的挑戰上，譬如「綠色新政」（Green New Deal），而右傾政府則可能更聚焦於 DAPRA 式的研究與企業家精神。不過，一邊可以亞歷山德里婭・歐加修一寇蒂茲（Alexandria Ocasio-Cortez，譯註：美國民主黨眾議院議員）或約翰・麥唐納（John

McDonnell，譯註：英國工黨政治人物，曾任影子內閣財政大臣）為代表，另一邊可以彼得‧提爾或多明尼克‧康明斯〔Dominic Cummings，譯註：英國前首相高級顧問，英國脫歐運動主要策劃者，後來與前首相強生（Boris Johnson）反目〕為代表，這兩邊的相似之處還更甚於相異之處。若是在十年前的話，不會發生這種情況。不過，研擬出近似的政策組合不是這裡最困難的挑戰。執行這些政策，而且要有效且大規模的做，需要政府迎戰某些重要的政治問題，並挑戰某些既得利益分子。

具體的問題有兩個。第一個問題是提升系統能力和防止遊說／尋租行為之間的緊張關係。第二個問題是就可能涉及移轉資源與地位給不吃香的菁英一事，取得政治上的許可。

關於第一個問題：公共補貼制度與智慧財產問題之間顯然存在著緊張關係。一方面，我們希望這些制度更能抵抗外界的影響；另一方面，我們希望它們更能敏銳覺察到特定的技術需求與技術變化，不要那麼被必然不完美的規則的高壓專橫所限。這種緊張關係會帶來一種挑戰，因為若要抗拒我們擔心的那種遊說，典型的做法需要組織用僵硬的規則來自我約束。經濟學家保羅‧米格羅姆和約翰‧羅伯茨在 1988 年發表一篇重要的論文，描述組織如何像把自己綁在船桅上的奧德修斯

〔Odysseus，編註：希臘羅馬神話中提到，他在航經會以歌聲
迷惑人心的海妖海域時，讓手下的船員以白蠟封住雙耳，並為
了聆聽海妖塞壬（Sirens）的歌聲而將自己綁在桅杆上，安全
通過了海妖的領域〕那樣，藉由制定規則來限制自己的裁量權，
以抵抗影響力活動[34]。央行獨立性就是一個典型的例子，幾十
年來，政府一直為了回應短期政治壓力而調整利率，儘管這種
變化性會降低中期的經濟成長；為了擺脫這種誘惑並使其免受
遊說活動所擾，把設定利率的事交給獨立的央行以簡單的利率
規則來進行。而我們也確實在處理無形投資的各種政府機構中
看到這樣的策略。在英國，政府宣布遵守霍爾丹原則（Haldane
Principle），由主題專家而非政治人物來選擇研究資助的對象。
英國智慧財產局（Intellectual Property Office）是一個獨立的機
關，比一般政府部門獲得更多下放的職權範圍，也更加的技術
官僚化。

不過這種做法有些嚴重的缺點。基於規則的、下放權力的
機構容易落入古德哈特法則的陷阱——鼓勵賭博式而非高品質
的無形投資。一旦政府下放某項職權，使之更難出手干預，在
遇到技術意味著規則需要改變的時候，事實上更難改動該項授
權命令。而保持政治獨立性也可能是個容易崩壞、不易持久的
策略，如果規則無懈可擊，確實能讓遊說變得更困難，可是如

果規則或系統裡留有迴旋空間，那麼非政治機關會比政府本身更容易遭受外界的壓力，因為就定義上來看，非政治組織的政治本錢是比較少的。

政府也會藉著傾注自己的政治資本以致力於某項特定議題或立場，來抵抗遊說與影響力活動。當政府將某件事情視為當務之急並投入資源——金錢、分析能量、決策者的認知頻寬與時間、不嘩眾取寵的意願、建立政治聯盟作為後盾的能力——它通常能相當大程度的抵擋影響與遊說。非正式的經驗主義（casual empiricism）告訴我們，當某件事情成為政府的政治優先事項，它就能有效地把富有又使命必達的遊說團體拒於門外，英國脫歐可能就是一個最好的例子。

凡此種種，意味著政府可以讓塔巴羅克曲線往有利於它的方向移動，既能實現解決外溢效應問題的政策效益，同時又保留盡可能多的綜效。這需要在資助研發、教育、軟體、數據和其他無形資產時，對國家能力（state capacity）進行投資。國家能力有部分是資源問題：聘僱技術能力純熟的幕僚、建構分析能力，以及運用這些能力投資無形資產並管理運作得當的智財體制。不過，它也跟投入政治資本有關。這些功能需要政治上的支持，以保護它們免受遊說及被占用，也需要對它們的公共資金需求給予資助。

　　這帶我們來到第二個政治挑戰：合法性。如果政府要投入更多納稅人的錢於無形資產，來對國家能力進行真正的投資，並且投入政治資本來保護制度免受不當影響，那麼他們需要找到一種方法來取得政治上的損益平衡。不幸的是，在民粹主義與地位不平等的時代裡，這些投資都不容易捍衛。產生及管理無形資產投資的機構，通常是由被不友善地稱為**都會菁英**的人所經營，這群人包括往往在繁榮大都市裡工作的科學家、大學學者、專利律師和技術官僚。這在人口統計上或地理上都不是大部分政黨急於取悅的選區；事實上，近年來世界各地有許多政黨靠著表演式地逗弄、激怒這群人來取得成功。此外，這些攸關利害的問題，大部分都不是能真正訴求民心或關乎生計政治的課題。醫院、國防、貧窮與不公不義拉扯著選民的情緒；專利政策，沒那麼要緊。

　　有幾種可能的解決方案。對少部分政府可行的一個選項是將無形投資作為對外部威脅的一種回應。政治學家馬克・柴克瑞・泰勒（Mark Zachary Taylor）指出，面對強大外界威脅平衡（憤怒或敵對的鄰國，內部民間緊張局勢較少）的國家，往往擁有最強的創新紀錄（投資於研發等無形資產的作用）[35]。泰勒列出的「快速創新者」名單裡有日本、以色列、台灣、韓國、新加坡及芬蘭，其中大部分國家兼具內部凝聚力與明確的外部威脅。泰勒認為，訴諸外部威脅有助於克服反對創新投資的聲音；這些國家也確實被公認擁有強大且能幹的機構來鼓勵研發，從以色列的創新局（Innovation Authority）到芬蘭的國家技術創新處（TEKES，該國的創新資助機構）、台灣的工業技術研究院和日本的通產省／經產省（Ministry of International Trade and Industry, MITI/METI）。不過，他們的成功不僅取決於充足的國家投資。這些國家似乎也為大量的創業成功創造了條件，而且累積質量兼備的無形資產，鮑伯·強斯頓（Bob Johnstone）在《燃燒熱血》（*We Were Burning*）一書中，雄辯滔滔地闡述日本科技創業的重要性[36]。這些國家裡的其中一些國家在各種全球教育排行榜上的表現也十分出色，我們也認為這跟無形資產投資做得好有關。不過遺憾的是，大多數國家無法選擇這種做法，運氣好沒有憤怒鄰國的國家，或運氣不好缺乏內部凝聚力的國家，必須試試別的法子。

一個可能的做法是從別處獲得政治資本，然後將這些資本用來提升投資於無形資產的國家能力。2019 年末，據報導，英國政府的首席策略顧問及英國脫歐的設計者之一多明尼克·康明斯，以「完成脫歐，再建 ARPA」（Get Brexit done, then ARPA）作為他在 WhatsApp 上的署名。無論英國脫歐的利弊如何，脫歐一事，再加上執政的保守黨在 2019 年大選中以細節不明的「完成脫歐」政見打選戰，大大地增加了政府權力（包括自 2005 年以來最大的國會多數席次），使得康明斯有權成立一個以 DARPA 為範本的藍天資助機構。康明斯在部落格文章裡說，對他而言，英國脫歐的意義就是要打破體制，開創出建立國家能力的空間，尤其是研究資助這類領域。

　　政治人物的另外一個選項是精心打造敘事，使無形投資更能引起政治上的迴響。2010 年代初期英國的「開放資料運動」，是政府投資公共無形資產的一個小而美的例子。英國政府大力推動免費提供各式過往不開放的資料集；它支持政策推動的方式是出資成立開放資料研究院（Open Data Institute），這是一家政府資助的獨立機構，實質上增進了國家在開放資料領域的能力（例如在如何開放資料方面提供指引與技術支援）。這間機構的創辦人是全球資訊網的發明者提姆‧伯納斯—李（Tim Berners-Lee）和電腦科學家奈吉爾‧夏伯特（Nigel Shadbolt）。若沒有得到尤其是來自資深英國政府大臣法蘭西斯‧莫德（Francis Maude）在政治上的支持，這項運動就不會有太大進展。這個支持有部分與創造出一種有用、簡化過的政治敘事有關：亦即開放資料將使「紙上審計員（armchair auditor）大軍」得以監督政府的支出與效能，這個想法在小國保守黨中有著相當可觀的政治正當性，尤其是在削減公共支出時。紙上審計員故事是一種介於過度簡化與徹底誤導之間的說法，不過從務實的角度來看，它能發揮很好的作用，贏得政界買單，否則聽在保守派政客耳裡，這像是一個浪費公帑的古怪計畫。在情感上與意識形態上找到正確方法為好的政策辯護，是政治人物與政策企業家工作中很重要的一環，尤其是身在政府裡。

## 總結

公部門支持創新會面臨很多取捨。創意的外溢效應引發集體行動問題，意味著需要有人來統籌協調。可是如果創意也需要被組合，那麼集權化可能會使得經由市場調和的機制所帶來的分散式結合過程嘎然而止。此外，集中化行動可能會挑起無謂的影響力活動，並形成可能無法做出承諾、讓私人投資人承擔沉沒成本的中央集權機構。經濟與政治改革將有助於這個過程，尤其是施予較少的智財保護和較多的競爭與政治資本。

# 第 5 章

# 金融架構：無形資產豐富的
# 經濟裡的金融與貨幣政策

　　無形經濟使借貸變得更困難也更冒險，它還會降低自然利率，因此擠壓到貨幣政策。我們需要進行改革，允許退休基金和保險公司提供資金給創新型公司，並且在貨幣政策空間變小的情況下，使得財政政策能做出穩定經濟的承諾。

　　狄更斯（Charles Dickens）、凱因斯和占領華爾街運動有何共通之處？他們都認為，銀行家和金融家在滿足所謂實質經濟的需求上做得很差。這個觀點普遍到有些人可能會斥之為陳腔濫調。不過，如果我們檢視商業投資與商業金融的近期數據，會看到其中出現一些新的情況。近年來，商業投資已經逐漸發生變化，使得商業金融的既有形式愈來愈不適用。

　　這些變化引發許多問題。它們似乎是導致商業投資放緩的一階效應（first-order effect）主因。而我們相信，二階效應的意涵是更令人憂心的。現代商業投資的融資困難，似乎會限制機會均等，減少創新，鼓勵可能不健全的金融創新形式，並且增加銀行體系的風險。最後的結果是一個更容易發生金融危機的低度成長經濟。

我們以為先進經濟體是一個精巧且更聰明的地方，可是從個人的層面來看，事實往往剛好相反。在自然狀態下的狩獵採集者需要聰明、靈巧，並且經常保持警戒，可是現代生活裡充滿著規則與制度，使人們可以不假思索、粗心大意，甚至愚蠢地執行重要任務——而一切仍將運行如常。如懷海德（Alfred North Whitehead）所說的：「靠著擴張我們不經思考便能進行的重要活動數量，文明進步了。」[1] 系統比較聰明，所以你不必更聰明。

我們的金融體系當然也是如此。在批評者眼中，高階金融界似乎聰明過頭了。看看金融暢銷書的書名，「當天才殞落時」（when genius failed）[2]，一個災難性的避險基金垮台了；把一家能源公司拿來做詐欺性衍生商品交易操作的人，是「房間裡最聰明的人」（the smartest guys in the room）[3]。然而，金融系統中許多最強大的功能，其實是要讓天才無用武之地的手段。債務融資把複雜的商業判斷變簡單（「這個債務人有能力還債嗎？」）。公司帳戶提供外部人一個簡化的、標準化的、合理實在的做法去細察一家企業的財務體質。簡單的投資策略譬如指數基金和價值投資，往往讓素人的投資報酬率贏過高薪的基金經理人。股東價值管理是讓股東報酬最大化的經營管理風潮，無論好壞，它都把公司治理的複雜業務給簡化了。通貨膨脹目標機制（inflation targeting）給人清楚簡單的規則，去判別央行的成敗與否。不幸的是，遇到融資無形資產密集型企業時，這些有用的簡化功能無法發揮很好的作用。

　　在本章，我們將檢視金融與貨幣政策的一系列功能，探究它們如何在無形資產密集的經濟裡潰不成軍、它們引發的問題、改革的障礙，以及一些可能的解方。

## 債務融資：抵押擔保的專制

　　對大多數企業來說，外部融資指的就是舉債融資──通常是向一家銀行貸款[4]。債務融資激增的原因很多。大多數國家的稅制有利於債權更勝股權，允許將債務利息付款視為一種可抵減稅額的費用，但股權成本就不行。近幾十年來，股東價值運動、行動派投資人（activist investor）的興起、槓桿收購（leveraged buyout）基金的成長，使經理人更難對債務融資的經濟優勢視而不見。債務融資的制度與規範比股權融資更豐富。銀行提供貸款，聘僱貸款專員，並且運用各種工具來評估信用度；企業則申請貸款。談到股權融資的話，情況就大不相同。最大的公司可以進入公開股票市場；一小部分最有企圖心的小公司可以得到創投（VC）的青睞。可是在大多數情況下，企業並不習慣走外部股權融資這條路，也不存在提供這種融資給大多數企業的機制。

　　也許債務融資最大的優勢就是簡單。如作家暨投資分析師丹・戴維斯[5]所指出的，股權投資人在決定融資給一家企業時，需要做各式各樣的考慮：「如果企業真的經營得很好的話，股權的價值可以到哪裡？」「有哪些未來計畫可能來自這次融資？」「漲跌共享對處理這件事情會產生什麼影響？」「我的股票是不是賣得太便宜了？」對於債務投資，你需要思考的只有「這個傢伙值得我付出這筆錢嗎？」而債務人需要想的只有「我還得了債嗎？」債務融資之所以有幫助，是因為它減少了放款人與債務人的認知負擔[6]。

## 無形資產、債務與抵押品

　　債務融資為無形資產密集的公司帶來一個根本問題，它需要債權人拿債務人的資產來設定抵押，如果債務人無法履行財務義務，便可用來抵債。可是無形資產更有可能是沉沒成本——當債務人的事業失敗時，這些資產值不了幾個錢或甚至一文不值。在其他條件相同的情況下，無形資產比重較高的公司，在放款人眼中就不是那麼有吸引力的對象。

史蒂芬・切凱提和金・舍恩霍爾茨（Kim Schoenholtz）強力指出：「無形投資的融資需要克服『抵押品的專制』。」[7] 他們也指出在無形資產密集的軟體業，美國公司的債務約占帳面權益的 10%，而在有形資產密集的餐飲業裡，公司的負債與帳面價值比接近 95%。

無形資產密集的公司，甚至無形資產本身永遠無法取得債務融資，當然是錯誤的說法。大型商業放款機構並非總是或專門只做抵押放款，他們也會用到跟收益相關的貸款契約[8]。經濟學家連程（Chen Lian，音譯）和馬悅然（Yueran Ma）[9] 舉證指出美國非金融上市公司中，有八成債務主要是基於現金流相關的契約。現行最常見的契約類型是負債對收益比的水平上限和利息支出對收益比（利息覆蓋率）的水平上限。

可是，往往只有較大型、較成熟的公司才享有以現金流而非抵押品來借款的特權。在連程與馬悅然的樣本裡，小型企業主要還是以抵押為基礎進行借貸；有 61% 的借款是拿資產做擔保的。再者，這些研究調查的是上市公司，而他們原先就是規模較大的公司。對中小型的公司來說，情況就不一樣了。2015
年，英格蘭銀行針對英國主要銀行借款給營收少於 5 億英鎊的
中小型企業（房地產不算），進行了一項調查。結果發現，超
過九成的借款都有某種抵押品來做擔保；超過六成的暴險有財
產及／或債券為抵押品，包括拿廠房、設備及車輛來抵債。

這些借貸實務為仰賴無形資產且有形資產不多的企業帶來
了問題。戴爾阿里西亞（Giovanni Dell'Ariccia）、卡迪爾扎諾娃
（Dalida Kadyrzhanova）、米諾尤（Camelia Minoiu）和瑞特諾
斯基（Lev Ratnovski）運用 1977 年至 2010 年的詳盡資料來檢視
商業銀行借款的組成，在他們的樣本裡，這段期間美國公司無
形資產對有形資產的比率從低於 40％上升到略高於 100％[10]。
他們發現，此期間在銀行貸款總額中，用於工商（commerical
and industrial, C&I）放款的部分顯著下降（1977 年工商貸款占
美國商業銀行資產負債表的 22％，到 2010 年跌至 15％），而
房地產放款則欣欣向榮（從占銀行資產負債表的大約 35％增加
到 75％）。值得注意的是，他們證明了企業放款在無形資產有
所成長的領域裡下降最多，這意味著往無形經濟的方向移動，
造成商業銀行資產負債表傾向房地產貸款的重大變化。

其他近期研究似乎也支持這項結論。一份研究顯示擁有較
多無形資本的日本公司，比較有可能選擇股權融資而非債務融

資[11]。一份美國研究觀察到由無形資產所支撐的債務融資比有形資產少 25％，而其所支撐的債務往往是無擔保債或可轉換債，而非擔保貸款[12]。這些數據都支持一項看法，亦即在無形資產密集公司的財務需求和資本市場及金融機構滿足需求的能力之間，出現日益擴大的鴻溝。這也有可能是目標放在提高金融體系穩定度的管制規章，無意間使得無形投資的問題更惡化：一份關於為歐元區銀行建立單一監理機制（Single Supervisory Mechanism, SSM）的調查發現，向 SSM 監管的銀行借錢的公司減少無形投資，並提高了他們的有形投資和現金持有[13]。

股權融資的機構來源並非總是有助於填補缺口，對未公開上市的小型公司尤其如此。英國的經驗在這裡就很有啟發性，如英格蘭銀行所指出的[14]，英國退休基金與保險公司只有配置大約 3％的資產在未上市證券上，而這是大多數創投資金投入的地方。如美國的跡象所顯示的，這可能會阻礙了國內創投業的創立。另外，創業投資儘管風險很高，但是報酬也很可觀——1970 年至 2016 年間，創投扣除費用後的投資報酬率是 18％，相較之下，MSCI 世界指數〔編註：是摩根士丹利資本國際公司（Morgan Stanley Capital International）所編製的證券指數〕的平均報酬率是 11％[15]。

基金和保險公司這麼不願意投資的理由有幾個。第一個理由完全可以理解，這類機構並不想要讓自己暴露在風險中。第二個理由跟第一個有關，監測這類投資需要專業知識和努力，而相較於其他富裕國家，英國退休基金是高度分散化的，大型的退休基金並不多[16]。第三，退休基金的費用支出有上限規定，進而使投資無形資產豐厚企業所需的額外專業能力，在使用上受到了侷限。一個相關的情況是如英格蘭銀行的艾力克斯・布拉澤（Alex Brazier）所指出的，英國投資基金的 1.4 兆英鎊資產中，有 8% 是以「開放型」基金的方式持有[17]——換句話說，基金的持有者每天都可以出售資產贖回資金。這套機制非常不適合用來提供非上市的、流動性較差的資本（而且無論如何都是一種假象，因為如果很多持有者急著贖回，基金的價值就會垮掉）。像歐盟保險人清償能力制度 Solvency II 這樣的監理規定對保險公司等機構施加了類似的限制。

## 放緩？

這個債務融資問題有助於解釋我們在第二章看到的無形投資走緩嗎？如果抵押品的專制在金融危機以前就存在，那麼危機之後必然惡化得更厲害。而說實在的，它已經惡化是相當合理的看法。金融危機之後，放款出現一種拉回現象，而銀行不管是受到管制或是出於本意，都變得更加謹慎小心。這些變化加上既有系統的能量有限，可能導致對無形資產的放款顯著降低。因此，要麼就是 2007 年以來的無形資產信用成本已經加劇，要麼就是籌集每一塊錢投資所產生的摩擦成本增加了。

　　真的有事發生的證據來自國際貨幣基金組織（International Monetary Fund, IMF）的一組研究。安宰彬（JaeBin Ahn，音譯）、羅曼・杜瓦（Romain Duval）和坎・賽佛（Can Sever）比較金融危機前後公司所做的無形投資[18]。他們發現，危機爆發前有大額借款的公司，在危機後所減少的無形投資，要比危機前的小型借款人多出許多。有趣的是，在無形投資相較於有形投資的比例上也呈現一樣的結果。也就是說，槓桿程度更高的公司並非所有的投資都降低了；反之，是對無形資產的投資受到影響，所以在金融危機之後，無形投資看來變得更加困難。

## 股權融資：會計、價值投資與多樣化

　　股票公開交易的公司少之又少，不過若有的話通常是大公司，而且他們的行為對整體經濟有著不成比例的重要性。講到股權投資，想要搞清楚一家複雜公司的可能價值並決定是否買入股票不是容易的事，不過有一些規則和規範簡化了這個困難的過程。財務會計的紀律、支撐該紀律的標準與原則、管理這套系統的監管機構和專業人士，凡此種種加起來使得通才型投資人可以舒服地通過電腦或手機認識形形色色的企業。

關於這一點，股票投資人使投資更簡單所用到許多行之有年的策略之中，其中有一個讓人覺得有趣：由巴菲特（Warren Buffett）的導師班傑明‧葛拉漢（Benjamin Graham）率先倡導的價值投資策略。從最簡單的形式來看，價值投資就是買進「價值」股（value stock）──也就是價格低於帳面價值的股票──並且賣出跟它相反的股票，也就是所謂的「熱門」股（glamour stock）。舉例來說，約瑟夫‧拉科尼斯霍克（Josef Lakonishok）、安德烈‧施萊佛（Andrei Shleifer）和羅伯特‧維什尼（Robert Vishny）所做的一項重要研究顯示，從 1968 年到 1989 年間，採取買進價值股並賣出熱門股的機械式策略，每年將可獲得 6.3％的穩健報酬[19]。此一見解構成金融經濟學裡某些被引用最多次的論文主要部分，幫尤金‧法瑪（Eugene Fama）贏得了諾貝爾獎，並且成為數不清的投資基金的策略信息來源。拉科尼斯霍克等人的論文也為價值投資何以奏效提供一種解釋：普通投資人拙於分辨經營的基本面問題和暫時性問題──尤其是誤把一時的壞運氣當成真正的長期劣勢。靠著做多價值股，投資人便能獲得均值回歸（mean reversion）的效用。

　　均值回歸在生活的許多領域裡是個不可小覷的現象，也許《泰晤士報》（The Times）專欄作家丹尼爾‧芬克斯坦（Daniel Finkelstein）有關英格蘭足球超級聯賽的描述，對此做出很好的闡釋[20]。在某個賽季表現出色的球隊，到了下一季總是會踢得很差，這是不破的鐵律：球隊在一個賽季的總得分每增加一分，到下一個賽季便會失掉 0.22 分。萊斯特城隊（Leicester City）在 2015 至 2016 年的球季贏得冠軍，拿到的積分比 2014 至 2015 年還多出四十分，這是其他超級聯賽球隊從來沒能做到的事。可是在接下來的球季，它卻表現不佳，落後三十七分。在商業的世界裡，均值回歸指的是每家企業都有隨著時間過去而趨向平均表現的傾向：大部分的今日明星將成為未來的平庸之流，今天大多數有權有勢的人也是如此。

　　可是事實證明，在無形資本的時代裡，公司帳目與價值投資策略的幫助沒有那麼大。在這裡經濟學家巴魯克‧列夫的工作極其重要。在他與谷豐（Feng Gu）合著的書《會計的沒落》（The End of Accounting）裡，顯示財務帳目愈來愈不能提供關於上市公司市場價值的訊息，因為他們的市值日漸取決於對無形資產的投資[21]。在會計規則下，大部分無形投資通常不能被計入財務報表中，即便可以，考慮到無形資產間綜效的重要性，它們的價值往往也跟成本不相近。

2019 年，列夫與安納普‧斯里瓦斯塔瓦（Anup Srivastava）合作指出，價值投資作為一種策略，自 2007 年以來已經無法提供歷來的良好報酬，而且事實上，它在 1990 年代的績效表現也不好。他們提出兩種解釋，首先，用來識別熱門股與價值股的會計指標不再有效，因為有更多企業擁有無法反映在資產負債表裡的無形資產。第二，均值回歸這一股讓價值策略暢行無阻的助力已經慢下腳步。許多不受青睞的公司會表現良好而許多市場寵兒會表現不佳的法則，變得愈來愈無說服力，尤其是從快要爆發金融危機以來便如此。無形資產變得日益重要是一種解釋，照列夫和斯里瓦斯塔瓦所說的：「跳脫低估值股票群（也就是價值股）需要大手筆投資無形資產和進行收購，而且往往需要徹底重整營運模式，大多數價值股公司都沒有本錢這麼做……相較之下，熱門股在基於無形資產的商業模式下運作，既可長可久也能維持高獲利。放空這些企業是在做虧本生意。」拜無形資產重要性與日俱增之賜，均值回歸已經被馬太效應（Matthew effect，「凡有的，還要加給他，叫他有餘」）所取代[22]。

我們也可以預期馬太效應會對銀行放款產生影響。畢竟銀行放款是一種量大力小的程序，銀行沒有辦法對每一家要求貸款的小企業進行詳細的盡職調查，而更有可能仰賴非常粗略的捷思法（heuristics），說不定比那些價值投資人用的機械式方法還更簡單。在一個均值回歸效應高的世界裡，這種做法無關緊要：如果表現最差的同類企業頗有機會變得更好，那麼只要你擁有龐大的商業貸款組合，是禁得起偶爾犯錯的。可是在一個好者恆好、壞者恆壞的商業世界裡，盡職調查做不好的代價更高，這給了銀行另一個減少商業放款的理由。

## 外溢效應與綜效時代下的股東價值管理

公司治理是金融資本主義裡的另一個複雜因素。管理公司牽涉到一整套複雜的取捨與價值判斷。而如果該公司是公開上市公司，那麼擁有它的人──它的股東──跟實際做決策的經理人是完全不同的一批人。這個情況會導致一些已經過充分研究的問題。經理人應該如何在不同的目標之間取捨：長期獲利與短期獲利、企業的目標與社會的需要、利潤與環境、股東與其他利害關係人？股東如何讓經理人的誘因與自身的誘因同步一致？

在一片困惑聲中，誕生了一個新的點子。**價值基礎管理**（value-based management）認為經理人經營企業應該以股票價值最大化為宗旨，董事會應該獨立於經營階層之外（不再有董事長兼執行長的情況），而且經理人的薪酬漲跌應該更多隨著雇主的股價而動，譬如以選擇權或實際股權的形式提供薪酬。保護勞工權益、環境及社區被認為是別的地方的職責——例如工會或政府。1970 年米爾頓‧傅利曼（Milton Friedman）發表了一篇文章，認為「做生意才是企業的事」（the business of business is business），服務利害關係人的需要則不是，以此文章命名的傅利曼學說在 1980 年代開始大行其道，如今成為公司治理的主流立場，尤其是在美國及英國。行動派避險基金就是價值基礎管理的化身，他們買入股價表現平平的公司的股票，並試圖迫使管理階層進行改善。

價值基礎管理是另一個減少認知負擔的金融創新案例。它用一套更簡單的規則和一組劃分得更清楚的職責，來取代一個混亂的、內建的、基於判斷的系統。它是能利用一股強大力量的創新：如果讓經理人擁有股票或選擇權，那麼股東就能以經理人的自利動機來敦促他們改善公司績效；委託人與代理人之間的利益便能更站在同一條線上。

當然，價值基礎管理也遭致許多批評，這些批評落在兩個課題上。第一個是外溢效應。由於企業所做的決定會對整個經濟產生漣漪效果，因此一家公司在關閉小鎮上唯一的工廠、汙染河水或銷售有道德疑慮的產品前，難道不應該三思嗎？第二個是短視近利的心態。如果股市是不理性的而股東也缺乏見識，那麼追求股東價值是否會導致愚蠢的取巧行徑，而重要但複雜的計畫卻遭人摒棄？詳細的研究顯示，這類擔憂有許多都被誇大了〔艾力克斯・埃德曼斯的《成長的陷阱》（Grow the Pie）對此提供完善的證據檢視〕，可是爭論仍然甚囂塵上。在一個由無形資產所主宰的經濟裡，這兩個問題變得更為重要。

　　想想外溢效應。如我們已經知道的，無形資產帶來的正面效應往往會溢出投資的公司之外，因此我們估計企業的投資會少於對整體經濟有利的程度。研發就是一個特別顯著的例子。成為避險基金投資標的的公司，通常會因此把更多焦點放在實現股東價值上，阿隆・布拉夫（Alon Brav）、姜緯（Wei Jiang）和馬松（Song Ma）針對這類公司[23]，檢視其商業研發發生什麼狀況。他們發現一個有趣的結果：這些公司的研發支出下降了，可是用於研發的每一塊錢所產出的專利變多了，而這些專利被引用的次數更多，意味著研發成果的品質是比較好的。從這家公司的角度來看，這是一個好消息：它投資得更少，但獲得更高的投資報酬率。一般來說，被砍掉的都是那些對公司效益不大的研發專案。可是如果有別的人最終會運用到這些外溢效應，那麼這麼做可能會產生隱藏的經濟成本[24]。

　　傳統的企業研究計畫似乎也發生類似的事情。從半導體與圖形化使用者介面，到尼龍與克維拉（Kevlar）纖維，曾有一度，這些開創性的發明都是來自公司的研發實驗室。這些發明有許多是奠基於我們所謂的上游研究，而非拿主要是在其他地方做出來的研究做應用。可是，過去四十年來，由公司實驗室所做的上游研究數量急遽下降，而歷史上赫赫有名的機構如AT&T 的貝爾實驗室（Bell Labs）和杜邦中央研究院（DuPont Central Research Department）也已經關門大吉 [25]。

　　為了了解事情原委，經濟學家阿西施・阿若拉（Ashish Arora）、沙倫・貝倫佐（Sharon Belenzon）和莉亞・希爾（Lia Sheer）研究了 1980 年至 2015 年間美國公司的出版品與專利 [26]。藉由檢視一家公司的研究被其他公司的專利引用的頻率，他們得以估算出知識外溢效應的規模，以及這些外溢效應如何隨著時間發生變化。他們證明，過去幾十年來公司研究的明顯漸少與外溢效應的增加有著密切關聯。在一個擁有快速且免費的數位通訊、廉價航空旅行、開放創新的年代，改編其他企業的點子變得愈來愈容易，而企業對此的回應就是少做原創性研究。他們引述一位前貝爾實驗室研究員的話：「卡爾森（Chester Carlson）在 1937 年發明靜電印刷術（Xerography），可是直到 1950 年才被全錄公司（Xerox）加以商業化……在商業化的這幾年裡，全錄公司才得以發明出一整個系列的相關技術並取得專利。（……相較之下）當 1987 年貝諾茲（Bednorz）和穆勒（Mueller）宣布他們在 IBM 蘇黎世實驗室發現高溫超導體，休士頓大學、阿拉巴馬大學、貝爾實驗室和其他地方的團隊只花幾個星期，就取得更進一步的重要發現。」[27]

現在，讓我們來看看據稱是價值基礎管理的另一個問題：短視近利的心態。針對這項問題的主張說，以股東價值為管理依歸的公司，會漠視有吸引力但複雜的專案，因為很難向注意力短淺的無知交易者說明清楚這些專案；反之，他們會退而求其次選擇簡單的次佳方案：削減成本、精打細算地勉力維持現在的產品線、發放現金股利給股東。同樣地，就某種程度上來看，批評者的論點被過度誇大了；前面談到的布拉夫、姜緯和馬松的研究發現，行動派投資人不是只涉及他們買入股票的公司價值短期震盪，連同長期成長也跟他們有關係[28]。艾力克斯・埃德曼斯檢視當金融機構累積一家公司股票的大量部位或大額股票（blocks）時，會發生什麼狀況。擁有大股東的公司結果反而比較願意投資研發——埃德曼斯推斷說，這可能是因為擁有大量部位的投資人覺得審查具有短期成本的複雜投資計畫是值得的，而分散的投資人則比較可能會質疑這些計畫[29]。

綜言之，我們擁有一套適合於資訊負荷和外溢效應都很低的世界的金融工具與制度：銀行債務、價值投資和簡單的治理規則。對一個無形資產豐富的經濟來說，這些正變得愈來愈不適用。在考慮進行改革之前，我們先來看看貨幣政策。

## 貨幣政策的制定

商業金融體系可以仰賴的另一個簡化制度，是央行試圖透過貨幣政策影響投資的做法。在大多數現代經濟體裡，貨幣政策乃通過一家獨立的央行和銀行監管所實施的通貨膨脹目標機制來發揮效果。

獨立運作的央行，是我們在第三章所看到對提供承諾的制度有所需求而產生的應用。對某些政府來說，在選前把經濟炒熱的誘惑可能太大了，所以要求冷靜清醒的央行來實現一個通膨目標，藉此授權政策是有道理的。通貨膨脹目標機制也符合我們在本章所討論的主題，因為它是資訊負荷量低的政策；一個清楚的目標對大多數人來說容易理解。如約翰・凱和莫文・金恩所主張的，在「極端不確定」的情況下，經濟體飽受許多「未知的未知」所擾，一個清楚易懂的目標尤其重要[30]。事實上，他們很有先見之明，在COVID-19危機發生前便列舉疫情全球大流行為這類的未知數。

問題出在就跟無形世界裡的融資變得更難一樣，簡單的通膨目標機制也不好做。在解釋為何至此之前,讓我們先來看看它為什麼很重要。想想兩個值得我們注意的事實,首先,目前大多數已開發國家的政策利率(亦即中央銀行所設定的利率)趨近於零。自 2009 年以來,美國、英國與歐陸的政策利率平均分別為 0.54%、0.48% 和 0.36%(2021 年 4 月的資料)。其次,經濟學家傑森·佛曼和勞倫斯·桑默斯已經舉證指出,美國在 COVID-19 大流行之前的九次衰退中,其政策利率降幅平均為 6.3 個百分點;在英國,COVID-19 前的五次衰退中,這個降幅是 5.5 個百分點。由於實際上已經證明,利率很難降到遠低於零的水準,跟過去的反應相比,經濟體透過降息來因應未來衰退的空間,目前所剩無幾。

通膨目標機制有三大要素。第一,央行是以相對於一個自然或中性的水平,也就是保持通膨穩定的長期水平來設定利率的。第二,這種利率上的變化會影響需求,經由匯率而改變了消費、投資與出口淨額。第三,需求影響通膨。如我們將看到的,轉型為無形經濟對這三個要素全都造成影響,而貨幣政策把更多穩定性政策的職責推到財政當局身上,使制度蒙受更大的壓力。

## 利率與需求：投資

當央行降低或提高利率，它會經由消費、投資與淨出口來影響需求。在這裡，我們專心地來看最為反覆易變的因素：商業投資[31]。利率經由三種手段影響商業投資：資本成本手段（cost of capital channel）、銀行放款手段（bank lending channel）、泛信用手段（broad credit channel）[32]。

資本成本手段直接影響一家企業正在考慮的邊際投資項目的吸引力。較高的利率意味著未來現金流的價值較低，在其他條件相同之下，進行投資就沒有那麼划算。它們也會影響匯率與資產價值。貨幣政策經由銀行放款手段影響銀行的資產負債表，進而影響他們放款的意願。舉例來說，利率提高可能會使一家銀行的資產價值下降，繼而可能讓該銀行更接近規定的資本適足率，從而使其進一步放款的能力受到限制，除非它先募集新的資本。透過泛信用手段，貨幣政策影響公司的資產負債表（例如較高的利率會導致財報惡化），進而影響他們對債權人的吸引力。

想來放款人想要從借款人處獲取訊息通常會遇到問題，尤其是專案成功或拖欠還款的可能性等資訊，因此他們會要求借款貼水或對貸款施加條件。最古老且為人熟知的條件就是要求

抵押品，一般是一種有形資產，譬如建築物（房地產）。不過
正如我們所知的，放款人也會根據一家公司的收益（營收扣除
成本）來放款。這類貸款契約中，最流行的兩種是限制一家公
司的收益為其貸款額度上限，或將利息支出限制在公司收益的
一定比例（利息覆蓋率）內；通常同一筆貸款裡會同時用到這
兩種限制。這類契約的初衷是在協助避免破產，不過它們也能
讓放款人在碰到破產的情況時，對重整公司的價值擁有更強的
合法索償權[33]。

因此當利率上升，資本成本手段進場：邊際投資項目遭到
取消。接著，其他手段擴大了投資的降幅，資產價格與公司現
金流減少，利息支出上升。更普遍地來看，在經濟陷入衰退而
需求下降的時候，泛信用手段是放大效應的來源。景氣低迷時
期正是公司需要借貸之時，但他們的抵押品跟業務前景已經下
跌，使得借貸更形困難。

## 在無形資產豐富的經濟裡，利率對需求的影響

到目前為止還好。遇到這些狀況，央行可以簡單地通過升
降利率來施加合理程度的控制。不過對擁有豐富無形資產的公
司來說，這些機制變得比較沒有那麼好預測。因為無形資本不
太容易供債權人做抵押擔保，而且因為奠基於無形資產的年輕

公司通常收益不多或沒有收益，因此無形資產豐富的公司可能跟債務市場及傳統銀行脫節；不過取而代之的是，他們的投資可以用保留盈餘和股權來取得更多資金。對這類公司而言，在無形資產豐富的經濟裡，貨幣政策通過泛信用手段所發揮的效力降低；對其他公司而言，他們所受到的影響可能就比較強烈。如果放款人更難審查篩選基於無形資產的公司，那麼那些公司若是想要透過借款進行無形投資，恐怕會面臨更嚴格的借款條件，並因此對借款成本的變化更敏感。此外，有鑑於他們的本質是非常無形的，他們可能會發現很難滿足債務條款——例如缺乏抵押品——並因此更有可能貼近這些條款的限制而綁手綁腳。所以，貨幣政策在這方面的效果變得比較難以預測。

## 需求與通貨膨脹

消費、投資與淨出口的變化，造成的是經濟學家所謂的經濟需求面改變。可是影響通貨膨脹也要靠供給面。供給面通常以菲利浦曲線（Phillips curve）來表示，顯示通貨膨脹來自兩個源頭。首先，如果你刺激經濟過頭到超出產能的地步，通貨膨脹便會開始上揚（被稱為失業率／通貨膨脹的抵換關係）。其次，如果政府失去公信力，人人預期通貨膨脹會更高漲，那麼他們會要求提高工資。結果就是，物價上漲，經濟陷入一場自我驗證的通膨危機中。

　　這套理論框架有多麼貼近事實？在 1950 與 1960 年代，隨著戰後重建，經濟供給面的擴張極為迅速，由於需求也跟著增加，所以沒有引發什麼通貨膨脹。情況在 1970 年代出現很大的變化，當時通膨很高，加上經濟在遠低於產能之下運作（也就是說，失業率非常高）。當時的經濟學家習慣只從改變需求面的角度來觀察經濟，所以花了一段時間才明白，像石油衝擊這類事件可能已經改變了供給與價格。

　　過去這十年來，出現了一個新的挑戰：持續性低通膨。無論需求面的狀況如何，通膨一直頑強地處在低點──最明顯的是日本，該國的通貨膨脹已經走低二十年了。針對這種持續性低通膨的一個解釋是菲利浦曲線變得「比較平坦」，而事實上，這也是美國聯準會在 2020 年 8 月宣布貨幣政策框架改變的一個核心主張 [34]。比較平坦的菲利浦曲線意味著針對任何特定的需求上揚超過產能（或需求下跌至低於產能），通貨膨脹的靈敏度已經大幅降低。如此一來，對貨幣政策制定者來說，好消息是不管經濟熱度距離產能有多遠，通膨皆能保持在相對接近目標的水準上；不過壞消息是，通膨會持續地偏離目標，這恐怕表示通膨預期也會一直處在極低的水準。這個推論可以用來解釋日本的持續低通膨。

關於菲利浦曲線為什麼變得比較平坦，經濟學家有著各式各樣的說法。根本問題在於，當公司碰到成本上升時（也許是因為產能限制的關係），他們能在多大程度上進行價格調整。比方說，如果意想不到的需求使一家車商把汽車移出生產線的能力受到侷限，那麼他們便有可能提高價格。

一個說法是全球化已經使得國內產能限制的概念變得很沒有意義，公司可以更不費力地把生產移到海外或採購短缺的項目。另一個說法是在無形資產密集的經濟裡，產能限制的邏輯沒有那麼吸引人，比方說，軟體公司面臨需求增加的時候，不需負擔額外成本，便可透過網路提供更多軟體，因此它的「產能」受到某種限制的見解似乎不再適用了。那麼，往更為無形的經濟移動也許有助於解釋菲利浦曲線的平坦化[35]。

## 利率與「中性」利率

儘管央行可以改變利率，但他們最終仍受到整體經濟裡影響利率的自然力量所限[36]。中性實質利率（neutral real interest rate），通常被縮寫為 $R^*$，是經濟處於長期平衡時——也就是當儲戶願意提供的儲蓄等於公司願意進行的投資時——所盛行的利率。如果有更多的人急切地想要儲蓄，譬如隨著人口老化而人們需要存退休金的話，中性利率會下降。儲蓄的供給提高會降低借貸的價格——在這種情況下，指的就是實質利率。如果儲戶正在尋找一種安全資產，那麼結果就是得到較低的安全利率或較低的安全資產收益率。

圖 5.1 顯示先進經濟體的兩種收益率（國家樣本的加權平均值）。圖中位在下方的兩條線是短期與長期政府債券的收益率，特別是三年期和十年期政府債，我們稱之為「安全利率」（safe rate）。如圖所示，這些安全利率在 1995 至 2015 年間持續下滑大約四個百分點。圖中也列出商業部門的平均報酬率，有趣的是，它先是上揚，然後又掉回原來的水準。所以安全資產的報酬率一直在下降，同時商業投資的報酬率則維持在大約相同水準，表示兩者之間的「利差」（spread）正在擴大。這段期間的其他指標，譬如銀行存款利率與貸款利率之間的利差、公司債利差、股權風險貼水也提高了[37]。

有什麼原因可以同時解釋安全利率下跌且安全利率和風險利率間的利差擴大？這種楔形上漲強烈顯示，在安全地借款給政府跟冒險地借款給公司之間所要求的風險補償提高了。

經濟學家凱文・戴利（Kevin Daly）認為這兩種效應出於一個共通因素——也就是中國的風險趨避型存戶對全球經濟的參與度提高了，這些人存的錢更多，也需要更多無風險資產[38]。不過，若說風險貼水增加至少有部分是趨向無形投資所造成

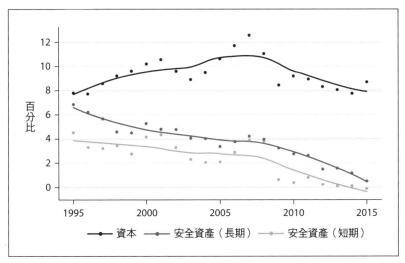

註：這些趨勢線是以下各國計入匯率調整後的名目 GDP 加權平均值：奧地利、捷克、德國、丹麥、芬蘭、法國、義大利、荷蘭、瑞典、英國和美國。資本收益率是市場部門投資的資本存量事後收益率，不包含住宅資產。安全利率是名目主權債券收益率。實線是數據點經過平滑後所呈現出來的線條。

資料來源：Haskel 2020a。

圖 5.1 安全資產與資本的收益率（1995 年到 2015 年）

的，似乎也是合理的說法。如果無形資產比較難用來抵押，那麼抵押品短缺將會把風險利差推得更高。或者撇開抵押品不談，投資無形資產可能一般來說風險就是比較高；外溢效應會形成一種風險，亦即無形投資所創造的收益可能被搭便車的第三方給收割走了。

圖 5.2 呈現出此種觀點的一個簡單檢測。如果朝無形資產發展的趨勢正在擴大風險利差，那麼利差與無形資產密集度之

間應該存在一種正相關性。如圖所示，情況確實如此，無形資產較多的國家或年分，其利差也比較大。

　　而這對實施通貨膨脹目標機制的央行意味著什麼？安全資

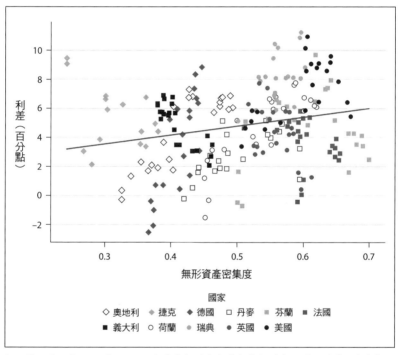

註：圖上呈現出 1995 年至 2015 年資本報酬率與長期安全利率之間的利差。資本報酬
　　率計入稅率差異調整。安全利率是十年期主權債券名目報酬率。由於歐元區的主
　　權債券收益率變化很大，所以歐元區每一年的數據是使用德國十年期國債來計算。
　　無形資產密集度是無形投資占總投資的比例。國家包括奧地利、捷克、丹麥、芬
　　蘭、法國、德國、義大利、荷蘭、瑞典、英國和美國；西班牙的數據為離群值，
　　故不包含在內。

資料來源：Haskel 2020a。

圖 5.2　無形資產密集度與資本報酬率利差

產的報酬下降，而安全資產與風險資產間的利差擴大，對安全的 $R^*$ 形成下行壓力，使得借貸雙方保持平衡的安全利率已經下跌。可是如果 $R^*$ 下降，央行便會陷入進退維谷的窘境，假使他們想要支撐經濟運作，便一定要降息，至少隨著時間與 $R^*$ 保持一致；若 $R^*$ 下降而他們又維持利率不變，他們便是在暗中緊縮政策。因此我們最終會落入一個處境，那就是央行為了跟上極低的 $R^*$，而必須讓利率處在極低的水準。在經濟低迷的時候，藉由改變利率此一經過千錘百鍊的機制來鎖定通膨目標，會因為 $R^*$ 的下跌而變得更加難以施行。負面衝擊來襲時，貨幣當局將無太多降息的空間[39]。

## 無形金融的權宜之計

即便非常經久耐用的制度，也並非堅若磐石。若商業融資體系在媒合投資資本與無形資產密集企業方面真的做得很差的話，我們預計會看到新制度興起和新策略實施的跡象，俾以滿足這些需求，不管這些新制度或新策略有多麼不完美。說來巧合，有幾項權宜之計已經被發展出來了，包括以智財為基礎的債務、創投、以企業主的住宅當抵押品。這些做法解決問題了嗎？

## 以智財為基礎的債務

有些權宜之計有幫助，不過只對少數公司或資產有用。想想以智財為基礎的債務形式的出現[40]，有少數但日漸增加的債務現在是以智慧財產權如專利或音樂版權來做擔保。英國與新加坡等國的專利局也正在和放款機構合作，協助發展這種債務。不過現在這種以智財為基礎的債務形式，似乎不太可能真正解決抵押品的專制問題。大多數無形資產並不會產生智慧財產權，就算是有，這類智財權的市場也很淺碟而且缺乏流動性[41]。

## 創投

第二個創新之舉是創投產業的穩定擴張。創投最活躍且成功的領域（軟體、運算、網路服務、生技）都是深深仰賴無形資產的行業，此事並非巧合。

有幾個創投的特徵是對無形資產性質的一種回應。創投是股權融資，而非債務融資，故而避開了抵押品的專制。創業投資往往分階段進行，使得一項無形資產密集專案的資訊與綜效得以顯露出來。在無形資產可擴展性的助攻下取得飛快巨大成長的成功企業，是創投基金營運模式的前提要件。由於創業資本是集中性高的私有股權，所以創投基金可以密切審查管理階層的計畫，同時減少無形資產效益外溢其他競爭對手的風險。

此外，好的創投家以人脈很廣自豪，這至少在某種程度上能促進合作、交易與收購，充分利用無形資產間出現的綜效。確實，獲得頂級創投家的投資是令人嚮往的，因為他們的投資代表一種認可，為建立新的合夥關係打開大門，而在這些行業裡，有沒有合夥關係往往代表著成功與失敗的差別。基於這種種原因，創投是無形資產密集企業的一個絕佳外部融資選擇。

不過遺憾的是，如喬許・勒納（Josh Lerner）和拉曼納・南達所觀察到的，創投似乎無法拓展到軟體與相關技術（如能源）以外的其他產業裡 [42]。也許大多數企業非常不適合創投融資，因為他們無法提供創投經濟所需的爆炸性成長，以證明成本的合理性。同時，鑑於少數一些由創投支持的企業在以前的年代可能已經能夠獲得銀行融資，創投融資的可獲性和可取之處，恐怕略為削弱了銀行貸款帳目表現的平均品質。

無法吸引創投融資，也沒有什麼能讓銀行放款人感興趣的抵押品，這類無形資產密集公司對資本的渴求，催生了新的融資選項。過去這十年──採取無形資產形式的商業投資居多數的這段期間──已經見到範圍廣泛的所謂另類融資商品被發展出來，目標鎖定不願意承擔銀行債務的小公司 [43]。這些約定當中，有一些是以金融資產以外的東西來做抵押放款，譬如發票貼現；其他則有低度管制的股權（如股權型群眾募資）或無擔

保債券（如迷你債券）；還有一些涉及使用加密貨幣來融通新
業務或新組織架構如「特殊目的收購公司」（special purpose
acquisition company）的資金需求。這些產品有的看起來像無
懈可擊的珍貴金融創新，將有意願的資本提供者與有意願的公
司連結起來；其他的則看起來比較靠不住。有些批評者聲稱，
一些消費債券及群眾募資問題，讓過度天真到認識不清的投資
人面對糟糕的風險——報酬取捨。此外，有些群眾募資利用投
資人對特定類型企業的好感，令他們以次級市場利率來供應資
金。一些擁有狂熱鐵粉的次行業譬如微型啤酒廠和混合訓練
（CrossFit）健身房，運用群眾募資的程度不成比例的高，並
非只是巧合。

　　也許另類融資之所以出現寒武紀大爆發，最好的解釋是人
們迫切需要能對無形資產友善的資金，從而為設計不良的金融
創新的興起，創造棲身的空間——也幫投資人儲存了更多這類
機制失敗後的未來痛苦。


## 以企業主的住宅當抵押品

　　說不定為無形資產密集企業提供融資，最常見的變通做法
與其說是一種創新，不如說是一種調適：靠著拿企業主的住宅
當抵押品。美國和英國的銀行早就已經拿董事居所的留置權來

為商業貸款擔保。誠如丹・戴維斯所說的：「歷史上來看，英國市場上有極高比例的商業放款是變相的房屋貸款。商業貸款通常是有擔保的，而且通常會拿業主的房屋來做附加擔保。」[44]

如戴爾阿里西亞及其同僚所證明的，當某地方的企業擁有的無形資本額增加時，當地銀行的商業貸款成長率會下降，而房地產貸款成長率會上升[45]。更多以更個體的層面所做的近期研究已經證實這些相關性，薩利姆・巴哈吉（Saleem Bahaj）、安格斯・福利斯（Angus Foulis）、加博・品特（Gabor Pinter）和喬納森・哈斯克爾發現，英國公司的無形投資會隨著公司董事的房屋價值增高而增加[46]。此一相關性符合一種假設，也就是比較偏向為無形資產密集型的公司，可能必須更仰賴外部有形資產來克服借貸摩擦[47]。

## 金融制度不足的後果與革新芻議

我們的金融系統所仰賴的許許多多便利簡化做法及流程再也不能順暢運作，這件事會帶來幾個可能的後果。首先，如果許多企業的無形資產更難獲得外部融資，我們預計整個經濟的無形投資會變少，尤其是對特定企業而言——具體的說，就是小公司和新公司（少數能夠獲得創投資金的公司除外），以及在擁有強大、無形資產豐富的領導者的產業裡的落後公司。看來創投模式確實已經沒辦法把觸角伸向它慣常放貸的領域之外。而來自金融危機的持續影響，顯示儘管很難弄清楚確切的影響途徑，不過為無形資產取得銀行貸款已經變得更加困難。

第二，如果銀行變得比較不願意借錢給小公司，我們預計他們的資產負債表裡會有愈來愈多的房地產貸款，部分原因在於他們比較不想提供商業貸款給缺乏實體抵押品的公司，部分則是因為當他們真的要提供商業貸款時，更有可能尋求取得本國物業的留置權。因此，銀行變得比較容易受物業市場的影響。我們已經看到不動產抵押貸款占美國銀行資產的比例上升；而在英國，根據負責銀行穩定性的監管機關金融政策委員會（Financial Policy Committee）所做的壓力測試顯示，住宅物業價格變動 1%，便會使英國零售銀行的減損提高 5 億英鎊。相較之下，GDP（換句話說，是指整個經濟，而非只有住宅）1%的變化使零售銀行遭受的減損要少得多，為 1 億英鎊[48]。

無形資產豐富的企業融資困難，所引發的第三個問題與創業家的供給有關。未來的創業家愈來愈需要擁有一棟房屋來作為商業募資的抵押品，想到它對獲得融資的潛在影響，這樣的世界便令人憂心。如丹・戴維斯所指出的，不是每個可能的企業創辦人都擁有房屋[49]。如果「沒有房屋所有權」這件事成了自行創業的一個更大的阻礙，那麼創業家人才庫便會萎縮，而新商業訊息也可能會受到波及。這項主張與「被埋沒的愛因斯坦」（Lost Einsteins）立論雷同——若未能早早鼓勵潛在發明家去追求能充分發揮才華的職涯的話，生產力會遲滯不前[50]。

最後一個問題是運用利率變化來制定貨幣政策會變得更困難，至少在面對負面衝擊的時候是如此。結果經濟給人的感覺更脆弱了，因為政策對經濟的幫助變小。

## 芻議

第一個要處理的挑戰，是如何建立一個更好的金融架構，使公司得以投資於無形資產。這需要徹底改變我們施加於商業融資上的誘因與管制。

一個重要措施是終止債務和股權的不對稱課稅規定。在確定納稅義務範圍時，幾乎所有國家的企業都可以把債務利息支出視為營業費用，但股權融資就不行了。在《沒有資本的資本主義》中，我們倡議終結這項優勢——例如利用在《租稅設計》（Tax by Design）這本書裡或《彌補無形資產融資缺口以支撐生產力》（Bridging the Gap in the Financing of Intangibles to Support Productivity）這份報告裡所提議的股權稅負減免[51]。這種偏差持續得愈久，要付出的代價就愈高。

　　第二步是更改融資管制規定，使投資經理人更容易出資支持無形資產豐富的公司，尤其是那些證券流動性較低的公司。如我們先前討論過的，關注重心值得放在退休基金和保險公司身上，因為他們手握龐大的資產。事實證明，使他們投資更多於以無形資產為基礎的公司，在美國發揮很大的作用。經濟學家山姆・寇爾圖（Sam Kortum）和喬許・勒納記錄了美國1970年代後期／1980年代初期創投資金的急遽增加（這些資金增加為1990年代的另一次躍起打下基礎），他們指出這跟申請更多專利有關係[52]。他們也證明，這最初的變化是1979年一次管制規定改變所促成的，該規定允許美國退休基金經理人把一些資金投入包括創投在內的高風險資產上。

　　退休基金／保險公司的低度投資就是一個例子，顯示我們在第三章所闡述需要進行制度革新的那種集體行動問題。每一個個別基金對更多訊息的需求，可以藉由成立一個（或多個）共同基金去投資流動性差的證券來解決，如此以一來，既能分散風險，也可達到經濟規模，以便促成投資缺乏流動性資產所需的公司監管作為。這種集體行動將降低成本和風險，並可能增加無形經濟所需的那種創投資金的投資。投資協會（Investment Association）建議的長期資產基金[53]和英國商業銀行（British Business Bank）關於一個集合投資工具（pooled investment vehicle）[54] 的提議，都是這類方案的範例。截至撰寫本書為止，在英國，英格蘭銀行、財政部和金融行為監理總署（Financial Conduct Authority）已經召集一個產業工作小組，來促進高效金融的投資，其中包括一個可能需要改革監管機制才能創建的長期資產資金（Long-Term Asset Fund）（另一個集體行動問題）[55]。

　　不過，這種鼓勵措施不會有風險嗎？老話一句，這又是一個集體行動的問題。別忘了，現在的投資是把錢投入開放式基金，這當然有風險，因為一個人可以成功立即贖回自己的儲蓄，可是全部人就沒辦法。由此對流動資產所產生的衝擊，將迫使基金賤賣資產。因此轉向流動性較差的投資是否風險較高，尚在未定之天。再者，股權投資的限制逼得公司承擔更多債務，面臨更多更深層的危機[56]。

　　第三個方案是針對投資經理人本身。許多投資經理人已經正朝著基於「環境保護、社會責任與公司治理」（environmental, social, and corporate governance, ESG）原則的方向進行投資一段時間了——也就是說，將他們所投資公司的廣泛影響考慮進來，不是只看財務報酬。他們看重的通常是負面外部性，例如迴避傷害顧客健康的菸草公司或破壞環境的煤業。投資經理人和資產擁有者應該多考慮正面外溢效應，當成其 ESG 任務的一部分，尤其是來自無形投資的正面外溢效應。一家大力投資於譬如研發或訓練的企業，可從未來收益得到回報，這最終將反映在股價上。不過，就跟一個惡名昭彰的汙染者傷害環境對社會不利一樣，可以肯定的是如果研發或訓練具有正面外溢效應（幾乎肯定有），那麼它正在造福社會。負有 ESG 任務的基金應該高度重視大幅投資於研發、設計、訓練及其他有正面外溢效應的資產的公司，而關心世界未來的資產擁有者應該追求的是有這類目標的基金。

回來看貨幣政策，貨幣政策空間很小的問題意味著財政政策的角色會變得吃重。可是財政政策也不完美，它會拖拖拉拉的，或它會被耽擱，或它不受人歡迎。而在這裡，我們至少有以下三種其他選擇。

第一個選擇是給貨幣當局更多權力。舉例來說，就像英國自金融危機以來所做的那樣，政府可以幫央行的量化寬鬆（quantitative easing, QE）計畫做擔保——也就是說，支持他們購買政府債券或商業債務；或者央行可以實施「雙重利率」，允許商業銀行從央行取得便宜的資金（隨著負利率的出現，歐洲央行目前正在實施雙重利率）。事實上，安宰彬、杜瓦和賽佛的研究顯示，在貨幣政策制定者以降息抵消負面衝擊的國家，無形投資下跌的比較少[57]。不過，這類政策也引發關於央行獨立性的嚴重質疑。把錢給商業銀行，講白了就是一種財政政策，因為它用承擔一筆公款損失的方式來支持一家私人機構，這種事情讓政府而非獨立的央行來做也無妨[58]。比較好的做法是把力氣直接拿來改善財政政策的實施。

第二個選擇是讓財政政策更獨立，或加強財政政策獨立稽核人員的功能。英國預算責任辦公室（Office for Budget Responsibility）和美國國會預算辦公室（Congressional Budget Office）是兩個擁有相當大影響力的獨立機關，他們的例子就是一種為了尋求承諾所做的制度安排。一種可能性是在央行的政策空間耗盡時，給它一個這樣的角色，使央行能在經濟衰退時，就所需的財政政策量級提供獨立意見。

第三個可能性是讓財政政策更「自動化」。IMF 經濟學家奧立佛・布蘭查德（Olivier Blanchard）、戴爾阿里西亞和保羅・茂羅（Paolo Mauro），以及決議基金會（Resolution Foundation）的詹姆斯・史密斯（James Smith）都有討論到這種政策類型[59]。有一種自動化的財政政策是累進稅制。在這樣的制度下，當經濟緊縮且所得下降時，或者當經濟擴張且所得提高時，收入者的稅負就會被自動減少。當然，如果稅制走的是非常極端的累進制，這種自動穩定機制的效果就會更強烈。這類政策還需要配合更慷慨的社會保險計畫，如此一來，當經濟下滑時，才能提供更多的所得保險。這種政策對赤字的淨影響，取決於政府支出的靈活性或僵固性。舉例來說，如果政府支出在衰退時很難下降，或其實甚至因為要提供更多社會福利而上揚，那麼這種自動穩定機制的代價會很高，因而會碰到政治上的困難。

　　儘管存在政治困難，但是在歐洲的環境下，這種自動穩定機制是可以發揮極大效益的。舉個明確的例子來說，誠如經濟學家吉姆・費瑞爾（Jim Feyrer）和布魯斯・薩塞爾多特（Bruce Sacerdote）所指出的，美國聯邦所得稅（占美國 GDP 的 17％）是級距很大的累進稅[60]，歐洲就沒有可堪比較的同類制度，因此美國提供給社會一個重要的自動穩定機制。如費瑞爾和薩塞爾多特所寫到的，每遭遇 100 美元的負面衝擊，美國各州便能得到 25 美元的聯邦減稅。歐洲儘管因為這些推算而進行改革，但歐元區各國間的財政政策移轉效果相對較小。這種財政移轉的缺乏，最終引發相當嚴重的緊張關係和政治困難。這類言論通常會在危機期間冒出頭來，而正是在這種時候，它們才會變得更不穩定。

　　另外一種自動穩定機制是實施一套干預計畫，鎖定特別受到影響的經濟領域，這套計畫會在衰退期間開始運作，並且在經濟復甦時退場。這些干預手段可能有譬如針對低收入家庭的臨時稅收政策或投資抵減規定。布蘭查德、戴爾阿里西亞和茂羅建議可以在跨過某個門檻的時候啟動這些政策——也許是 GDP、工時或失業率門檻[61]。在針對社會上最需要幫助和最敏感的族群時，這些方案具備很大的優勢[62]，特別是它們可以鎖定區域，因此有助於圍繞著減少區域不平等的升級議程（levelling-up agenda）。

我們覺得在 COVID-19 大流行期間，這類自動穩定機制的政治情境發生明顯變化。提供財政支持，尤其是鎖定受疫情影響過大的區域給予支援，其政治接受度似乎比過去遭遇同類情況時更為普遍。那麼說不定現在正是達成政治協議的時機，為那些受經濟衰退影響最深的人制定一系列自動穩定機制的規則。承諾給予針對性支持，將能全面降低風險和不確定性，因此頗有可能防止社會在經濟放緩時抱持低度預期並進而落入自我實現的命運。

最後，我們可能會問，在一個公共債務非常高的世界裡（英國 2020 年的公共債務占 GDP 的 98%），這些推算會如何變化。標準做法是先去留意到，如果原始赤字非常高，以及／或者如果利率增加相對高於成長率，那麼債務占 GDP 的比例會提高，前述第二個影響取決於債務／GDP 的起始水準（如果債務／GDP 的起始水準很高，那麼利率上升對債務／GDP 水準的影響會比較大）[63]。不過反之亦然：如傑森‧佛曼和勞倫斯‧桑默斯所指出的，在債務水準很高的時候，相對於 GDP 的成長率上揚，對降低債務／ GDP 比例的影響會比債務小的時候更大，使得提高成長率的需要更顯迫切[64]。

## 總結

　　無形資產的特徵使得無形資產豐富的經濟更難獲得融資。多數無形投資具有沉沒性，令其難以提供抵押品給傳統銀行，因此想要投資的公司若不是靠著自己的現金準備，不然就得拿房子來抵押，才能得到資金。這種情況將令我們無法擁有足夠的無形資產投資水準。對我們有幫助的金融工具，並不是那些適合於有形經濟的工具；相反地，我們需要更多的股權與更少的債務，以及對經濟與公司有較之以往更多的學習與認識。

　　一個無形資產更豐富的經濟，使得制定貨幣政策更加困難。更多的無形資產提高了經濟的風險，也降低中性安全利率，令央行綁手綁腳，迫使他們保持低利率水準。如此一來，會侷限他們透過改變利率來抵消經濟負面衝擊的能力，憑添了我們的脆弱感。

　　改革無形融資迫在眉睫，譬如消除稅制的偏差。我們也需要做出革新，以一種甚至可以降低風險並提高報酬的方式，允許退休基金和保險公司投資以無形資產為基礎的公司。我們還需要改進財政政策的自動化性質，以便在貨幣政策進退維谷時可以派上用場。自動穩定機制包括針對最易受到影響的族群提供給付，以及一個級距更大的累進稅制。COVID-19 大流行已經提高這類方案的政治接受度，如今正是付諸實施的好時機。

第6章

# 打造更好的城市

　　無形資產的成長，提高了生活中某些其實非常實體面向的重要性：實體鄰近性、你生活與工作的地點、城市房地產。不過遺憾的是，管理這些事物的制度——從我們如何運用繁榮都市裡的土地，到我們如何幫助落後地區、我們如何遠距工作——都無法應付一個以無形資產為基礎的經濟給城市和鄉鎮帶來的挑戰。更重要的是，這些都是根深蒂固的制度，若想有所改進，不只需要技術專業面的修復，也需要意識形態、分配與文化面的興革。

　　曾有一度，這個國家的主要城市蓬勃發展，一片欣欣向榮，由於表現得太好了，以至於有些人擔心該國的其他地方會被遠拋在後頭。批評者說城市太富裕、太得意，也太喜歡謀求私利。然後，一場病毒大流行襲來，突然使得城市看起來不那麼安全，也不那麼有吸引力。就在這個時候，一位革命作家提筆為文，描述一個更好的世界，裡面的都會菁英比較謙遜，而城市也沒有那麼趾高氣揚。

如果你以為上述作家是一個現代編年史家，描繪鐵鏽帶、落後鄉鎮，或農村「某處」的人愈來越愈受不了都會菁英，夢想著一個城市更謙遜的後 COVID 未來，也是情有可原。不過這位作家其實是湯瑪斯・傑弗遜（Thomas Jefferson），超過兩個世紀以前，他寫下這些文字，對肆虐當時美國首都費城的 1793 年黃熱病疫情做出回應[1]。傑弗遜早就對城市心存道德與政治上的疑慮：「我認為城市，」他在寫給班傑明・羅許（Benjamin Rush）的信上說：「危害到人類的道德、健康與自由。」[2] 他的批評也有經濟上的意涵：「它們孕育出一些精緻的工藝；不過有用的工藝在別的地方也能蓬勃發展，而我會選擇其他不那麼完美，但擁有更多健康、美德與自由的地方。」不管是從隱喻上或字面意義上來看，傑弗遜都認為農業社會才是健康的社會，並且援引黃熱病在大都市裡製造的混亂為證[3]。

多數時候，傑弗遜對抗城市的戰役都輸了，而過去這兩百年來，美國與大部分其他富裕國家的人口從農村移動到城市。農業在全國產出中的占比縮小到幾乎看不見。而戰後幾十年間，隨著富有的都市人因為有車代步和避開犯罪的關係而搬到郊區，城市的繁榮程度有所下降，但過去這二十年來已再度興旺起來。在無形資產豐富的經濟裡，企業與勞工被吸引到城市，在那裡他們才能運用綜效並蒙受外溢效應之福。不過儘管城市的經濟生產力更甚以往，但並非所有居民皆雨露均霑。低技能勞工搬到都市所賺到的工資溢酬已經蒸發。城市裡的房產價格一漲再漲，對仕紳化（gentrification）的憂慮則增加了。

此外，在繁榮城市和國家其他地方之間，尤其是都市和「鄉鎮」（town）之間出現日益擴大的鴻溝。在英國的政治論述中，鄉鎮一詞已經用來指稱比較貧窮、通常是後工業化、居民人數少於二十萬的集合城市（conurbations）。鄉鎮居民往往比住在城裡的人年紀更大、白人更多、教育程度更低，他們離體制更遠，也更熱衷民粹政治。由此引發的政治議題若是出自傑弗遜之口，似乎也不會顯得太突兀：借用經濟學家愛德華・格雷瑟（Edward Glaeser）的用詞，有一種「都市的勝利」（triumph of city）贏得太超過，需要重新平衡的感覺。

然後 COVID-19 爆發了，隨著全球各地為數龐大的上班族發現自己被迫在家上班，有些時候還長達數月，而創造出一種新動態。在英國，據調查有 45％的人在 2020 年的冬天在家上班，2021 年 3 月則有 40％，相較之下，疫情爆發前這個比例大概是 5％[4]。視訊會議從一種新鮮玩意兒變成工作生活裡的支柱。這個新常態引發如下疑問：有些人是不是永遠不會回辦公

室上班了？如果他們不回來，既富有又擁擠的都市和落後地方
的一些經濟問題是否就此解決？

在本章，我們將探討在無形資產豐富的經濟脈絡下，管理
人們的工作與生活場所的制度。我們會先從檢視城市的重要
性，以及 COVID-19 是否已經對此造成永久性的改變（劇透：
大概沒有）。接著，我們會檢視繁榮都市與落後地區面臨的
問題，以及解決問題須有的制度變革。最後，我們將探究如何
善加利用某些勞工因為 COVID-19 迫使其遠距工作所看到的變
化。

## 無形資產的崛起與城市的崛起

過去三十年來，某些城市的經濟興盛是非常令人驚嘆的。
借用經濟學家恩里科・莫雷蒂所創造出來的詞彙，在這個「大
分歧」期間，最有活力的地方在許多方面已經領先活力最差的
地方，尤以在聚集一群受過教育的勞工這方面最引人注目。

在一個無形資本變得更重要的世界裡，這個結果本在意料
之中。經濟學家吉爾斯・杜蘭頓（Gilles Duranton）和迪亞哥・
普加（Diego Puga）分析「聚集效應」（城市規模與經濟成長
的連結性）時，鑑別出其中有三種成因，他們稱之為媒合效果、

學習效果與共用設施[5]。在大城市裡比較容易在員工與工作、顧客與服務、（商業的、社交的或愛情的）夥伴之間進行媒合。而向其他勞工或其他公司學習也比較容易，並使人們能共用昂貴的資源。在具備更多充沛的綜效與外溢效應的經濟裡，媒合功能和學習功能變得更為重要。經濟學家愛德華‧格雷瑟說，1990 年代以來城市的崛起，是「人力資本密集型服務」所促成的[6]。我們會說這些服務也是無形資本密集型的服務。傳統上，成功的城市也會為低技能勞工創造工作機會，譬如在飯店業或餐飲業。來自城市裡無形資產密集企業的利益有著某種程度的向下滲透，長久下來，讓這些工作也能享受到一種工資溢酬。

從廉價航空到無處不在的電子通訊，即便更好的交通和技術使人能更輕易地從遠處利用研發等無形資產的外溢效應，但城市仍在成長壯大。舉例來說，經濟學家馬特‧克蘭西（Matt Clancy）指出，一項專利的幾位發明人，他們之間的平均距離，從 1975 年到 2015 年間增加了一倍[7]。看來自從經濟學家在1993 年首度進行本土知識外溢效應的量化測量以來，它的強度已經變弱了[8]。不過，即便技術使得遠距協作變得更容易，但還是存在反向作用的力道，使城市變得更有吸引力和生產力。以專利術語的新穎結合來看，在菜鳥眼中，城市似乎特別擅長產生非比尋常的技術組合──綜效在發揮作用[9]。即便外溢效應的遠距效果比以往更好，但它們還是大多發生在面對面時；
而隨著無形資產在資本存量裡的分量變重，這種優勢也變得愈
來愈重要。

　　不過早在 COVID-19 迫使上班族在家工作（working from
home, WFH）以前，世界上巨型城市（megacity）的前進步伐
已經開始踉蹌起來，尤其是上漲的住房成本正在吃掉大都市的
生產力優勢 [10]。結果就是，企業身在繁榮都會所享受到的較高
生產力，便不太可能轉化成較高的利潤或給勞工較高的可支配
所得，因為住房成本上升耗掉中間的差額了。值得注意的是，
這種限制並非一種自然極限，從倫敦到舊金山到上海，這世上
的明星城市還有很多空間，也可以更密集。相反地，這是制度
不良造成的，尤其是過時的土地規劃及利用規則──這些規則
不是設計來使聚集效應極大化，而是要把人們移到新的遠郊居
住區，以防止城市裡的新開發。在一個無形資產較少的世界裡，
這種土地運用方式可說是比較省錢的。

　　經濟學家威廉・費雪（William Fischel）率先指出屋主的特
定經濟利益的政治後果。他在《房產選民假設》（*Homevoter
Hypothesis*）一書中，描述被他稱為房產選民的屋主，跟希望
自己所擁有的公司能表現良好的投資人，有多麼的相似：屋主
對其社區的成功存有財務上的利益 [11]。阻礙城市前進的制度，

獲得了富人與窮人一種異結盟的支持。運氣夠好到能擁有自己的房屋或公寓的人會阻擋新開發案，因為這要麼就是帶來擁擠與干擾，要麼就是單純減少其稀少性價值，從而降低了自家住宅的價格。比較貧窮的城市居民阻擋新開發案，是因為這些案子往往是以更新、更令人負擔不起的房產（「豪華公寓」）來取代比較便宜老舊的房子，沒能提供足夠的住宅供給以降低房價，令貧窮的住民流離失所，也干擾現在的社區──簡言之，就是仕紳化了。對於中央政府是否會提供足夠的新基礎設施和服務來滿足人口增加的需求，貧富雙方同樣心存疑慮，即便理論上來說，更龐大的人口應該更能負擔得起這些才對 [12]。

不過在無形資產豐富的經濟裡，和無形資本不多的小城市及衰落城市相比，繁榮都市的問題便顯得微不足道。有部分問題在於機能不足的城市並非愉快的生活與工作場所。繁榮的都市會帶給居民正面的外部效應，同樣地，衰敗城市會帶來負面外部性。犯罪和糟糕的服務令人們比較不願意住在那裡，而每一家離開的企業，都會使留下來的企業待在都市裡的外溢效應降低。當有愈多企業仰賴被其他產生外溢效應的企業包圍著時，這種影響就會愈明顯。

在英國，許多小城市面臨一個額外問題：缺乏良好的交通基礎設施，這表示他們的運作功能更像個比實際情況還要小的城市。經濟學家湯姆‧佛斯對這個主題已有大量著述[13]。如果因為沒有地鐵，橫越城市需要花上兩個小時的話，工作者便很難找到一份新工作，而如果外出開會的時間很長的話，也很難向其他公司學習。結果陷入惡性循環：中央政府（在英國手握決策權）不願投資於它眼中正在衰退的城市交通，而這些城市因為內部交通運輸不良，無法利用聚集效應，故而繼續衰敗。

在綜效變得愈來愈重要的時代裡，小城市還有另外一個問題。保羅‧克魯曼評論說，在羅徹斯特、紐約這樣的地方，一個具有高度生產力的產業，往往會隨著時間推移而催生另一個高效產業[14]。約翰‧雅各‧鮑許（John Jacob Bausch）1853 年在羅徹斯特開了一家後來變成博士倫（Bausch & Lomb，發明了雷朋眼鏡）的眼鏡店。這種鏡片製造工藝後來由 1888 年創立的伊士曼‧柯達（Eastman Kodak）所傳承，接著是 1906 年成立的全錄公司（雖然它的靜電印刷術直到二次大戰後才問世）。生產力極高的企業接二連三出現，使羅徹斯特富有了好長一段時間。不過它的好運終於用完，全錄家道中落，也沒有出現一個本土英雄來填補空缺。如克魯曼所指出的，我們可以預料到有些城市因為走霉運而衰敗——而比起實際上投入許多賭注的大都市，這種歹運往往更常發生在只有少數幾家高生產力公司的小城市裡。克魯曼把這種情況比喻為「賭徒破產定理」

（gambler's ruin）：相較於口袋很深的人，只有一點賭資的玩家比較沒辦法安然躲過壞運氣。我們估計，在外溢效應與綜效更重要的經濟裡，這個問題會變得更為棘手。

此外，我們一定要考慮到馬太效應：繁榮、成長的都市表現較好也成長更快，而無形資產貧乏的城市則每況愈下。小往往並不美，儘管有些小城市或鄉鎮如果擁有大量無形資產的話，可以抵抗聚集的力量——例如在英國，像劍橋這類大學城（人口數為十二萬五千人）或是擁有一家大型高效本土公司的鄉鎮，像是勞斯萊斯（Rolls-Royce）的所在地德比市（人口數為二十五萬五千人）。可是，如果是因為一家大型雇主的外溢效應而使得某個地方正富裕起來，那麼該地便很容易受到「賭徒破產定理」的影響。不是每一座城鎮都擁有世界級的大學。

政治失能是地方間的分歧日益擴大的一個後果。恩里科．莫雷蒂在他的書《新創區位經濟：城市的產業規劃決定工作的新未來》（*The New Geography of Jobs*）中，記述了此一脫離政治過程的情況，可是他的書出版沒多久，世界各地蜂湧而出一批政治企業家，給了疏離的選民吸引他們的東西：民粹主義，並往往還結合恢復一個已逝的社會與經濟生活的承諾[15]。

我們可能希望科技能拯救我們脫離富裕但窒息的城市和衰頹不滿的鄉鎮此一雙重束縛，也希望 COVID-19 在家工作革命

也許能加速改變。1968 年，電腦科學家道格拉斯・恩格爾貝特
（Douglas Engelbart）展示了視訊會議和同步協作文件編輯 [16]。
三十年後，新聞記者法蘭西斯・康洛絲（Frances Cairncross）
創造了「距離之死」（the death of distance）一詞來描述一個世界，
在這個世界裡是這些技術將使經濟擺脫地點對庶民的箝制 [17]。
2020 年乍始之時，地點還是跟以往一樣重要：人們在援引距離
之死時，就跟飛天車、無紙化辦公室和歷史的終結一樣，只是
把它當成過往天真樂觀的一個例子。

COVID-19 給了我們遠距工作的新希望。許多國家有將近
半數上班族被迫在家上班，企業面臨一個強制的實驗。很多上
班族跟一些雇主發現，遠距工作並沒有他們想的那麼糟糕。想
念通勤時光的人不多，人們學會使用視訊會議及協作軟體，而
許多從來沒有考慮大規模遠距工作的企業發現，即使不是大家
都來辦公室，也有可能開展業務。

不過，遠距工作的經驗顯示儘管在 COVID-19 封城結束之
後，遠距工作將會增加，但辦公室並未消亡。英國國家統計局
（Office for National Statistics）對英國企業進行一次大規模調
查，顯示只有少數公司打算長期性地增加「在家工作」（圖
6.1）。此外，研究發現只有一類行業的公司認為在家工作的生
產力增加而非下降：資通訊業（圖 6.2）。果不其然，這個行

業有最高比例的公司說他們打算增加「在家工作」。而說打算增加「在家工作」的公司比例次高和第三高的行業（分別是專業、科學及技術服務業，以及教育業），指稱因為在家工作的關係，淨生產力已經下降。

　　這一切皆顯示，因為 COVID-19 的關係，在家工作將增加，

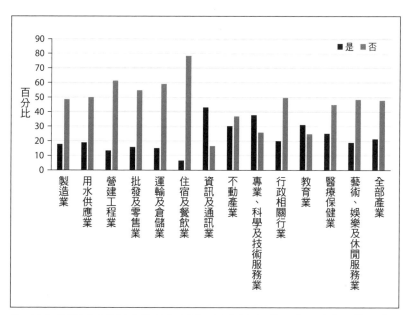

註：14天（2020年9月21日至10月4日）、16天（2020年10月19日至11月1日）、18天（2020年11月16日至29日）、20天（2020年12月14日至23日）、22天（2021年1月11日至24日）及24天（2021年2月8日至21日）波段的平均值。請留意，「其他服務業」已經從樣本中移除。問題：「你的企業是否打算以增加在家工作作為今後的永久營運模式？」數據經過就業加權。
資料來源：數據取自 Haskel (2021) 的 ONS Business Insights and Conditions Survey。

**圖 6.1　打算增加「在家工作」，作為永久營運模式的比例**

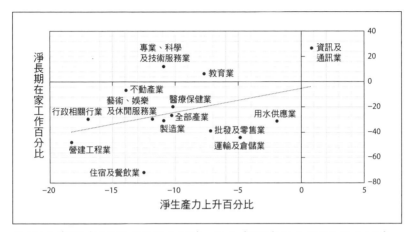

註：14天（2020年9月21日至10月4日）、16天（2020年10月19日至11月1日）、18天（2020年11月16日至29日）、20天（2020年12月14日至23日）、22天（2021年1月11日至24日）及24天（2021年2月8日至21日）波段的平均值。請留意，「其他服務業」已經從樣本中移除。問題：「增加在家工作如何影響你的全體員工生產力？」數據經過就業加權。

資料來源：數據取自 Haskel (2021) 的 ONS Business Insights and Conditions Survey data。

**圖 6.2　預計長期增加「在家工作」的淨比例 v.s.
報告「在家工作」生產力增加的淨比例**

而且從邊際貢獻來看，這種增加將有助於緩解最繁忙城市的壓力，並可能提高居住在比較安靜地區的吸引力。不過這是一種演進，而非革命，城市與群聚的根本重要性並不會消失。

# 技術官僚與政客

那麼，如此看來遠距工作並不會讓城市被淘汰，或者解決

擁擠與住房短缺的問題。現在，讓我們轉而看看兩種處理城市
生活需求上升的方法：技術官僚的解法與政客的解法。

　　技術官僚會深深吸一口氣，然後從當下的現實開始著手。
如果我們讓城市成長，就會令城市裡的經濟蓬勃發展，可是鄉
鎮就成了一場失敗的賭注。那麼讓我們來著手改變計畫規則，
使鄉鎮得以成長。技術官僚在英國公共政策裡的聖杯就是去縮
小或甚至取消綠化地帶──這是最早根據 1947 年《城鄉規劃
法》（Town and Country Planning Act），在城市與鄉鎮周圍所
建立起的一百六十萬公頃未開發保護區，以遏止都市蔓延和帶
狀發展。他們會點名倫敦地鐵站附近的大片綠化地帶土地，其
中大部分並非田園鄉村風光，而是不吸引人的灌木叢或乏味的
集約型農地。保羅‧切希爾（Paul Cheshire）和波雅娜‧布尤
克利瓦（Boyana Buyuklieva）估計，有四萬六千八百六十七公
頃的可建築土地在輕軌站八百公尺範圍內，距離市中心僅需或
少於四十五分鐘，而其中有二萬九千七百二十二公頃位於綠化
地帶內。這些土地足以讓住宅存量提高 7％到 8.8％，大約是整
個英格蘭過去十五年所建造的房屋量[18]。技術官僚還會劍指非
常嚴格的計畫規定，這些規定使得牛津與劍橋等具有高生產力
的地方規模很小，侷限了當地納稅人出錢進行種種研發的外溢
效應與經濟利益。他們的美國同行會點名嚴格的都市區劃法、

強制要求過多停車位或低密度新建案的法規所造成的問題。在
這兩個國家裡，他們都會把矛頭指向鄰避論者〔NIMBY，反對
建造住宅的公民，此一縮寫取自他們慣用的口號「不要在我家
後院」（not in my back yard）〕在規劃與分區決策中的影響力。

　　他們的願景是統一推動放寬計畫法，以便在繁華都市裡建
造更多住宅。如此一來的必然結果是，更便宜、更充足的住宅
將使更多人可以從比較貧窮的地方搬到比較富裕的地方，他們
也能把從這個變動賺到的額外工資留下更多在手上。2008年的
白皮書《城市無極限》（*Cities Unlimited*）提出這個願景的一
個極端版本，在英國媒體中博得一定的惡名[19]。部分拜聳動的
報導之賜，《城市無極限》被視為一種論據，認為後工業化城
市如米德斯堡（Middlesbrough）和桑德蘭（Sunderland）實際
上應該被廢掉，而人口應被移到大規模擴張後無形資產豐富的
地點，譬如牛津和劍橋。這類提案有一個不明顯的細節是，如
果因為住房變得比較便宜，使更多低技能的人有能力搬到大城
市去住，那麼留在鄉鎮裡的一般人口的技能，平均而言將比現
在的狀況還高，若是現在的話，移居只對最高技能的人而言是
值得一試的選項。也許大多數技術官僚做得不會像《城市無極
限》所提議的那麼過度，不過我們可以在實務上看到這些政策
比較不極端的版本：英國中央政府的住宅計畫，譬如2020年

將規劃的權力從地方政府轉移給開發公司的提議、美國某些州將分區規劃的權力從市政府轉移到州政府的措施，一般認為後者比較不可能對當地的鄰避主義讓步。

這類提案的不切實際嚇壞了政客們。鄰避主義很普遍，擁有房宅的富有選民不喜歡看到自己的街坊鄰里被過度開發給糟蹋了——而且因為他們的房子往往是他們最有價值的資產，說不定甚至就是他們的退休方案，他們不想冒這個險。租房的貧窮選民不喜歡看到仕紳化把他們的社區變得面目全非，尤其是當它威脅要對他們漫天要價把他們逐出市場時。停止開發和阻止規劃申請是地方政治的生計之所繫，貧困城市應對衰退的策略更是瘋狂。在大多數國家，人們期待政治人物應該為選出他們的地方選區做出貢獻；光是說「搬到城裡來生活會更好」是不能為選民所接受的。選民需要一個如何讓衰敗的地方轉敗為勝、恢復往日榮光的願景，如果你給不起，他們會琵琶別抱，投票給其他願意給的人。

技術官僚和政客恐怕都同意，「距離之死」的可能性根本幫不上忙。技術官僚會指出它尚未發生，也沒有將要發生的跡象；政客們會說沒有跡象顯示人們想要這樣（而且在COVID-19風波過後，他們會繼續威脅說遠距工作將導致各種糟糕的經濟後果，從工作的境外外包到本土經濟的崩潰）。最終產生一個沒人開心的妥協結果，都市計畫改革的努力不夠認真，而幫助落後地方的嘗試也不夠成熟。

計畫改革的提案通常在實踐過程中打了折扣。一個例子是近期在英國的「社區土地標售」（Community Land Auctions）提案，這是一個在經濟上無懈可擊的構想，既能釋出更多土地供住宅開發，也能使地方政府得到部分的規劃利益，而這個提案在遊說和政治懷疑論的混合影響下被否決了。又或者試想英國政府的地方住宅政策，它們在中央與地方政府多年來的討價還價中陷入泥沼，結果只有極少的住宅被蓋出來。此外，系統的複雜性給了建設公司反誘因，使他們的焦點從建造房屋轉移到土地投機和取得營建許可的遊說活動上。同時，一定要為落後地方「做點什麼」的政治要求導致大量口惠而實不至的計畫。

## 更好的制度與更聰明的政治

大多數現行解決方案的問題，在於它們若不是解決政治問題但不考慮經濟現實，不然就是解決經濟問題但忽略了政治現實。不過還有更好的方法，是以建立新制度為基礎，既可發揮經濟作用，也符合政治風向。讓我們來看看如何同時幫助成長中的城市與落後地方。

## 建造住所

　　城市面臨的最大問題是很難建造更多住宅。在城市生活與工作的需求正在攀升，但供給增加的太慢，導致租金高漲。住宅價格也在上揚；事實上，因為低利率的關係，房價上漲的速度比租金還快，不過租金才是我們真正關心的重點。這種高需求意味著任何人若擁有一個不是密度太高的房產（如兩層樓的半獨立屋），理論上就能把它賣給別人去開發成更高密度的住宅（如四層樓的多住戶住宅），而賺到一大筆或甚至是改變生活的意外之財。有些人可能不覺得這筆橫財多到足以忍受賣房搬家的麻煩，不過考慮到我們在談的獲益是六位數英鎊或美元，有些人肯定願意的。

　　當然，在大多數城市裡，那些想要賣掉自己的小塊土地去重新開發的人，會發現重建受制於當地的法律。這些限制是很棘手的，因為鄰居把自己的房子拿來蓋成公寓，會造成破壞，而且可能降低鄰里其他房屋的價值，對任何人都沒有好處。由於這些規則都是由市級或地方上的當局所制定的，要改變是幾乎不可能的事。檯面上的選民實在太多了，而不管怎樣，很多選民並不是有殼蝸牛。經濟學家會把這種情況視為一種協調失能（coordination failure）：許多個別屋主有很強的動機想要重新開發自己的土地，可是他們並不希望鄰居單方面進行，而他們也無法彼此協調，去改變規則讓大家都能這麼做。

如倫敦迎臂組織〔YIMBY，「歡迎來我家後院」（Yes, In My Back-Yard）的縮寫〕的約翰·邁爾斯所指出的[20]，政治學者們對這類問題已經有過審慎的思考。伊莉諾·歐斯壯研究社區如何管理共用資源，譬如漁場和牧地。她檢視了何以由下而上的管理這些資源，往往比政府由上而下的控制效果更好——只要有良好的制度與規範允許人們去進行管理[21]。都市空間和共享城市環境便是一個共用資源的現代範例。

有兩個有趣的提議，叫做街道投票（street votes）和街區型分區規劃（block-wide zoning）在此時上場。「街道投票」是倫敦迎臂組織所倡議的提案；「街區型分區規劃」則是美國都市學者羅伯特·伊利克森（Robert Ellickson）在 1990 年代首度提出的[22]。這些提議都牽涉到把規劃與分區的決策許可權徹底下放給在地小型區域。規劃的決定不是由城市或地方當局的層級來做，而是交給每一條街道或每一個街區的地產擁有者。只要居民同意，他們便可根據商定的建高上限，蓋到也許是四層樓或五層樓的高度，類似許多十九世紀城市裡看到的大宅街區。下放權力的優點在於人們比較容易協調進行更多開發案。很多街道或街區很有可能選擇不開發；畢竟對某些人來說，住在現在的家可能還比發一筆橫財來得更寶貴。不過平均法則顯示有些人會這麼做，使得居民實際可選擇的居住空間因此增加了。

倫敦迎臂組織[23]提出幾項保護措施來避免不得人心的結果，例如只有獲得一定人數的本地人提案並支持時，才能啟動投票機制，而可能要求的是三分之二本地屋主的絕對多數條件，以及／或者在一個地區擁有房產超過五年的人的絕對多數條件。目標是找到一個區域是裡面的居民真心想要高密度帶來更多的便利設施及土地價值，而非強迫無心的人接受高密度。有一個相關的構想是「社區範圍延伸」（community boundary extension），這可使村莊之類的小型社區縮小周邊綠化地帶的規模，以便進行更多開發案並共享收益。

這些提議有兩個引人注目的特點。首先，它們以許多計畫革新構想所沒有的方式來整合誘因。在有著龐大聚集效應的時代裡，更多住宅能帶來廣大的社會效應，投票支持興建更多住宅的家庭也能在經濟上得利；而投票反對開發的街道或街區就享受不到這種好處。第二，這些提案提高而非減少地方上的權力與能力。

有跡象顯示這些提議愈來愈受到歡迎。羅伯特・伊利克森意識到鄰避主義正在崛起，於是在 1998 年提出一種街道投票

形式。美國分區規劃專家羅伯特・尼爾森（Robert Nelson）在
1999 年提出類似的東西。更近期的有英國的皇家城市規劃學
會（Royal Town Planning Institute）在一份 2020 年的立場文件
（position paper）中支持這種「微型民主」。一個備受矚目的
英國建成環境（built environment）政府委員會曾建議試行街道
投票與街區投票 [24]。

　　從理論的角度來看，把規劃決策提高到州政府或中央政
府，以避開城市層級的阻力，是很有吸引力的做法。一個權力
更大的政府理論上應有能力解決協調問題。可是實務上，它有
可能深受遊說之苦，導致了在英國先前住宅改革嘗試中所出現
的那種僵局和半調子措施。這個討論可用來說明我們在第三章
所看到的某些原則，以本地屋主遇到的情況來說，財產權有助
於解決集體行動問題；集權式決策也許有助於解決外溢效應，
可是卻會引發無謂的影響力活動。

## 建設基礎設施

　　繁榮城市遇到的另一個問題是基礎設施與服務，尤其是交
通運輸。交通品質差和壅塞問題使得城市實際上比他們的全體
人口所意味的還要小。而如果居民不相信運輸量會隨著人口而
增加，那麼他們更有可能抗拒新開發案。

　　技術官僚有他們自己的解決方案。最直接了當的方法是借錢進行新的公共交通建設，並且用如今更繁華的都市裡經濟活動增加所帶來的稅收，來慢慢償還借款。更有企圖心的做法是城市領導人可以徵收塞車費（congestion charging）或對目前免費的停車位開始收費。在這兩種情況下，開車的人都對他們過去可隨意消耗的共享資源支付費用，並提供了可用來改善道路與公共運輸的財源。愛德華・格雷瑟在近期所寫的文章〈都市化及其不滿〉（Urbanization and Its Discontents）中，提出一個普遍的觀點，認為城市制度（從運輸與交通管理，到維護治安，到學校）跟不上城市面臨的挑戰，並且造成愈來愈大的經濟問題[25]。在英國，近年來有些出乎意料的聲音出現，支持對用路人收費，這些人包括皇家汽車基金會（RAC Foundation）[26]、一家汽車慈善機構，以及至少一個傾右的智庫[27]。

　　此處的挑戰不僅在於選擇一個最理想的方案，更要跟鄰避主義一樣，去克服政治和特殊利益的問題。開車的人不喜歡被收費，而比起在中期受惠於更少的塞車或更好的大眾運輸系統的更大群體，這些人更善於動員起來反抗。警察工會會阻擋課責制或社區警務做法；教師工會會抵制新的課程。

　　牽涉到政治選擇的解法這部分，政治人物能某種程度的克服既得利益問題，只要他們付出政治資本不理會這些人，或者把不會自發形成的反補貼聯盟動員起來。事實上，這正是政治人物的工作和政治內涵的重要環節，所以舉例來說，2019 年透過選舉產生出來的英國政府已經提出它將加速倫敦之外大型英國城市的大眾運輸投資，這些地方因為缺乏投資，恐怕已經使聚集效益降低。政府是否會實現這個承諾尚有待觀察，不過可以肯定的是，它似乎已經決定在這項議題上投入比起前幾任政府更多的政治資本。同樣地，2020 年美國「黑人的命也是命」（Black Lives Matter）抗議活動，把警察工會的權力和某些警力享有的廣泛法律保護攤在陽光下，可能已經達到動員足夠反對力量來削弱它們的效果。隨著改善城市制度的理由愈來愈強，政治人物可能會願意把政治資本押在這上面。

就跟規劃一樣，良好的政策設計有助於讓政治更輕鬆。經濟學家唐納德・薛普（Donald Shoup）花二十年時間研究美國城市免費停車和最低停車位要求的惡性影響（在洛杉磯郡，停車位占全郡合併土地面積的 14％，比道路系統面積大 1.4 倍），他認為給停車收費一個充分理由的做法是確保收入都能用於當地[28]。透過街道信託的方式，撥付一部分道路使用費給人們駕車經過的那些街道。這些解決方案呼應伊莉諾・歐斯壯透過讓與權利及賦權社區來管理共用資源的解方，它們提供城市領導人一個吸引人的方式來解決阻礙大城市進步的制度問題[29]。

# 落後地方

在繁榮的都市裡，有太多立意良善的技術專業解方在政治上是行不通的。而落後地方面對的問題則剛好相反，出於好意的政治人物（和一些沒那麼善意的政客）太快做出欲恢復往日榮光的承諾，可是這些承諾通常背離經濟現實。

川普在 2016 年當選總統，要歸功於他在曾經繁華一時的工業城市裡的聲望，以及他對復興美國製造業所提出的承諾。同樣地，在 2019 年英國大選中，保守黨贏得艱苦掙扎的北部與中部城鎮裡許多傳統上屬於工黨的席次，這樣的選舉結果體現了部分英國右翼人士再次展現出可概括為「讓城鎮再次偉大」的渴望。一位保守派權威人士大衛・斯凱爾頓（David Skelton）主張「創建繁榮的樞紐來更新後工業城鎮，以作為創新的引擎」並促進「遺忘城鎮的再工業化」，呼籲減免地方稅、進行技能投資、政府機構遷址、提供在地研發資金[30]。後自由主義智庫「前進」（Onward）呼籲政府運用「科學、研發與技能支出，來吸引再生能源和先進製程等新興產業的世界級公司集聚在（保守黨的）新腹地」，而這做法會牽涉到「擺脫涓滴式成長的傳統保守經濟劇本，喚起城鎮的決心」[31]。

這類政策不一定都是不好的。不過在一個集聚的世界裡，

小而窮的城市和鄉鎮在起步時便已慘居劣勢，想要迎頭趕上，
他們必須逆著激流而上，且沒有什麼證明有效的明確政策工具
可用。承諾幫助城鎮的政客們鮮少意識到這需要投入多大程度
的持續投資與政治承諾，他們也不明白自身呼籲的政策──廣
義的工業政策、減免地方稅、技能投資──在幫助又小又窮的
地區方面並沒有明確的政績。

　　這並不是說對這些城鎮就無能為力了，不過我們需要一個
更細緻的做法，能認知到不同類型的落後城市之間的差異，並
允許在必要時進行實驗。

　　藉由投資對的具體項目，一些辛苦掙扎的地方可以受惠於
聚集效應。如我們已經看到的，英國有些中型城市如伯明罕、
里茲和曼徹斯特，表現出的生產力遠遠低於他們本身規模應有
的水準，這是交通堵塞加上糟糕的公共運輸造成的結果，使得
他們的運作功能比實際情況還小。以商業研發水準來看，這些
城市的公共研發投資比預計的低，這是因為英國政府在資金分
配上有所扭曲的關係。在這些城市裡，一個相對直接的投資計
畫能幫得上忙。

　　同樣地，有些陷入困境的鄉鎮位在繁榮都市的通勤距離
內，可是交通連接卻很差。一份由英國智庫「城市發展中心」
（Centre for Cities）所做的研究[32]，認為許多鄉鎮能受惠於鎮

與市之間更好的交通運輸網。其他經濟學家則指出某些非常貧窮的鄉鎮跟城市已經連接的相當好，同時也指出通勤時間超過半小時的話，聚集效應就會大大地弱化。不過，至少一些被政客們頻繁提到需要經濟協助的英國鄉鎮，是位在既有的都會區範圍內〔譬如威根（Wigan）和奧海姆（Oldham）位於曼徹斯特都會區內〕，他們應該能得益於更好的城市政策。我們應確保交通運輸設施已經準備就緒，以便實現這些利益。

　　這些解方選項並非對每一座城市都有效。針對那些規模小到無法獲得聚集效應，而且現階段不會投資太多於無形資產的城市，政策制定者必須考慮其他選項。一個可能是把焦點放在把鄉鎮打造成一個更宜居的所在，而非承諾他們連政策制定者都不知道怎麼實現的生產力奇蹟。如威廉‧克爾和弗雷德里克‧羅伯特—尼庫德（Frédéric Robert-Nicoud）所指出的，有些人會為了平凡至極的理由從一個城鎮搬到另一個城鎮：「因為半導體和電晶體方面的成果而與人共獲諾貝爾物理獎的威廉‧蕭克利（William Shockley），為了就近照顧生病的母親而搬到舊金山地區。後來，從他的公司蕭克利半導體（Shockley Semiconductors）所衍伸出來的企業有英特爾（Intel）和 AMD。同樣地……比爾‧蓋茲和保羅‧艾倫（Paul Allen）把微軟從阿布奎基（Albuquerque）搬到他們的家鄉西雅圖……

鄰近家庭的理由勝出。」[33] 這些例子指出提供強大的公共財和友善家庭的便利設施,譬如低犯罪率、公園和例行性分娩的醫院的重要性。

若說我們想要鼓勵鄉鎮的生產力成長,又缺乏明確可行的模式的話,我們需要像巴斯克自治區(Basque Country)那樣,採取一種比較暫時性且實驗性的做法。

## 地方上有哪些區域因無形經濟而繁榮?

西班牙巴斯克自治區有部分是靠著有六十年歷史的蒙德拉貢公司(Mondragon Corporation)的努力,而獲得可觀的繁榮與成長,它是一家工人聯盟與企業集團,擁有銀行、商店及製造事業,雇用人數超過七萬人。蒙德拉貢公司的合作組織架構使它成為左派的模範代表,儘管它是由一位天主教神父所創設,而且在很多方面都是一個熱血的資本主義企業,與遠超出巴斯克自治區以外、包括超市在內的各式各樣企業進行激烈的競爭。它的成功因其對無形資產的重視而格外受到矚目,它大手筆投資技術培訓和研發,甚至經營自己的學校與勞工發展中心。蒙德拉貢的整體架構似乎能助長這些投資的外溢效應內部化,並反映出某些大城市享有的聚集效應。

蒙德拉貢已經發展超過六十年,而自從十九世紀後期以來，巴斯克自治區一直是西班牙生產力較高也較興盛的地區之一。巴斯克自治區的經驗給了其他政府政策制定者一些可以仿效的戰略，特別是如果無形資產間存在龐大的綜效，那麼運用公共資金逐步支持這些無形投資的政策，能帶來生產力的成長。

另一個可能的做法是社區財富建設（community wealth building），透過地方政府採購和當地的公共機構或社區機構，譬如社區銀行、合作社和住宅協會，來促進地方上的經濟發展。社區財富建設也跟「在地購買」（buying local）消費形態的許多服務有關，譬如社會住宅的維護。在英國，這種做法有時被稱為普雷斯頓模式（Preston model），它的命名來自這個採用它並成為一種民主社會主義經濟政策模範的北方城鎮。在美國，它則與俄亥俄州克利夫蘭的民主合作組織（Democracy Collaborative）扮演的角色有關。支持者往往出於道德與分配的理由而提倡這種做法，聲稱它可以增加工資、減少不平等、預防牟取暴利。批評者則往往特別關注它的保護主義本質：如果其他地方有更好、更便宜的供應商，在地購買當然是在浪費錢而且會破壞價值。

對於社區財富建設是否有效或何時能奏效，我們並沒有強而有力的實證觀察。不過從生產力的角度來思考為什麼它可能有效，是一件有趣的事。普雷斯頓模式有個值得我們注意的地方，那就是它鼓勵無形投資的方式。培訓是最明顯的例子——譬如用公部門合約來提供學徒制和技術技能。專注於社區財富建設的地方經濟策略中心（The Centre for Local Economic Strategies）[34] 給了我們其他例子，包括一個英國地方當局為社會關懷服務整頓出一個更有效的模式（一種組織發展的無形投資）。或許就可創造價值的無形資產而言，社區型組織有助於促進這方面的互補性投資。從無形的角度來看，在地的面向很重要，因為大家可以在地方的層次上進行有效的協調，解決無形資產的綜效問題。

作為幫助貧窮地方變得更有生產力的一種途徑，這些模式理應接受更多的評估與實驗。值此同時，由於沒有一個一致或可靠的成功處方，政治人物對地方成長持有切合實際的期望就變得很重要了。

## 加速「距離之死」

我們稍早觀察到，COVID-19 導致遠距工作的興起，並不會使地方上的問題消失，不過從邊際貢獻來看，它對於解決問題是有幫助的。讓一些員工改成遠距上班，不會逆轉「都市的勝利」，但會削弱其勝果，給某些落後地方一個迎頭趕上的機會，只要後者能拿出吸引遠距工作者的條件。不過促使居家上班運作順暢，會引發它自己的制度性問題，我們現在就來一一檢視。

在最初的技術發明出來幾十年後才出現工業電氣化，是技術需要很長時間方能落實的例證；商業實務與工廠設計必須趕上變革的新契機。根據阿瑪拉定律（Amara's law），新技術的衝擊在短期內被高估，而在長期下卻被低估了。

同樣地，「距離之死」將可能大大地顛覆傳統，挑戰城市的霸權地位，說不定對通勤與職場上的交際往來產生更深刻的文化影響。截至撰寫本書之時，我們正處於一個始料未及的大規模實驗中，進入一場如此重大的變局，那就是在家工作（WFH）。不是每個人都能在家工作，不過 2020 年夏天，因為 COVID-19 全球大流行的關係，據估計英國勞動力中有 47％的人遠距工作。在家工作會為一個日漸依賴無形資產的經濟帶來什麼樣的影響？

## 在家工作與到班工作

至少有些員工頗喜歡在家工作[35]。如此一來，他們便可免去通勤、承擔照顧責任、盡量減少同事的干擾、維持社交距離，也許甚至能享有更多空閒時間。就雇主這方面來看，許多有員工正在家裡工作的公司會捫心自問，付出高額租金僅僅是為了保有一間周圍也是其他空辦公室的空蕩蕩辦公室，這到底有什麼意義？

　　然而，到班工作確實有它的益處。首先，你可能會從同事那裡學到很多東西。在職培訓對事業正在起步的年輕員工尤其寶貴。第二，在家工作令員工暴露在一種特定風險中。員工在家工作時，雇主通常更難監控績效。可靠的員工如何讓雇主相信他們一直都有在努力工作，沒有躺在海灘上放鬆打混？他們可以提議簽訂一份績效制合約。不過這樣就會變得很複雜、很擾人，而且說不定不可能做到；一個認知負擔較輕的簡單解法就是進辦公室。只要要求員工進辦公室工作，雇主就能確定員工沒有在看電視，或是在應該工作的時候跑到海灘上去玩。眾所周知，梅麗莎・梅爾（Marissa Mayer）在 2013 年展開雅虎（Yahoo!）執行長任期的起手式，就是禁止在家工作，這逆轉了先前允許更多在家工作的趨勢，要求員工若不進辦公室便離職，而 2021 年夏天，蘋果執行長庫克（Tom Cook）宣布說，希望在家上班的員工都能在秋天回到辦公室。

　　根據伊莎貝爾・索希爾（Isabel Sawhill）和凱瑟琳・古約特（Katherine Guyot）所做的一份調查，在家工作對生產力的影響是褒貶不一的，這說來也許並不令人意外 36。中國一家大型旅行社做了一次實驗，隨機指派客服中心員工在家上班。那些在家上班的人績效提升了 13％，有部分原因出自每分鐘接聽電話的次數增加了，不過另有大部分的原因只是他們的休息時間跟請假天數都減少了。可是實驗結束後，待在家裡工作的員工卻比較不可能得到升遷 37。在另一份研究中，有一個知識密集型 IT 服務顧問公司因 COVID-19 期間員工在家工作，生產力降低了 38。這些例子顯示生產力在不同產業的不同工作之間，有著多麼大的變化。一份幾乎只有單一任務的工作，譬如接聽電話，也許在家裡也能同樣有效地完成，而一個包含一堆任務的工作，還要跟其他人互動，在家做的話恐怕生產力就沒有那麼好。

2020 年的實驗給我們一個清楚的教訓，那就是在家工作需要工具、技能與規範。其中有些在封城的頭兩週便顯而易見。員工需要一台電腦和寬頻上網才能做事；他們需要軟體（記得 2020 年春天，關於世界各地有幾百萬次商務會議使用 Zoom 是否足夠安全的全球大辯論）；他們需要一張椅子、一塊平坦的桌面和一個工作的地方（揭露出人們生活條件的不平等，這在大家都去辦公室的時候並不明顯）。

但其他事情更難解決。一家企業如何讓遠距工作的員工彼此有效地交換資訊？你如何重現辦公室茶水間或飲水機旁的輕鬆聊天？有多少資淺同仁接受的培訓是要求有經驗的同事必須實體陪在身邊？如果同仁一週只有幾天回辦公室，像某些企業現在做的那樣，那麼要如何才能發揮作用？又需要什麼樣的規則與規範？少數習慣遠距工作的企業已經發展出這類規範，可是這些標準並非廣為人知，而且往往不管怎樣都是針對某家特定企業的特定活動而量身訂做的（尤其是軟體開發，其工作流程與產出相對容易遠距呈現及分享）。而大多數的行業與產業才剛開始這漫長的探索。

在我們眼中被視為傳統的工作場所如工廠和辦公室曾經是新鮮的玩意兒，企業不知道如何有效地管理它們，員工也不知道如何身處其中。不過相關的規範和規則很快就被發展出來，從時鐘到裝配線，從辦公椅到員工餐廳，一大堆實用的創新伴隨而來。未來的日子，遠距工作者之間將需要進行同樣的制度創新──或如果沒有出現的話，那麼我們將失望地回到九成五的工作都在辦公室進行的世界。

凡此種種，將需要公司進行更多無形投資於監管員工和篩選新進人員的流程。而且，這也會讓「軟性技能」如信任與可靠的回報有所提升。經濟學家大衛・戴明（David Deming）記錄了過去四十年來在勞動市場上，社交技能和其他非認知性技能的價值如何有所提升。事實上，從這個世紀之交以來，除教育程度之外的認知技能（如智力測驗）的價值已經下降[39]。轉而朝遠距工作發展將使得軟性技能變得更為重要。

# 總結

隨著經濟變得更加無形，城市也變得更重要。隨著外溢效應和綜效的重要性不斷提高，人們紛紛遷入都市而非遠離都市，不過房產選民是可能會卡住城市進一步的發展的。把更多權力下放給地方，應該能更有效地改善便利生活設施。不過，城市的基本吸引力在於提供媒合的可能性，「距離之死」還不到足以彌補強大群聚力量的地步。

第 7 章

# 減少競爭功能失調

　　由於憂心企業間的競爭正在弱化，許多經濟學家與政策制定者呼籲回到 1960 年代和 1970 年代比較積極的競爭政策，並對科技平台等大企業進行分拆或國有化。我們認為這是誤入歧途，因為公司間的競爭變化非由政策改變所驅動，而是無形資產的重要性日益增加造成的。而且競爭還有一個面向被忽略了：個人之間經常性的、無謂的無止境競爭。緩和這種無止境的激烈競爭應該成為教育者與政府的當務之急。

　　我們被告知，我們生活在一個壟斷的世界裡。標準石油公司（Standard Oil）或美國鋼鐵公司（U.S. Steel）曾號令經濟，如今使之隨其所好的運作的歲月也許不復存在，可是批評者說，打開你的智慧手機，你看到閃閃發亮的圖標，代表著一群一樣強大而且根基深厚的壟斷者。而問題不只出在兆元市值的科技平台，在大多數國家和行業裡，可以看到最賺錢、生產力最高的公司和落後公司之間的差距日益擴大，令許多經濟學家和政策制定者困擾不已。

過去這十年來已經出現排山倒海而來的意見，提出因應公司間競爭下降問題所需的制度解方。其中有兩個核心想法，第一個是競爭政策已經走錯路四十年了，現在是自食惡果；第二個是科技公司對競爭市場形成一種特別危險的新威脅。

面對我們感知到的競爭政策失靈，最常被提及的補救措施是回到 1960 年代與 1970 年代的反托拉斯原則，尤其是當公司享有極大的市場占比時，要更能有出手干預的意願。這個觀點的擁護者有時候形容自己是新布蘭迪斯學派（neo-Brandeisians），這命名出自二十世紀初一位反托拉斯的最高法院法官路易斯・布蘭迪斯（Louis Brandeis）。批評的人把他們那帶有「回到未來」情調的運動稱為「憤青式反托拉斯」（hipster antitrust）。

「反托拉斯正讓我們感到失望」的看法受到廣泛支持，尤其是在數位競技場中。美國眾議院司法委員會（House Judiciary Committee）在 2019 年對數位市場的調查就是一個著名案例[1]。它呼籲更嚴格的執行反托拉斯法，包括分拆優勢平台、要求數據可攜權、禁止濫用優勢議價能力。拜登（Joe Biden）總統已經任命指導該調查的法律學者漢莉娜（Lina Khan）為聯邦貿易委員會（Federal Trade Commission）的主席。英國則在美國經濟學家傑森‧佛曼領軍下，於 2019 年進行自己的數位競爭特別調查。歐盟也很擔心數位競爭問題，《數位市場法》（Digital Markets Act）就是一個例證，該法案特別關注大型網路平台，並試圖管制及約束它們的市場形塑能力。2020 年 10 月，歐盟執委會委員瑪格麗特‧薇斯塔格（Margrethe Vestager）在談話中描述數位平台是「守門人」，對我們的生活擁有巨大的操控力。它們能影響我們的安全——危險產品及有害內容是否會廣為流傳，或它們是否能被快速移除。它們能影響我們的機會——市場是否回應我們的需要，或它們只會服務平台本身的利益。它們甚至有能力指導我們的政治辯論，並保護——或傷害——我們的民主[2]。

在本章，我們認為，在一個由無形資產驅動經濟表現的世界裡，需要不同形態的制度革新。我們的主張分成幾個部分，首先，若是不能把日益重要的無形資產考慮進來，對公司間競爭程度的明顯下滑，便無法有正確的理解。一旦考慮無形資產的影響，市場力量（market power）增強的一些明顯徵象，譬如價格加成上漲或某些市場的全國集中度升高，會被發現原來是一場錯覺；其他徵象則是真實的，不過它們歸功於資本性質改變的程度,不亞於歸功於管制的理念基礎的改變。第二,無形資產豐富的企業為監管機關帶來不同的挑戰,需要他們拿出更專業的表現,這是許多憤青式反托拉斯的擁護者會支持的論點。最後,雖然反托拉斯一般專注於公司間的競爭下降,但我們覺得考慮勞工之間的競爭加劇也很重要:學校、工作和地位的競爭。我們認為,勞工之間的這種競爭有大部分要歸因於無形資產的重要性日漸增加,尤其是它增加了勞工彼此間零和競爭的風險,使得不當投資於沒必要的學位和無意義的證照的風險升高。我們的制度目前對這種走勢沒有什麼免疫力,解決它是當務之急。

## 關於競爭下降的普遍沿襲見解

我們首先來回顧關於企業間競爭問題的標準論述,經濟學家湯瑪斯·菲利蓬在他的重要研究裡做了再清楚不過的闡釋。圖 7.1 顯示自 2002 年以來的跨國性證據。集中度(排名前面的公司占比)是全球競爭管理當局使用的標準衡量指標,如果市場上只有少數公司在競爭,大多數經濟學家就會開始擔心。這種情況往往跟價格及商品種類的競爭較少,而創新的動機變弱有關。

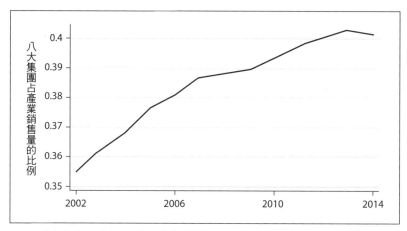

註：國家包括有比利時、丹麥、芬蘭、法國、德國、希臘、義大利、日本、葡萄牙、
　　西班牙、瑞典、英國和美國。產業包含產業別編碼為兩位數的製造業與非金融市
　　場服務業。集中度的衡量方式是每個國家前八大企業集團占各個產業銷售量的比
　　例。本圖呈現出各個國家—產業組（未加權的）平均集中度變化。
資料來源：Bajgar, Criscuolo, and Timmis 2020。

**圖 7.1　自 2002 年以來的前八大產業集中度：
十三個已開發國家前八大公司占產業銷售量的比例**

　　有一個相關現象是經濟學家所謂的加成上升，加成是指生
產一項產品的邊際成本和該產品的售價之間的差距。楊·迪洛
克（Jan De Loecker）和楊·伊克豪特（Jan Eeckhout）[3] 曾做過
一項具影響力的研究，他們認為自 1980 年以來，美國和歐洲
的加成一直處於穩定成長當中（參見圖 1.5，圖中匯總了這個
全球趨勢）。這在經濟學家眼中是另外一個警訊：在競爭市場
裡，我們預期不會看到加成持續上漲，因為消費者會選擇轉而

離開，改向競爭對手買比較便宜的東西。

缺乏競爭的其他徵象有哪些？一些經濟學家認為是經濟的利潤占比有提高的情況，尤其是在美國。此外，如我們在圖 1.4 所看到的，由奇亞拉·克里斯庫羅（Chiara Criscuolo）領導的一組 OECD 團隊所做的一項具影響力的研究裡，已經發現自 2001 年以來，產業裡領先企業與落後企業間的差距在持續擴大當中[4]。

對許多經濟學家來說，領先者／落後者的持續落差看起來像是競爭出問題的另一個標識。畢竟競爭的精髓，就是只有做出最好產品的公司才能在市場上取得成功，但最好的產品可能是不斷翻新變化的，這就是經濟學家熊彼得（Joseph Schumpeter）所謂的創造性破壞（creative destruction）：「創造性破壞的過程便是資本主義的基本事實。」[5]在運作良好的市場裡，我們希望看到落後企業要不是退出市場，要不然就是隨著產品愈做愈好而取代領先企業。

對某些人來說，現代經濟裡的競爭有另一個令人不安的面向，那就是某些新公司具備勢不可當的複合式本質。亞馬遜最早是一家書商，它現在製作電影也賣網站代管服務；Google 已經從一個搜尋引擎轉向網路廣告，再轉向電子郵件服務，然後是無人駕駛車。經濟裡這種日益複合化的性質，令許多人想起

1960 年代的產業結構，當時有許多產業被大型企業集團所主宰，但這個故事並沒有美好的結局：企業集團既運作不流暢又沒有生產力，有不少屈服於市場力量而落得拆分的命運。

綜言之，集中度提高、領先者與落後者之間隔得愈來愈遠、企業集團化趨勢，在許多人眼中都是缺乏競爭的跡象。同時他們認為，缺乏競爭帶給經濟許多壞處：創新性低、拙劣的管理與僱傭行為、尋租、無處可去的不滿消費者。

## 無形資產對公司間競爭的影響

我們相信，無形資產的興起能對競爭發生的狀況給出另一種解釋。

首先來看集中度提高。在這裡，重要的是要考慮全國市場集中度與地方市場集中度的差別。對許多商品來說，全國集中度遠不如地方集中度重要。想像有兩個國家，第一個國家沒有連鎖超市，而國內每一個鄉鎮裡都有一家獨立的超市；第二個國家有兩家連鎖超市，而且每個鄉鎮各有一家連鎖店。在第一個國家裡，每一家獨立超市的行為都可以像一個在地的獨占者，因為很少有人會為了每週採買跑去鄰近的城鎮。在第二個國家測量到的全國集中度會高出許多，但是消費者可能偏好第二個國家這樣的形式，因為每個消費者都有兩家店可以選，而且價格與品類上也可能有更多競爭。

謝長泰（Chang-Tai Hsieh）和埃斯特班‧羅西—漢斯伯格（Esteban Rossi-Hansberg）檢視美國自 1977 年以來地方集中度與全國集中度的差異。他們的結論是全國集中度已經上升而地方集中度已經下降；拉尼爾‧班卡德（Lanier Benkard）、阿里‧尤努克魯（Ali Yurukoglu）和張翼東（Anthony Lee Zang）也有同樣的發現[6]。謝長泰和羅西—漢斯伯格認為造成如此結果的原因，是一個極度無形的理由：「以資通訊為基礎的技術和採納新的管理實務，終於使製造業以外的公司有機會在許多地點擴大生產規模。」[7]換言之，由於無形資產具有可擴展性，擁有珍貴無形資產的服務業（如熱門品牌、強大的管理實務或獨賣商品）便能遍布許多本地市場。如果這樣說聽起來很抽象，想想全國及國際零售連鎖業，他們大手筆投資於品牌、軟體（用於庫存控管、顧客忠誠度計畫和電子商務）、供應商關係（「快時尚」的祕方）、新產品開發——全都是無形投資。想想連鎖酒吧 JD Wetherspoon，想想成功的獨立餐廳快速成長為中型市場連鎖店，想想 Zara 和宜家家居（IKEA）。連鎖店的營運模式仰賴無形資產的方式是多數獨立商店所沒有的，一個擁有許多這類連鎖店的世界，地方上的競爭可能會更激烈，而這是全國性數據不會呈現出來的。

這個想法也在 OECD 的馬泰‧巴吉加爾（Matej Bajgar）、奇亞拉‧克里斯庫羅和強納生‧帝米斯（Jonathan Timmis）的著作中得到證實，他們研究的是集中度的變化與無形資產密集度的相關性[8]。如我們在第二章所看到的，大多數無形資產密集產業已經出現集中度上升的現象；轉而來看加成與利潤，如我們在第一章和第二章所提到的，一旦公司的資本計入無形資產的話，美國公司的加成和總報酬率幾乎沒有改變。企業的獲利能力狂飆，至少有部分是用錯分母的人為產物，忽略了企業投資的資本存量中一個愈來愈重要的部分。

我們在利潤上也看到雷同之處。這部分的衡量充滿了困難。利潤是資本報酬的一種衡量標準，所以求助於衡量工資與薪水（勞工的報酬）和利潤的國民會計帳似乎是很自然的事。圖 7.2 中，標記為「未調整」者，呈現出利潤在 GDP 中所占比例的主要數字。圖中顯示美國與其他地方的利潤占比都上升了。

杰曼‧古帝雷茲（Germán Gutiérrez）和蘇菲‧皮通深入了解這些數據，發現了不同的情況[9]。國民會計帳把 GDP 拆分為工資、利潤、給自僱者的支付款（實務上把工資與利潤混在一起）。利潤是用公司的報稅單去算出來的，所以至少會因為兩

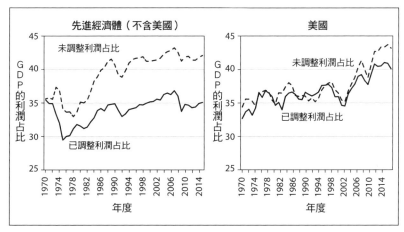

註：未調整的線包括公司自有住宅；已調整的線則不包含。
資料來源：Gutiérrez and Piton 2019a。

**圖 7.2　美國國內與國外的利潤占比**

個原因而發生變化。首先，如果自僱者的人數或處理方式隨公司而變化，那麼利潤便會改變。其次，如所預料的，由於建築是資本服務的一個耐久性來源，所以國民會計帳把建築列為資本。建築包括商用建築和住宅（也就是居住用的房屋）。在英國，住宅占總資本存量的40％。然而，原來許多公司都擁有房屋；而如果一家商業公司擁有一批房屋，那麼因此賺到的報酬都是商業利潤的一部分。如古帝雷茲和皮通所發現的，美國以外地方，有很多房屋都被歸類為「公司所有」。事實上，在歐洲，非金融企業的資本存量中有將近20％是房屋（相較之下，美國是 1%）。當我們談到以「利潤」作為企業間競爭的衡量標準時，當然會想要去掉這個部分。如圖 7.2 中「已調整」的線條所示，在美國利潤占比有些微的差距：工資占比一直在下降當中，所以利潤是上升的。不過至少在美國以外地區，利潤占比始終維持穩定水準。

最後，大公司擴大規模和利用綜效的能力，可以用來解釋領先者與落後者之間日益擴大的差距嗎？如我們在圖 2.4 中所看到的，卡蘿・柯拉多及同僚發現與此一建議相符的證據[10]。在控制大量其他因素不變下，無形資產密集度較高的產業，其生產力離散度也愈來愈大，顯示無形資產是生產力離散的主要驅動因子，山姆・裴茲曼（Sam Peltzman）也提出看法一致的主張[11]。

這種種發現意味著，無形資產從三個方面幫助我們理解企業競爭的危機。首先，把無形資產納入市場力量（如加成）的某些測量裡，會降低或消除我們原本可在數據中看到的市場力量的明顯增加。其次，由於無形資產豐富的全國連鎖企業開設新的本地機構，使無形資產日益增加的重要性支撐起地方競爭加劇而全國競爭下降的現象。第三，若說集中度已經升高，它似乎也是發生在無形資產密集度最高的產業裡，表示該怪罪的恐怕是無形資本的贏家通吃的特徵，而非競爭政策的外生性惡化。

# 無形資產引發的新型競爭憂慮

截至目前為止，我們的主張是談到公司間的競爭，無形資產給了我們理由去保持樂觀和駁斥憤青式反托拉斯的顧慮。不過遺憾的是，事情沒有那麼簡單。一個無形的經濟是更難監管的，需要執行競爭政策的制度做出改變。

在無形資產豐富的經濟裡，競爭如何影響價格？數位經濟與無形資產愈來愈高的重要性有著密不可分的關係（回想一下，無形資產包括如軟體和資料庫）。人們一直心存懷疑，覺得競爭在網路上的運作方式可能並不一樣。畢竟，現在網際網路提供給消費者的資訊，不就是只能讓聰明通曉的人得利嗎？那些追求競爭帶來供應多樣性的人，將成為贏家，而沒有能力或手段去尋找這種實惠買賣的人，肯定會吃虧。

這個邏輯需要仔細地梳理清楚。基礎教科書裡的經濟模型認為情況完全相反，在那樣的世界裡，聰明通曉的消費者撿便宜的效益會蔓延到其他所有人身上。想要了解這是怎麼發生的，那麼就從想想你們當地超市的牛奶價格開始。如果你問人們牛奶價格是多少，大部分人會說得不清不楚。事實上，很多政客在進入採訪室之前，都會先聽取有關牛奶價格的簡報，因為這是採訪記者想要讓他們難堪時可能會提出的標準問題（在英國，四品脫的牛奶價格約 1 英鎊；在美國則是每加侖約 3.59 美元）。對牛奶價格的普遍缺乏意識，表示超市可以就這樣提高牛奶價格，安心地以為不知情的消費者不會注意到差異？並不盡然如此。假設有一些消費者**確實**知道差異，那麼如果超市提高牛奶價格，這些消費者就會跑去其他地方買，不管是親自走去別處或是按下一個按鍵。如果這種人夠多，那麼超市知道如果它讓牛奶漲價的話，便會蒙受損失。損失多少就看需求對價格的反應性有多高。事實證明，超市不需要那麼多「邊際消費者」，就會讓這種漲價無利可圖。舉例來說，假設從變動成本往上加成的標準比例是 50％，那麼即使價格提高 5％以後，有 85％的顧客留下來，漲價還是沒有賺頭。

這種市場行為所產生的後果是有其重要性的。當只有 15％的人對價格有反應，牛奶價格就會保持在低點。如此一來，這 85％對牛奶價格沒有什麼概念或完全不上心的人，就會因那積極的 15％而得利，競爭的好處便不會只侷限於那些精明的消費者。少數人的行為幫每個人都壓低價格，這後果支持了教科書模型做出的預測，亦即競爭的效益會廣泛散播。

另外一個例子是旅館的迷你吧（minibar，編註：旅館客房內附的小冰箱）[12]。這些迷你吧裡的東西非常貴，看來是坑殺又渴又餓的消費者（或是那些控制力不好的人）的最好例證。

可是別忘了，旅館為所有人提供迷你吧。如果旅館相信至少有一部分客人會購買迷你吧裡的東西，那麼就會降低旅館房間的基本價，來吸引更多迷你吧的使用者。結果就是，旅館因此幫大家都降價了，而那些非迷你吧的酒客則因為有人（這些人無論如何都有很好的理由，為了房間裡隨手可得的冷飲支付額外費用）受不了誘惑而占到便宜。在機場托運行李的費用也是基於同樣的運作原理。最後掏出錢來的人補貼了不想承擔這些成本的精明消費者。

　　不過如果每個人付出的價格不一樣，那情況便有所不同了。假使超市能夠以某種方式進行價格調整，對價格敏感的顧客保持低價，但是對價格不敏感的顧客調高售價，那麼即便面對競爭，超市還是有可能成功地提高價格。這種策略很難成功，首先，超市必須要知道誰對價格敏感，誰又對價格不敏感；同時超市也得知道一件事：不只是針對牛奶的價格，還有肉品、麵包和超市通常會備庫存的成千上萬種其他產品的價格。其次，超市將必須找到區隔市場的方法，只對最敏感的人維持低價。在網際網路出現以前，優惠券正是用做此途。敏感的顧客剪下優惠券，拿到不敏感的顧客沒資格享有的減價，使超市得以藉此做出市場區隔。不過優惠券不是精準的區隔方法，儘管顧客持有優惠券顯示自己是對價格敏感的顧客，但優惠券通常並沒有運用到顧客的購物紀錄。

如今,在網路時代下更容易做到市場區隔。商店,尤其是線上商店擁有關於個人的詳細資訊、他們的購物習慣、他們對價格的反應、其他來自線上帳戶或來自店內購物用的忠誠卡的合約細節,因此對市場區隔策略至關重要的資訊取得成本似乎已經下降,而此事引發了一個有趣的假設。說不定在早年的時候,較少有個人化定價和市場區隔,廣大不知情的消費者在渾然不覺的情況下,因知情消費者的行動而享受到好處。因此就價格而言,我們真的都在同一條船上。隨著網際網路發展和經濟體的資訊增加,說不定局面已經完全改觀。商店可以鎖定特定顧客提供優惠,消費者如今面對的是數位經濟帶來的注意力攻擊,而不知情的消費者從知情消費者那裡是占不到什麼便宜了。所以在這個數位市場裡,我們確定不會同在一條船上了。

找到「個人化」定價的廣泛證據,比你可能以為的還要困難,一個顯而易見的領域就是網路交友。德國消費者組織WISO 在 2016 年所策劃的一次祕密購物活動,揭發了一個交友入口網站使用個人化價格區隔——也就是說,它提供不一樣的報價給不同的顧客。Parship 是一家大型德國線上交友服務供應商,號稱自 2001 年以來已經促成五萬五千對感情關係,該公司運用詳細的註冊問卷來決定該名客戶的會員月費。這些

費用會因薪水和其他特徵而異。一位女性測試員虛構年收入為
10 萬英鎊，被要求支付 44.93 英鎊的月費，而另一個測試員虛
構的年收入比較低，是 15,000 英鎊，得到的會費報價則是每月
30.02 英鎊。而一位男性用戶的所得一樣低，卻拿到比女性用
戶更低的價格——每月只要 26.45 英鎊。

雖然 Parship 廣泛使用個人資訊來訂定個別價格，但更
常見的是比較沒那麼精細的手法。經濟學家安尼柯·漢納克
（Aniko Hannak）及其同僚 [13] 提出了數個例子為證，指出公司
從買家使用的電腦種類來推斷出誰的付款能力比較高。譬如說
研究發現，在美國線上訂房入口網站 Orbitz 上，Mac 使用者用
戶可以比 PC 使用者用戶多花 30％的錢訂同一間房。在另一個
例子裡，美國大型辦公用品供應連鎖店史泰博（Staples）會根
據線上購物者的所在地來收取不同價格。搜尋時所投注的努力
程度也可以造成不同，舉例來說，利用 Google Flights 更密集
搜尋航班的用戶，支付的費用總是比較少。

價格引導（price steering）是個別化定價的一個近親，改變
了搜尋結果的順序，以零售商根據之前顧客造訪網站時，所得
到對顧客的了解來呈現這些結果。網飛（Netflix）把內容呈現
給用戶的方式是一個很好的類比，一段時間下來，網飛知悉用
戶的偏好，從而能在用戶造訪時為其量身訂做一次比一次更好

的推薦內容。

　　無論這些做法是否普遍可見，干預這個市場的根本理由跟
有效性都非常複雜。採取措施去提高競爭通常會幫到所有的顧
客，可是在這些市場裡，很多出手干預的建議手段——例如管
制迷你吧的價格——改變的不是全部人的價格，而是價格的結
構。訂定迷你吧價格上限，也許幫助到那些想要飲料或點心的
顧客，可是如果使得價格水準普遍提高，以彌補迷你吧損失的
利潤，就可能會對其他顧客造成損害。麥可‧葛拉布（Michael
Grubb）和馬修‧奧斯本（Matthew Osborne）檢視美國聯邦通
訊委員會（Federal Communications Commission）在 2013 年引
進的「帳單震撼」（bill-shock）管制法規[14]。為了因應手機用
戶超過指定通話分鐘數而收到巨額帳單的狀況，美國通過一項
法律，要求電信業者發出簡訊提醒那些快要超出簡訊／通話上
限而因此產生「超額」使用費的消費者。這項法律確實減少了
被收取超額費的消費者人數，可是模擬顯示，正在市場上其他
部分進行競爭的電信業者，會提高每個人的標準收費來重新取
得利潤。就整體來說，消費者的處境變得更差了。我們應該得
出什麼結論？最後會改變價格結構的干預手段問題重重，需要
非常審慎地考量。

　　此外，有一些情況是差別定價對公司和消費者都有好處，

尤其是牽涉到某些無形資產密集企業,他們的產品除了固定成本外,邊際成本幾乎接近零,譬如軟體、數據、音樂或電玩遊戲。為這樣的企業定價是很棘手的;他們需要找到一種方式來分攤固定成本。一種做法是允許企業對不同的消費者收取不同的費用(往往是針對不同的版本做定價:例如 Zoom 的免費版和付費版)。想想電玩遊戲市場,其中的特賣、促銷、搭售等等,都可能有助於公司就許多類型各異的顧客訂定不同價格(最值得注意的是那些願意等待跟不願意等待的人)。假使公司必須制定高到足以彌補固定成本的單一價格,相較之下,收取不同價格很可能還能增加遊戲的銷量,而且這也意味著有更多消費者以他們願意支付的價格買到一款遊戲。

另一個問題與我們如何鼓勵商業活力有關。競爭政策已經出現一個受人歡迎的趨勢,即是放棄監控簡單的集中度指標,轉而確保新公司仍保有進入市場的可能性。新公司的進入因著無形資產的意義重大性提高而變得特別重要,這是因為無形資產豐富的大型現存企業,其威脅往往就來自這些新進者。可是在一個由無形資產密集企業構成的世界裡,要確保容易進入市場變得更為困難。如我們在第二章所看到的,無形資本往往是異質性的:一個點子、一個品牌、一個作業流程,各家往往都不相似。這種異質性的一個後果是無形資產豐富的企業用來維繫競爭優勢的戰略——巴菲特稱之為圍繞著企業商業模式的「護城河」——也變化萬端，往往需要量身訂做的分析。

本書的一位作者在為英國政府擬定智慧財產政策時，遇到一個有爭議性的課題，亦即線上平台與音樂錄影帶及體育版權等內容擁有者之間的對抗。這個議題廣義上來說是競爭和市場支配性的問題之一，但其實其中的細節非常有針對性。舉例來說，應該要求 YouTube 之類的內容平台多快下架盜版內容？（這個問題的答案很重要，因為要求平台愈快移除違規內容，它就愈不可能擁有一支非法內容的「預備軍」給用戶使用——使得平台在跟權利持有人磋商每次內容被觀看，後者可以收到多少錢的時候，平台討價還價的能力反而被削弱了）那麼處理這個問題不是通過正常的監管程序，而是經由兩個政府部門之間所進行的高接觸談判，可能也不會讓人感到驚訝了。

合併是另外一個問題。批評者譴責臉書買下 WhatsApp，根據的理由是這樁收購會阻礙未來的競爭。可是有望被其他公司買下，可能是新的無形資產密集企業創立之初的唯一道路，尤其是如果他們經由傳統管道募資而遇到麻煩時（參見第五章）。

監管機關可能會被要求為無形資產密集企業解決市場支配性問題，這類問題幾乎可說是千變萬化，上面講的只是其中一些例子。每一個問題都有自己的技術挑戰，很難用那種基於規則的程序（這些程序是用來在實體資產主導的各個獨立產業裡評估市場支配力的）來解決。至關重要的是，這些政策問題通常不被認為是屬於競爭政策或反托拉斯政策的範疇。影響商業活力的監管問題一大堆，所以如果商業活力成為競爭政策可以施力的一個更重要的槓桿，那麼就需要政府具備更廣泛的能力來使其發揮作用。

## 在無形經濟裡的競爭制度

無形經濟裡市場支配性問題的許多不同樣態，以及線上平台使邊際消費者對價格決策的影響發生變化的方式，這兩者都對我們監管競爭的做法寓意深遠。消費者福祉應該還是我們的指導原則，而確保市場是可競爭的，也仍應是落實消費者保護的一個重要手段。不過想要理解各種不同的新型商業模式、市場准入動態、數位技術對定價的影響，需要監管機關方面具備重要的知識才行。

經濟學家約翰・芬格爾頓曾經提出兩個有趣的建議。首先[15]，設立一個可以橫跨各個經濟部門的「n+1」監管機關，旨在支持那些擁有現行法規接納不了的創新商業構想的新公司。「n+1」這個名稱表明該監管機關將為不適合產業既定市場框架的全新商業模式負起責任;「n+1」監管機關可能關注的近期案例有點對點(peer-to-peer)金融業務或遠程通訊(telematic)車險,兩者都面臨著管制上的挑戰。其構想是監管機關將對商業模式違逆既有法規的新公司(例如下一個Uber)授與五年許可權,不管他們是否違反現行法律,都准許他們在這段期間內可以營業。這些公司會被要求購買責任險,或在某些情況下,如果私人公司不願承保某個創新型業務,則由監管機關自己(以某個價格)來承保。

　　這種做法已經存在於醫療照護領域,在某些情況下准許使用尚未取得法規核准的療法。金融科技(金融和科技交叉領域的創新)在某種程度上也用到這種做法。監管機關在這裡有兩個職責:(1) 它將准許那些被管制法規拒於門外的創新公司進入市場;(2) 它將負責與產業監管機關協商改變規則,以便那些創新型的新公司可以長期持續經營下去。這個做法十分吻合我們稍早提到的框架,它解決了制度改革中的集體行動問題——亦即有許多個別公司可能希望改變法規(例如那些阻礙很多人進入市場的法規),但是這些公司花力氣去改變法規卻享受不到好處[16]。

　　此外,芬格爾頓提議我們可以改革產業別的管制法規,使監管機關可以依活動而非依產業來進行管制——譬如針對所有公用事業的接取費,而非針對逐個公用事業進行監管。改革後的產業管制也可能有助於免除這樣的憂慮:擔心專門監管某一產業的監管機關可能被該產業所控制。它還能提供一個討論的場域,供大家思考如何監管無形資產密集的平台型企業,例如食物外送公司。用於評估是否有必要強制某個公用事業網路開放接取的專業知識,也可用於評估戶戶送(Deliveroo)或 Uber Eats 這類網路。

談到在無形經濟裡,尤其是數位經濟裡的廣泛競爭問題,我們的態度是謹慎的。有時候,管制者會藉由干預某個市場來鼓勵相互較勁,從而改善其整體運作並鼓勵一整個市場的較勁與進入。在其他情況下,他們只會干預一部分市場(往往是被政客遊說後)。圍繞著價格結構而非整體市場運作所做的干預,會產生意想不到的後果,如我們在「帳單震撼」案例中所看到的,這些努力可能會適得其反。

再者,我們認為從無形資產的角度來看事情,有助於對某些政策問題做出更好的評估。大公司具有在無形經濟裡比比皆是的規模性與綜效,如果這些能嘉惠消費者,提供比如一個廣大的網路,或是間接鼓勵具有合併前途的進入者,那麼大公司的存在也許是好事一樁。拆分像亞馬遜這樣的公司可能會使綜效與規模性被消解掉，如果拆分後的公司無法運用綜效與規模性，最後對消費者來說是弊大於利。可能會有這種結局，表示我們不應該在數位場域裡有所作為嗎？

並不盡然如此。首先，如果大型搜尋引擎宰制了數位廣告市場，可能會產生一些危害，在這樣的情況下，便可能對該特定市場採取行動（不過即便如此，廣告費用昂貴會對經濟造成多少「危害」，也會需要經過校準測定）。第二，競爭管理當局不應將無形資產看成是一種錯誤，而應視為是一種特徵。線上比價網站的廣泛使用是一個顯而易見的例子，根據英國競爭暨市場管理局（Competition and Markets Authority, CMA）的資料，有85％的連網消費者會使用比價網站，而通過其購買房屋險與車險的比重分別占銷售額的40％與60％[17]。CMA的「數位競爭工具」（Digital Competition Tools）調查發現，有64％的消費者在貨比三家的時候，會使用到多種比價工具。確保這些網站之間有強力的競爭，才能善用有限的時間去做好監管。最後，競爭監管機構需要留意數位經濟裡的其他措施（如隱私權）所無心造成的競爭後果[18]。

相較於許多人提倡的積極強化反托拉斯規則，這些制度變革比較不那麼引人注目。事實上，有些人可能會覺得它們無趣至極，因為它們牽涉到投資監管機關的技巧和才能，這從來都不是一個能振奮人心的政治主張。在很多情況下，它們也跟競爭主管當局的關係不大。不過重點在於無形資產密集企業擁有強大的經濟規模，而且往往能取得暫時的市場支配地位，在這樣一個世界裡，最好的武器就是新公司。確保新的創新型企業能獲得公平的機會進入市場並推翻當今的壟斷者，要比運用傳統的反托拉斯指標和工具來得更有效。

## 無形資產與無止境的競爭

讓我們回到今日的經濟裡其他競爭功能失調的面向：勞工之間的競爭加劇。這個趨勢已經因經濟裡無形資產的重要性漸增而有加速的現象，而且它也有自己的制度面挑戰，不過跟公司間競爭的問題不一樣，它得到的政治考量相對較少。

借用法律學者丹尼爾・馬科維茨的話：「今天的菁英職場盲目崇拜極致的技能與努力。超級技能（以及因此用來提供和標記技能的教育和學位）變得愈來愈重要，不只是為了保障高所得和高地位，也是為了避免淪於低所得與低地位。」[19] 無止境的競爭影響的不只是菁英，許多從事服務業低薪工作的人也愈來愈受制於監視、嚴格的工作紀律、對偷懶的懲罰。然而，擁有高地位及／或高技能的勞工處於更有利的位置，去贏得這場瘋狂競賽，並索求不成比例的高報酬。

　　關於無止境的瘋狂競爭（尤其是教育領域）如何變得無處不在的傳聞軼事比比皆是。2019 年聯邦調查局（Federal Bureau of Investigation, FBI）的「校園藍調行動」（Operation Varsity Blues）調查，揭發了一個由華爾街和好萊塢名人構成的網絡，如何透過賄賂官員和浮報考試成績，讓自己的孩子進入各所大學[20]。據報導，紐約的富裕家庭砸下重金讓年幼的孩子進入有名望的托兒所和幼稚園，這使得他們有最好的機會可以進入名校，然後他們還要為此付出更大筆的金錢等等。

　　比較乏味但同樣受人矚目的學術研究已經舉證指出，在各種學業障礙賽上敗下陣來，會對人生前途造成莫大的影響，這無疑令父母及孩子的壓力倍增。經濟學家史蒂芬・馬欽（Stephen Machin）、珊卓・麥克納利（Sandra McNally）和珍妮佛・魯伊斯－瓦倫祖拉（Jenifer Ruiz-Valenzuela）[21] 檢視在英國中等教育普通證書（General Certificate of Secondary Education, GCSE）考試裡，未能在英語科目得到 C 級（譯註：取得 C 級，該科目才算及格）的後果。GCSE 是英格蘭所有在校生於十六歲時參加的外部評分考試，它以從 0 到 300 的級距來評分，並將分數資訊總結為從字母 A 到 U 的等級。馬欽、麥克納利和魯伊斯－瓦倫祖拉比較分數略高於和略低於 C 級線

（十分以內）的學生，發現這些學生有著截然不同的結局。那些幾乎就要拿到 C 級的人，獲得任何更進一步求學資格的機會要低很多，而完全輟學的可能性則高出許多。快要及格的學生在十八歲時輟學的機率提高了大約 4%，跟全國平均輟學率大約 12%相比，這是個很大的數字[22]。這樣的發現得到雇主調查的支持，一份 2013 年的調查顯示，GCSE 是雇主招聘員工時的重要捷徑：在接受調查的人當中，有 43%的人使用 GCSE 的英文及數學成績來作為篩選條件[23]。不管求職者的其他成就如何，招聘經理都不會面試成績低於 C 級線的求職者。此事對照於艾塞默魯描述 1960 年代福特公司招聘藍領的做法，「如果我們缺人，我們就會到外面工廠等候室裡去看看還有沒有活著的人站在那兒。如果那裡有人，身體狀況看起可以，而且沒有明顯酗酒跡象，他們就會被錄用」[24]。

　　在某種程度上，無止境的競爭是無形資本增加的一階後果。無形資本有一塊是軟體和管理系統，能讓企業追蹤員工績效、獎勵表現出色的人、懲處表現不好的人，不管工作場所是在亞馬遜的倉庫還是一家專司公司法的律師事務所。無形資產的另外一面是它們令有才華的工作者開創出高到令人想哭的龐大價值，提高成為最佳足球員、量化交易員（quantitative trader）和工業設計師的報酬。如此看來，無怪乎在無形資產密集的社會裡，這方面的無止境競爭會愈演愈烈。

　　無形資產的這些一階效應所引發的不平等是值得留意的，不過從某種意義上來看，它是為人所熟知的，也能讓耳熟能詳的政策與制度來處理。重分配稅制、最低工資法和勞僱權的爭論無窮無盡，但其中並沒有什麼制度面的新意。若說追求豐厚的報酬能激勵人們發展有用的技能，就這個意義上來看，它也是有正面效果的，而通過考試一定透露出關於該名學生的某些事情。

　　然而，馬科維茨的話暴露了無形資產豐富經濟帶來的一種更隱微的二階效應。如馬科維茨觀察到的，現代職場不只看重技能；他們「盲目崇拜」技能。教育和學位之所以珍貴，不只是因為它們傳授了技能，更因為它們「標記」了技能。換句話說，一個無形經濟可能會獎勵經濟學家所謂的人力資本訊號：獲得證照不是因為它們本具的價值，而是因為它們是一種證明某個勞工具有純熟技能的可信方式。

　　由於雇主很難區別勞工的技能是否純熟，所以訊號很重要。取得大學學位之類的菁英資格之所以可能有價值，並非只是因為它代表著某個員工已經學會寶貴的技能，更因為它是某個未來員工是勤懇聰明的可靠訊號。

　　想要讓一個訊號能為人所信服，就必須付出高昂代價，不管是以金錢，還是以獲得訊號所需付出的時間和努力來看；否則，任誰都能做得到。這個要求產生一個問題。花一塊錢或一小時的學習來獲取一個有用的資格，不僅為取得這資格的人創造價值；靠著讓此人變得更有生產力，它也為整個經濟創造價值。這是一個正和的主張。相較之下，花費同樣的金錢或時間在一個唯一好處是提供訊號的資格上，就是另外一回事了。它為贏得資格的人創造屬於私人的回報，可是並沒有賦予他們能提供任何附加價值的技能；相反地，它只是讓他們得到其他人原本可能拿到的工作。這是一種零和投資，或非常近似於零和投資。

讓人感到遺憾的是，在一般的教育交易中，沒有任何參與者有強烈的動機去區分真正的人力資本形成和訊號。從雇主的角度來看，學位和證照有用就好，至於為什麼有用並不重要。當約翰・保羅・蓋提（John Paul Getty）被問到為什麼選擇念古典文學的人來經營他的公司時，他回答說：「因為他們賣出更多石油。」——希臘文或拉丁文對石油業務是否派得上用場，或有才華的人是否傾向於具備古典文學學位，對他來說都無關宏旨。同樣地，員工只關心自己的私人報酬。即便學校、大學和培訓機構的動機也是混雜的，一方面，他們可能有強烈的內在動機，確保他們的教導是嚴謹且立意良善的；另一方面，他們則沒有什麼動力去深入探究他們所提供的效益的本質，以免自己顯得多餘而丟了工作。

更重要的是，就算教育機構有心，可能也不容易提供真正的人力資本形成。曾經研究高階技術技能的政治經濟學家保羅・路易斯訪談了數十家英國高科技公司裡的員工[25]。他們指出，即便立意良善的教育提供者也很難提供適合的技能給技術新手。研發和勞工技能等無形資產的綜效往往不易實現，需要教育提供者與雇主之間密切的互動（或以學徒制或在職訓練的方式進行整合）。

技能的報酬率很高而且正在上升當中，但是判斷人才的能力並不完美，而大專院校又難以預測雇主的需求，在這樣一個世界裡，我們估計會看到訊號的蓬勃發展，這種欣欣向榮的景象已有一些跡象出現。人們普遍觀察到，大學學歷正逐漸成為很多工作的先決條件，這些工作過去是由非大學畢業生來做的。曾經招募具有學士學位應聘者的知名雇主，如今正在具碩士學位和具博士學位的應聘者之間進行挑選。這些改變可能反映出技能的真正提升，也可能不會。尤其是在美國，很多過去不需要資格的工作，表面上出於技能或安全理由，現在都會要求提供證照或職業許可證明[26]。如果有愈來愈多工作需要用一個學位來作為區分潛在員工的方式，這可能有助於解釋何以

英國最近幾個世代的大學畢業生的工資溢酬已經下滑：出生於
1970 年的大學畢業生比非大學畢業生享有高出 19％的平均工
資溢酬，相較之下，1990 年出生的大學畢業生則只有 11％。

　　有多少證據支持教育訊號現象？布萊恩‧卡普蘭（Bryan
Caplan）一直公開大力擁護此一觀點：美國的大學工資溢酬在
很大程度上跟訊號有關。他的主要論點是在畢業前一年就輟
學，之後會得到很不利的工資結果，不過似乎也不太可能因多
上一年學就能讓生產力提高到足以享有那樣的工資調漲 [27]。因
此學歷是訊號，而非生產力。諾亞‧史密斯（Noah Smith）則
主張說，通過考試是一種障礙欄，難度高到足以合理化這種工
資溢酬。此外，他認為公司只要聘了勞工，就有可能得知他們
的能力。如果受過教育的勞工真的沒有生產力，那麼隨著公司
知悉勞工的實際能力，教育的高報酬率就會下跌；如果那些沒
有取得 GCSE 的人在一段長時間下的表現更差，那麼他們在取
得學歷上的失敗必定傳達出有關生產力的某些潛在訊息 [28]。卡
普蘭以美國的證據對此提出反駁，說雇主對受過大學教育的勞
工了解得很快，可是對沒念大學的勞工的認識卻慢的出奇 [29]。在
一項對美國高中畢業生的研究中，彼得‧阿西迪亞科諾（Peter
Arcidiacono）、派屈克‧拜爾（Patrick Bayer）和奧雷爾‧西
斯莫（Aurel Hizmo）指出，即使在雇用這些畢業生十二年後，

雇主們也未能了解他們的潛在生產屬性[30]。

當非認知技能變得更為重要時，雇主們想必更難知曉。如果這類技能遭到為考試而教學所排擠，那麼雇主可能會更認真地檢視學生的背景，擴大了無謂訊號的範圍。

有一個建議的解決方案是讓教育市場運作得更好。如果學生花自己的錢受教育，那麼公私立教育提供者就會競相提供真正能改善就業能力且真的能教一些有用東西的課程。這種直覺見解一直是英國過去三十年來多數時候高等教育改革的主要推動力，這段期間，大學教育已經從一個完全由國家資助的系統（學生人數有限，名額也僅限於考試成績最好的人），變成一個相對高學費和由政府提供補助貸款的系統。政府已經提出不同學科的畢業生未來薪水的詳細數據，以及旨在凸顯出這些證據給未來學生的框架及排名。美國的系統當然已經走得更遠，大部分學生為了支付學費肩負龐大的私人債務。

關於大學系統市場化的優缺點已有許多文章討論。批評者認為這是一種化約論（reductionist）的做法，使不平等加劇，而且忽視教育的價值，因為它不能轉化為更高的畢業生薪水，而且許多用來評估課程和大學的指標並沒有紮實的統計依據。可是爭論雙方對於如何防止浪費無謂的訊號問題，似乎都沒有太多答案。即使市場改革完全實現它們的目標，令未來的學生有強烈動機只選讀報酬率很高的課程，但問題還是存在，也就是個別的學生並不在乎：這報酬是來自真正的人力資本形成（也就是說，學到真正有用的知識與技能），還是只是作為他們比其他人更聰明認真的訊號。

另一個微小改善是擴大補貼範圍，使其不只涵蓋大學教育而已。英國政府在 2021 年宣布要把貸款補貼擴大至非大學的職業教育，此舉普遍受到擔心大學在英國教育體系中占盡優勢之人的歡迎[31]。美國的大學評論家則指出，像 Lambda School 這種學寫程式的短期職訓學校可能是未來的典範，並且暗示如果有更多年輕人中學畢業後，選擇走這條路來持續接受教育會比較好。

不過這種途徑也有風險。從英國的歷史經驗來看，一個讓學生能獲得便宜貸款的自由教育市場並沒有帶來令人鼓舞的結果。2000 年 9 月，英國政府推出「個人學習帳戶」（Individual Learning Accounts）計畫，提供一筆錢給十九歲以上成人作為教育資金。教育提供者可以幫學生註冊，拿到註冊學生的帳號，然後向政府請領該名學生的津貼。為了鼓勵新的教育提供者加入，政府允許任何機構都可以招收學生，因此有一大批新的「提供者」跑來為學生註冊並得到補助款。不過因為擔心造假的提供者會捲款潛逃，這個計畫在短短十五個月後便被取消了。後來發現因為缺乏報告機制，政府並不知道僅僅十三家提供者就註冊了超過一萬個帳戶[32]。

此處真正的問題是，教育和訓練的治理制度相對較少有對抗文憑主義與訊號問題的防禦措施。大多數情況下，政府政策的態度是教育愈多愈好，很少考慮到如何處理訊號問題。它假定教育提供者、雇主和學習者都有強烈的動機確保接受教育是有用的，不過如我們已經知道的，這些群體並不真的有動機偏好真正的人力資本形成，而只是喜歡把教育當成一種訊號。此外，制定這方面的政策是有其困難的，政府不太能區分哪些學位或資格能培養真正的技能，哪些又只是一種訊號。他們至多只能進行非常粗略的嘗試來提倡科學與數學學位——這種可能有更多的人力資本形成，可是也同樣可能涉及訊號——或是聚焦於學生的收入所得，而這也可能是訊號帶來的結果。

我們認為政策制定者需要投入時間與金錢來研究這個問題。如果我們能蒐集更多數據並進行實驗，就可以對後期中等教育有更多的理解，也更能知道哪些證照許可類型能帶來真正的價值，而非只是一種訊號。我們希望掌握了這些訊息的政府，能更嚴肅地看待透過訊號進行浪費無謂競爭的想法，並且設計出一個預防此事的教育系統。從某些方面來看，教育改革和我們在第四章所討論的公共科學經費的數量與品質問題，有著極

大的相似性。讓愈來愈多學生接受更高的教育便足以解決技能
問題的想法是一種數量觀點，可是解決方案恐怕是提供更多樣
化的真正有用的技能（品質），而非只是單純看數量。

# 總結

　　經濟裡領先公司與落後公司之間日益擴大的鴻溝，似乎在
很大程度上是無形資產的重要性漸增所造成的，而非因為企業
扭曲競爭法規的關係。要使經濟中的競爭極大化，我們需要提
高活力，給前來挑戰的公司最好的機會去取代現任者，而非像
某些人所提議的展開新一輪打擊托拉斯的政策。無形資產的重
要性漸增，也提高勞工之間的競爭，並慫恿教育等領域的訊號
傳遞現象，這是浪費的、昂貴的且壓力重重的。政策制定者幾
乎沒有去了解這一點，更別提去減少它了。這樣的狀況應該有
所改變。

結語

# 重啟未來

　　成長需要制度來提供承諾、集體行動、資訊，並限制影響力活動。在最後這一章，我們將圍繞著我們在這本書中建議的制度改革，闡述貫穿各個領域的主題：設計可在投資的數量與品質間取得適當平衡的系統、建立國家能力、抵抗影響力活動，並改變文化以降低認知負擔且恢復信任。

　　本書開宗明義描述了影響二十一世紀富裕世界經濟的萎靡不振狀態。全球金融危機和COVID-19大流行等特定災害已經影響了這些經濟體，可是我們的經濟有著更長期且根深蒂固的問題。這是一種慢性的、系統性的疾病，而非特定的急症。

　　我們認為這個問題具有多重面向，而且呈現出五個病徵：停滯、不平等、競爭程度的既升高也減少、脆弱、不真實。我們也指出，這些病徵的表現方式往往令人費解或自相矛盾。低

利率、企業高獲利、人們普遍認為我們生活在一個科技進步到
令人眼花撩亂的時代，這些情況與經濟停滯共存於世。物質不
平等加劇已經放緩，不過它的後果和後遺症——地位不平等、
政治極化、地理分歧、令人絕望的死亡數——仍持續擴大。儘
管隨著新公司變少，而領先企業與落後企業的績效差距更持久
不減，商業競爭似乎已經有所下降，可是經理人與勞工的工作
生涯並沒有覺得「又肥、又蠢、又開心」，而是同樣令人感到
比以往更騷亂也更競爭。

最後的結果是一個過去二十年來泰半時間一直表現不佳的
經濟——不只是數量上，品質上也不行。我們之中有很多人習
慣認為現代經濟成長極為穩定一致，畢竟從 1950 年到 2000 年
間，儘管世界發生很大的變化，美國經濟仍然做到人均 GDP
的年均成長率為 2.3%[1]。所以有人會說，富裕世界自工業革命
以來所經歷的這種經濟成長，是一種持久的新常態，不要去相
信悲觀主義者的看法。然而，更久遠的經濟歷史告訴我們，密
集成長的時期也會有搖搖欲墜乃至結束的一天。

在第三章，我們討論到中世紀義大利城邦，這些城邦在黃
金時代結束以前，曾經短暫地跳脫追求廣泛成長的馬爾薩斯陷
阱（Malthusian trap），然後又回到生計貧窮的狀態下。經濟史
學家傑克‧葛斯通（Jack Goldstone）指出這種短命的經濟繁榮

並不少見。他稱這些時期為「全盛期」（efflorescence），並且主張我們應該把它想成是危機的對立面，是事情以自我強化的方式撥亂反正的一段有限期間。經濟史學家觀察到這些全盛期會在整個歷史中反覆發生，包括中國的宋朝時期、美索不達米亞的阿拔斯王朝、古希臘和荷蘭黃金時代[2]。

另一位經濟史學家喬爾‧莫基爾提出一個理論來解釋何以全盛期無法長久[3]。他把這個理論稱為「卡德威爾定律」（Cardwell's law），命名來自一位科技史學者之名，此人指出沒有一個國家能長期居於科技發展前沿的地位。莫基爾的貢獻在於描述為什麼會發生卡德威爾定律。他認為重要的新技術往往會給既有利益帶來不便，需要新的制度才能讓它成功。一個社會擁有對的制度，能在某個時期的技術環境下成長茁壯，到了下一個科技時代可能就沒辦法蓬勃發展。事實上，過往的功勳可能會讓它的制度抗拒改變。巴斯‧范‧巴維爾在他的書《看不見的手》當中討論到這個議題[4]。

這個分析似乎與我們當前的情勢息息相關。在第二章，我們呈現了經濟萎靡不振的五個病徵，乃源自於富裕世界經濟裡的資本存量一種巨大而漸進的變化。具體來說，我們已經看到一種轉變，是從實體的、有形的資本走向包含知識、關係與表意內容在內的無形資本，從經濟的角度來看，後者的表現大不相同。這個轉變有兩個主要特徵：其中大多已經發生了，結果是企業投資的無形資產比有形資產還要更多；而無形資產的成長開始放緩，反過來又使得經濟成長變慢。

　　這套敘述與當前經濟情勢的其他解釋有著質性上的差異。這些解釋當中，有些認為我們已經失去曾經擁有的某一種社會美德，對馬克‧安德森（Marc Andreessen）來說，我們失去的是建造的衝勁；對托瑪‧皮凱提來說，它是平等主義；對湯瑪斯‧菲利蓬來說則是對壟斷的不可姑息。其他人譬如羅斯‧杜塔特則認為我們不是失去某個具體的美德，而是普遍地失去美德，而且我們被一種無處不在的頹廢所控制，務必擺脫之。另外一組解釋將這個經濟問題視為是外生性但不可避免的。艾瑞克‧布林優夫森、丹尼爾‧洛克和查德‧西佛森採取比較正面的觀點：今日黯淡的經濟是暫時性現象，新技術很快就會釋放出全部的潛能，情況將有所好轉。外生性說法的悲觀版則總結在羅伯特‧高登的論點裡，他認為歷史上的成長乃仰賴於不會再發生的技術恩賜上。迪特里奇‧沃爾拉斯的看法則介於布林優夫森和高登之間，認為成長緩慢只不過是以服務為基礎的富裕經濟體自然會發生的事。

　　我們的解釋和這些解釋在兩個方面上有所不同。首先，它並非基於過去盛行的某些美德已然消逝這個立論；反之，它是基於這個看法：當社會的人均 GDP 有大約 2％的成長且無形資本存量成長 4％時，它所面對的挑戰和這些數字分別為 0.5％和 2％的時候並不相同。其次，儘管我們的解釋是基於一種外生性變遷——具體的說，也就是隨著社會變得更富裕，資本存量會發生的變化——但並不認為這是個一成不變的影響。我們認為，這些變化和經濟萎靡不振之間是屬於**制度性**的關聯。在第四章到第七章，我們探討了重要的制度在四個方面不適合以無形資產為基礎的經濟。

制度與無形經濟不同步的想法帶來一種令人不安的可能性：也許富裕世界的長期成長與葛斯通所謂的全盛期的共同之處，比我們猜想的還要多。長久以來，我們的制度迎向挑戰，克服一貫擋在成長路上的四個問題：缺乏承諾、集體行動太少、資訊受限、影響力活動。可是隨著資本存量出現變化，我們遭逢了讓我們的制度窮於應付的不同問題。

第四章到第七章還提出了一系列的制度改革，我們認為這些改革能發揮重要作用，以解決導致我們經濟萎靡不振的問題：修復城市、改善競爭與管制、欣然接受公眾在鼓勵投資方面所扮演的角色、改變金融架構。做出正確的改變有部分跟設計有效的政策有關，譬如街道投票和自動穩定機制。不過，實現制度變革需要的不單是極度專注於政策的專家技術細節，還需要我們去打造國家能力、設計可在投資的數量與品質間取得適當平衡的系統、抵抗影響力活動（或尋租行為），並且帶來文化變革。

# 框架：取捨與制度設計

有兩個重要圖表能幫助我們理解改善國家能力所帶來的影響、抵抗尋租行為的重要性、何以無形資產的數量與品質的取捨很重要。

## 集體財和影響力及資訊成本之間的取捨

圖 C.1 列出經濟體所面臨的重要限制的取捨[5]，愈是沿著縱軸往上移動，經濟體的每筆開銷所能集中提供的集體財便愈多。在公部門的脈絡下，這些集體財可能是安全、科學預算、每單位成本／稅收的貨幣穩定性。在私部門裡，這些集體財可能是大型企業內部的集中協調行動，例如總公司協調與指導活動的能力。

提供集中化的財貨牽涉到至少兩種成本。第一，如保羅・米格羅姆和約翰・羅伯茨[6]所舉證指出的，集中供應可能會促成浪費無謂的影響力活動──舉例來說，把大量時間花費在

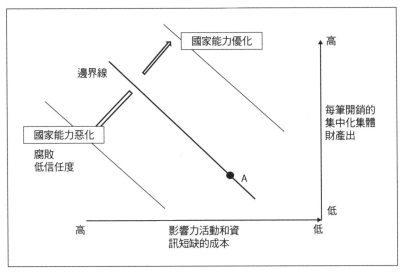

圖 C.1　提供集中財：限制因素

遊說或私有訊息的不實陳述（譬如科學家對某個專案的過度承
諾）上。第二，集中供應的行為本身可能會造成資訊短缺。若
未經過市場試驗並由此揭露出價值與有用性，資訊可能變得稀
缺。蘇聯計畫者面臨的就是這樣一種資訊短缺，以及一套由於
影響力支出而充斥著浪費的系統。

　　因此，把資訊短缺和影響力支出的成本放在圖上的橫軸，
我們便可以把經濟的限制畫出來，如粗線所示。如果一個社會
想要生產高水平的集中化集體財，它將可能面臨影響力活動和
資訊短缺所帶來的高昂成本。在這種情況下，任何社會都要做

出如何取捨及／或是否能改變這個取捨的選擇。

如何取捨（如選擇 A 點）取決於成本和社會偏好。一個社會在面臨集體財供應的代價高昂時（例如為地理位置非常分散的人口提供健康或通訊服務），可能會選擇低水平的集體財。又或者那個社會也許只是討厭提供集體財。這種反感的一個源頭可能是歸因偏誤（attribution bias）。常有人說，對於成功，個人會高估自己的貢獻而低估集體貢獻——比方說，銀行家認為是自己選股技巧的功勞，而不是市場普遍上漲的關係。如果這種認知偏差廣泛存在，可能就會自然而然地反對集體財。

## 這條取捨線有多陡峭？

回到這條邊界線的形狀來看，什麼因素決定它的斜度與位置？無形資產又能如何改變它？讓我們從斜度開始，並且舉一個大型科學專案為例。有人相信這條線的斜度很陡。集中化的科學指導意味著不管該專案如何，都會提供更多的集體財出來；任何專案都將可能帶給社會意想不到的收穫，所以集中化專案的資訊損失不大。此外，科學家懷有非關金錢的目標，這表示無謂的影響力活動造成的犧牲也不大。事實上，有些人可能會主張說，集中化本身有助於培養共同的目標，同樣會使得這條線的斜度很陡。其他人譬如馬特・瑞德利[7]則認為這條線是平的。集中財的成本龐大：集中化會導致浪費無謂的影響力支出，而集中指導的行為本身就會犧牲掉珍貴的資訊，因此報酬少得可憐的。

## 取捨的位置？

回到這條線的位置來看，我們認為它是由「國家能力」所決定的。來看看一條畫在粗線左邊的線，這樣的經濟體有辦法提供同樣數量的集中化集體財（每種資源），只是必須蒙受高昂的影響力活動成本（以及資訊的大量短缺）。因此在左邊的國家是腐敗的，是沒有能力提供集中化集體財的，因為他們被滿滿的影響力活動給撕裂了。換句話說，他們們的國家能力很低。

有兩件事情會使這條線移動：若不是中央集權機構變得更好，要不然就是改變職權設計以允許授權。我們可以把當局「變得更好」想成是在「建設國家能力」，也就是說，中央集權機構可能更受信任也更消息靈通。一個授權的例子是把貨幣政策和競爭政策等政策槓桿移轉給獨立機關。另外一個例子則也許是把公共財的提供成功外包出去。舉例來說，英國各地方廢棄物回收的合約競標，會揭露出資訊（新供應商的可獲性）並可能降低影響力活動，從而使得這條邊界線向右移。可是，如果監管機關與其所管制的產業變得更親近，那麼這條曲線將會往內移（移往左邊）。

授權政策一個更極端的案例是特許城市（charter city）。經濟學家保羅・羅默（Paul Romer）建議國家可以將其境內某座城市的行政管理與權力委託給外國，令其管理該城市或地區並創建自己的法律與政策，不受地主國的管控[8]。其他例子包括貿易協定，各國在這些協定中相互同意在特定國家之外的爭端解決程序：斯德哥爾摩商會（Stockholm Chamber of Commerce）是瑞典境外爭端（譬如外國公司在某個特定地主國涉嫌挪用投資）的主要仲裁機構。

不過，授權可能會產生巨大的成本。把升遷決策委任給某個遠端委員會，而該委員會決定晉升的依據是譬如說資歷好了，也許有助於減少影響這些決定所花費的時間與金錢，可是這種委員會可能會做出代價高昂的拙劣決定。譬如說，有些人認為把科學政策委任給已成立的委員會可能會令影響力活動轉而朝遊說這些委員會而進行。而這類委員會也可能過於僵化，以至於無法善加利用跨學科的契機所帶來的綜效[9]。

## 無形經濟與取捨

轉向無形經濟會使取捨問題在兩個至關重要方面更形惡

化，如圖 C.2 中靠左的那條比較平坦的曲線所示。首先，綜效愈大，曲線就愈平坦。一個成功的商品愈是需要更多無形資產的組合，缺乏資訊的代價就愈高。這層關係使曲線變得平坦：在每一個資訊點上，社會可以拿到的集中財都比較少。其次，隨著無形經濟成長，它在所得、財富及自尊上的分歧更大。這種分歧擴大會藉由例如侵蝕信任而使得國家能力下降，導致曲線向左移動。更大的社會分歧可能也會經由削弱授權的有效性，而使得曲線向左移動：授權可能可以阻止影響力活動，可是也會因為太過僵化而無法產生也許很重要的綜效。

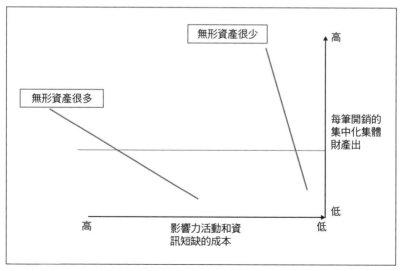

**圖 C.2　無形資產如何影響取捨**

如圖 C.2 所示，往更多的無形資產方向所做的移動，已經惡化了經濟體所遭受的限制。如果你想讓集體財的產出維持在某個固定水準，如圖中的水平線條（這也許不是最理想的產出水準，不過我們用它來闡述觀點），那麼線條往左移動，則意味著社會必須忍受更多影響力活動與更少的資訊。

## 改善集中化的取捨問題

我們可以把這個框架應用在幾個不同的問題上。

### 國家能力

有一個反覆出現的限制因素，會阻礙政府鼓勵無形投資，並使其無法處理無形資產造成的後果，那就是國家能力不足，我們可以看成是圖 C.2 裡大幅向左移動的線。

國家能力的概念起源於政治學和社會學，而且成為政治經濟學與發展經濟學學者們的熱議話題；但是它在現代已開發經濟體中較不常被用到，所以讓我們來解析它的含義。在經濟史學家諾爾・強生（Noel Johnson）和馬克・科亞馬的一篇近期論文裡，將國家能力定義為「一個國家徵稅、執法、維持秩序和提供公共財的能力」[10]。因此，如果我們說 2022 年的英國比

1022 年的盎格魯─撒克遜英格蘭擁有更大的國家能力，我們的意思是該國的稅收與支出占產出的比例更大，透過法律施加的控制更廣，並且提供了克努特國王（King Cnut）的臣民無法想像的豐富公共財。

就這一點來看，信奉自由主義的讀者們可能會覺得緊張：呼籲提高國家能力是否等同於呼籲建立一個大國家？並非如此，因為國家能力不是國家規模的精確衡量指標。道格拉斯・諾思和貝瑞・溫格斯特的一篇經典論文，從早熟的國家能力這一點來描述光榮革命之後的英國政府的成就──不過他們也指出這種成就有一個重要面向，是國家有效地自我約束的能力，這鼓舞了投資，也有助於政府借款，因為人們比較不會害怕遭到剝奪[11]。國家能力也意指國家有效做事的能力，這與國家的規模互不相關。強生和科亞馬指出獲得有效管理的國家，「比較有能力處理既得利益」[12]。

在發展經濟學家或經濟史學家眼中，大體來說今天的富裕國家具備很高的國家能力。比如說，當代法國與當代日本彼此相像的程度，比他們其中任何一個與當代南蘇丹或墨洛溫王朝時期的法國（Merovingian France）的相似性還來得高，而且有可能可以用定量的方式去衡量這種差異[13]。不過，藉由採取更精細的做法，我們可以看到現代富裕國家之間的國家能力是有差別的，即便相較於做歷史比較，這些差別更微小也更有爭議性。所以舉例來說，南韓、新加坡和台灣全都被認為是擁有高效能的「發展型政府」，有助於支持二十世紀末期高附加價值產業的興起；就許多其他國家試圖扶植這類產業但是功敗垂成這點來看，這似乎不僅是政策問題，也是能力問題。

富裕國家對 COVID-19 全球大流行的反應，使國家能力的差異更加明顯。即便容許地理和文化差異，有些政府似乎更能設計並實施新的照護路徑、追蹤規則和封城程序；更能採取策略並堅守到底；也更能說服公民跟隨他們。像是英國便善用政府與生技業的密切聯繫，在快速採購疫苗方面做得很好。

在第四章至第七章，我們看到幾個有效因應基於無形資本的經濟所必不可少的制度。這些制度皆仰賴往往付之闕如的國家能力，舉例來說，專利局無法過濾掉品質低的專利；市政府無法改革規劃或處理壅塞問題；研究資助者仰賴過度武斷的系統；監管機關缺乏所需的資源能力或數據，去了解他們監管的產業動態。在一些重要的領域，譬如生產公共數據、投資技術培訓或了解傳統市場的創新型新進入者等等，許多政府目前根本沒有什麼能力應付。

某種意義上來看，這些問題各不相同，可是它們在本質上都是一樣的。鼓勵無形投資（如解決外溢效應的問題）和處理無形投資造成的後果（如城市的崛起或平台企業的成長），需要讓政府發揮作用的官員們擁有更好的判斷力、更高的能動性（agency）和更多的分析，也需要他們所服務的政治人物具備更大的接受度。

對左派和右派來說，這都是非常不合時宜的政策議程。對保守派來說，它的令人難以下嚥恐怕是更明顯的：至少自雷根（Ronald Reagan）及柴契爾（Margaret Thatcher）時代以降，很多右派人士不僅企圖削減國家的規模，也想大砍國家的施為能力甚至國家的知識。郭伯偉（James Cowperthwait）是香港二十世紀經濟成功的締造者，也是自由放任經濟學的英雄人物，他建議希望富足起來的國家應該「廢除國家統計局」[14]。一位美國保守派活動家格羅佛・諾奎斯特（Grover Norquist）以想要一個讓他可以「把它淹死在浴缸裡」的國家而聞名——這不只是在訴求一個小國家，更是一個虛弱的國家。新公共管理（New Public Management）這個術語被創造出來，是為了描繪1980年代和1990年代在英國的某些政府改革的特徵，它的內容包括管理主義（managerialism）、更清楚的規則和更少的自由裁量權：政府創建行政機構但減少能動性。提高國家能力非常像是給辦公文員和政府官僚的一份憲章。

2019年，經濟學家泰勒・柯文創造出國家能力自由主義

（state capacity libertarianism）一詞，來描述他所看到在右翼政治人物之間愈來愈普遍的趨勢，亦即認識到一個弱化的國家並不符合他們的利益。我們認為增進國家能力的經濟理由很清楚，而正如我們將看到的，政治面的理由則仍在討論當中。

從一般意義上來看，增進國家能力更契合左派的看法，可是比較具挑戰性的地方在於國家能力與私部門交互作用的具體細節。為了了解這些挑戰，讓我們來看看制度革新的下一個重要主題：提高無形資產的數量和提高無形資產的質量之間的權衡取捨。

## 無形資產的品質論和數量論

提升國家能力應該有助於促進更多、更好的無形資產投資，但哪一個應該先出現：更多還是更好？在第五章，我們概述了提高無形資產數量的嘗試和提高其品質的嘗試之間的緊張關係。補貼無形資產——例如透過稅收減免、公共資金，或者政府直接投資於培訓或研發——有助於解決外溢效應造成投資不足的數量問題，而且通常會牽涉到集中化的狀況，無論是在公家機關對研發的提供上，還是在關於政策細節的決定（慷慨程度、範圍等等）裡。可是，在某種程度上，這些政策因為鼓勵操弄規定的或低品質的研究，又或者只是因為資助規則沒有跟上最新的實務與技術，而可能降低投資的品質。我們可以把這些效益與成本的相對重要性，想像成是給社會一條陡峭的（集中化是好的）對比於平坦的（集中化是昂貴的）曲線。

這些可能性說明了何以增進國家能力，對左派來說也會構成政治上的挑戰。一個有能力的國家提供慷慨的無形投資補貼（如研發或學生貸款），這件事情本身恐怕不足以鼓勵更多有生產力的投資，而是還需要一個活躍的創業生態系統，帶給我們多樣性以及當你偶然發現正確的（無形資產）組合時所從中生出的寶貴綜效。這個模式與創業型國家的模式略有不同，後者認為它的功能是確定創新的目標。提升國家能力的模式則假定這種功能廣布於企業與消費者之間，這是基於強大的國家和強大的企業可以共存的理念。

## 抵抗影響力活動與尋租行為

制度設計的一個重要因素，關係到如何阻止既得利益者占這個新的、更有能的國家的便宜。防範既得利益者的傳統做法有規則、授權和去政治化（depoliticisation）。這個典型的新公共管理模式背後的道理很簡單：把某個政府功能，譬如貨幣政策、智慧財產管理或地理空間資料的蒐集，放到一個非政治的、公正獨立的機構裡，並且用明確的規則和程序綁住它，就能抵抗說客的甜言蜜語（以圖 C.2 來看，成功的授權委任會讓這條線往右移動）。

正如我們所知的，當規則明確、適切於所屬的環境，而且幾乎不留遊說的餘地，這種戰略可以奏效。可是如果環境改變，或是如果說客找到見縫插針的機會，這個規則—獨立性戰略就會適得其反，給了特殊利益集團自由發揮的空間。實際上，遊說團體在智慧財產和無形資產公共資金等領域，是擁有強大的影響力。

另一條抵抗影響力活動的途徑，從設計的角度來看比較沒有那麼講究，但是更能靈活應對不斷翻新的要求。具體的說，政府可以花費政治資本去優先處理相關事項。儘管政府經常被指責總是向尋租者屈服低頭，可是政治人物從事的一個關鍵活動卻剛好相反：為了做他們心目中重要的事情，政治人物會去結盟並賺取政治資本。所以這個新的、能力高的國家將需要更有政治性，不一定是在意識形態的黨派意義上，而是從政府需要施展政治權力以堅守使命的意義上。

我們提出的制度改革菜單包括增進國家能力（以可能在意識形態上有難度的方式）、在國家與企業間求取平衡（這可能惹惱左右兩派的激進分子）、提高政府花費政治資本來抵抗尋租行為的意願。任何讀到這段話的政治人物，若覺得這樣的議程沒有吸引力而且難以實施的話，也是情有可原。不過是有方法讓它在政治上行得通的，或至少比較有可能行得通，而考慮到制度變革通常會面臨的政治挑戰，取得政治正確是這個計畫不可或缺的一環。

　　來看一個例子：自動穩定機制。當政治人物執行貨幣政策時——也就是說，當貨幣政策屬於中央集權的時候——他們會受制於遊說問題，因為只要選舉快來了，焦慮的國會議員就會為了提供低息資金（cheap money，編註：是指具有低利率且容易從銀行取得貸款的貨幣）而進行遊說。下放貨幣政策職權給其他機構，有助於降低這種遊說活動。此外，還有另一個好處，如果政治人物能夠承諾不受這類活動影響，他們就可以把決策權留在自己手上，但由於他們很少能做出可信的承諾，所以傾向於把政策權授與央行[15]。所以，人們也可以把圖 C.2 的橫軸想成是也包括承諾成本在內，因此授權會使線條右移，可是如果利率接近下限，授權變得沒那麼有用，那麼這條線就會再度往左移動。自動穩定機制令政治人物承諾拯救經濟，所以這條線又往右移了。

# 一種政治協議

面對一系列艱難的制度改革，政府一般來說有幾個通用選項。他們可以自己把改革方案微調得更可被接受，他們可以說服選民改變心意，他們可以把改革連結到選民關心的積極事物上，或他們可以在其他地方累積政治資本，然後用來推動改革——最好是不要引起太大的騷動。

所有這些選項都可能發揮作用。第六章所闡述的一些都市改革，譬如街道投票和街區投票，重點就是要建立在有利於無形投資的制度中享有既得利益者的聯盟。

道德勸說是有科技狂熱的法國前進黨政府（En Marche，於2017年當選）早年偏好使用的戰略：它的科技投資在政府的溝通訊息中占有很大的篇幅。自「黃背心」（Gilets Jaunes）抗議活動（起初是抗議燃料稅，但後來演變成一場更廣泛的民粹主義運動）爆發以來，在政府的自我宣傳中，科技樂觀主義似乎已被放在次要位置；該國政府仍持續發展一系列有雄心壯志的科技支持政策，但是更謹慎為之。

有強烈外在關注焦點（這通常是對「強勢鄰國」的一種禮貌性說法）的小國可作為一個例子，用來說明制度改革有時如何連結到選民喜歡的其他事情上。如我們在第四章所看到的，

馬克・柴克瑞・泰勒指出，從歷史上看，有強烈外在關注焦點
的國家（如以色列、南韓和芬蘭）似乎已發展出與無形資產有
關的有效制度，這一點從三個國家扶植世界領先的科技業，並
由備受推崇的公共機構給予支持的能力便可看出，從芬蘭的國
家技術創新處到南韓政府在 K-Pop（韓國流行樂）的國際發展
上所扮演的角色皆屬之 [16]。強大的外部敵人若非已經存在，否
則是很難被自創出來的，但是在我們來看，有明確外部目標
的國家，其成功的背後是許多任務導向型創新的吸引力所促成
的。挑個真正富有魅力的任務，既能激勵人心，也是民之關心
所向，這是政治人物偶爾能成功做到的事情；美國阿波羅太空
計畫便是原型。不過這些任務很難設計——英國梅伊（Theresa
May）政府所擘劃的四個「重大挑戰」（Grand Challenges）出
了白廳幾乎沒人重視，而且整體來看有太多挑戰似乎太籠統也
太遵循正統（bien-pensant）了，以至於難以成功。「綠色新
政」也許是近年來最有魅力的任務，不過迄今為止仍未能廣受
歡迎。另一個將制度革新連結到某個有魅力的任務的做法，需
要利用到當地的政治正當性（如果存在的話）。一個很好的例
子是第六章討論到巴斯克自治區在制度上的成功，但當然不是
所有的地方都有很強的地方認同和社會資本可以依靠。此外，
聲稱擁有這些東西的地方比實際擁有的地方還多。

　　這留下在其他方面獲得政治正當性並用於制度改革的選項。在某種程度上，這正是如今前進黨在法國所採取的模式。它還有更浮誇的版本，亦即羅倫佐・卡斯特萊納（Lorenzo Castellani）和羅藍・曼索普（Rowland Manthorpe）所稱的科技民粹主義（technopopulism）[17]。卡斯特萊納創造這個詞彙來描述義大利五星運動黨（Five Star Movement）一個不尋常的面向：在羅馬和其他地方，他看到像維吉尼亞・拉姬（Virginia Raggi）這類民粹主義政客並不是跟志同道合的雅各賓派（Jacobins）人物為伍，反而身邊環繞的是「公務員、地方法官、學者及其他專業人士，是你在五星聚會上永遠看不到的那種人」。英國脫歐公投和英國首相強生贏得 2019 年大選，導致一個頗有技術官僚風格的努力出現，以革新公務員體系、大幅增加公共研發投資並改革研究資助機構，英國讀者將能從中看到類似於義大利的東西。這些倡議獲得多明尼克・康明斯的支持，此人曾擔任首相強生的高級顧問，與民粹主義團體「投票脫歐」（Vote Leave）運動，以及一種改革英國制度的技術官僚式的、親科技的渴望都有關聯（他的 WhatsApp 署名是「完成脫歐，再建 ARPA」）。川普政府幾乎不考慮技術官僚主義，不過他所得到身為加速主義者（accelerationist）的科技投資人彼得・提爾的支持，恐怕也是同出一源。

這些為了獲得推動制度改革所需的正當性而採取的政治策略，哪一個（若有的話）能夠奏效尚在未定之天。不過值得注意的是，它們正在接受試驗——而政客們也願意冒著名譽受損的風險，來看看它們是否行得通。

## 文化、信任與認知負擔

若要解決我們身處的混亂局面，制度設計和政治很重要，可是單靠它們自己最遠也只能走到這裡。如果我們要為一種新形態的經濟去發展並部署更好的制度，我們還需要文化變革。

喬爾‧莫基爾和艾夫納‧格雷夫等經濟史學家已經證明，當代的繁榮昌盛不僅取決於制度、技術與資源，也有賴潛在的文化變革。十七世紀和十八世紀時，在英國、荷蘭等地方，有一些人變得更好奇、更有進取心、更利他——一種被歷史學家安東‧豪威斯稱之為改善的心態（improving mind-set）有點像病毒似的四處散播。這種心態被技術與制度所強化，但它也讓技術更容易發展，制度更容易茁壯。舉例來說，豪威斯在談到關於倫敦皇家藝術學會（Royal Society of Arts）的歷史時，表明這類偉大的啟蒙組織往往既是文化的產物，而文化也同樣是他們的產物。人工智慧研究員伊利澤‧尤考斯基（Eliezer

Yudkowsky）把這種心態描述為渴望尋找社會中的「不充分均衡」（inadequate equilibria）──規範與規則能有效運作，但未達應有水準──並且有膽量嘗試修復它。

我們不會宣稱我們能預測新經濟將喚起的新文化會有怎樣的表現形式，不過在無形資本轉型做得最深入的文化與一部分世界裡，可能可以找到一些相關的線索。具體的說，似乎在數位領域裡，加諸在個人身上的認知負擔已經加劇。但這個挑戰的解決方法也已經出現，而且往往來自市場本身，包括廣告攔截器、匿名搜尋引擎和比價網。債務也能保持較低的認知負擔（在沒有危機的時期），因此對於能讓無形資產證券化的新形態金融創新的報酬也會有幫助。

最後我們看到，有一個制度適用於所有時代和全部的交易面向：信任和互惠。這個制度的長期決定因素是造成爭論不斷的一個原因；讀者可以參考譬如福山（Francis Fukuyama）和羅伯特・普特南（Robert Putnam）的著作[18]。與此同時，軟體業已經發展出工具、實務做法和工作規範，使其也許成為最適合遠距工作的高技能職業。說不定從小玩線上遊戲長大或在智慧型手機上進行社交及約會活動的人，已經發展出一種遠距溝通方式，可重現面對面互動時會有的許多情感與心理特質。開源軟體運動（open-source-software movement）創造了一個新領域，在這裡人們肯定外溢效應的價值，也從為他人製造外溢效應而得到讚譽。或許互惠與聲譽正在捲土重來。

那麼，對於我們這些關心如何使我們居住的世界更公平也更繁榮的公民而言，又該何去何從？我們在本書開頭描述了「失落的黃金年代」故事，有許多人用它來理解今日的經濟現況。這套敘事有悲觀版與樂觀版兩種：要麼就是歷史成長水準已經一去不復返，而我們必須學會接受它，要麼就是若我們能想辦法尋回過去失落的某些公民美德，好日子就會再回來。從某種意義上來看，我們站在樂觀主義者這一邊：今天經濟的令人失望並非不可改變的事實，而是未能建立促進成長與人類繁榮的正確制度所造成的具體失敗。

可是耐心地等待或重拾過往的美德，並不會讓我們找到這些答案。問題會發生，是因為經濟的性質已經發生變化——我們的資本存量從無形資產轉向有形資產，代表一場寧靜革命還在上演。而我們的制度，從我們的金融系統到我們的規劃規則，從我們的專利法庭到我們的教育機構，都還沒有跟上腳步。

如果我們希望擁有更高的成長和一個更公平的經濟，便需要勇氣與決心來重建並重振這些制度。重啟明日，就掌握在我們的手中。

# 總結

　　像國家和公司這類實體需要權力與中央管制，以提供有益於公民與員工的集體財。可是，這裡存在著一種基本取捨。提供這些集體財的花費愈高，想要進行影響力活動的誘惑就愈大，也更有可能犧牲掉重要的資訊。事實上，某些極為腐敗的社會幾乎不可能提供任何集體財，因為它們都被影響力活動給消耗殆盡。舉例來說，根據媒體在 2021 年的廣泛報導，當國家受惡性通貨膨脹所苦之際，黎巴嫩央行行長還在一直盜用款項。

　　無形經濟對這種取捨有兩個影響。首先，它會使取捨曲線的斜度惡化。如果綜效在無形經濟裡變得更重要，由於在面對複雜性的時候，犧牲綜效會帶來更嚴重的害處，花費更多錢提供集中化集體財的效果與效率就變差了。其次，由於無形經濟使各個面向的不平等加劇，以至於維持一定程度的集中支出便更難取得政治上的認同（也就是說，它令取捨曲線往左移動）。

　　在本章，我們檢視了至少兩種能幫助我們解決這些問題的可能變革之道。第一個是建立國家能力來支撐經濟運作，第二個是使用政治資本。隨著經濟停滯不前，而無形資產支持下滑的反饋循環持續存在，阻礙了社會前進，這兩項挑戰的急迫性正在升高當中。

　　這些課題，亦即建立國家能力和運用政治資本，都是跨越本書所有主題所提出的建言。我們試圖記述轉變成一個更為無形資本密集的經濟，如何能更妥善地解釋我們的經濟面臨的問題：停滯、不平等、競爭功能失調、脆弱、不真實。就跟任何基礎經濟結構的改變一樣，這種改變需要一套嶄新的制度來解決無形經濟的問題──例如集體行動、資訊、承諾和嚇阻浪費無謂的影響力活動。

　　我們已經強調了支持研究、城市、貨幣及金融政策、競爭等方面所需的制度改革。改革建議的具體細節會因國家而異，但希望我們對問題的診斷，以及用來理解「一個更走向無形的經濟如何對制度造成壓力」的通用框架，能經得起時間考驗，並為如何因應現代經濟的挑戰提供新的視角。

# 附註

## 導論

1. 美國專利號 549,160 可在「道路引擎」（Road-engine）項下查到。
   Google Patents, https://patents.google.com/patent/US549160A/en，取
   得日期為 2021 年 7 月 31 日。
2. Furman and Summers 2020.
3. Graeber 2018, xviii.
4. Baudrillard 1994.
5. Douthat 2020.
6. Case and Deaton 2020.

## 第 1 章

1. Gross and Sampat 2020, 2021.
2. Congressional Budget Office 2007.
3. Schwartz and Leyden 1997.
4. Krugman 1997.
5. Keynes 2010.
6. Wilkinson and Pickett 2009.
7. Piketty 2014.
8. McRae 1995.

9. Moretti 2012.

10. Jennings and Stoker 2016.

11. Case and Deaton 2020.

12. Decker et al. 2018.

13. 在衡量企業獲利能力方面，托賓 Q 比率的上漲幅度和此處的加成上漲幅度是兩個略有不同的衡量指標。這些衡量指標的確實關聯在 Haskel (2019) 有相關說明。

14. Philippon 2019.

15. Cowen 2017, 1.

16. Malcolm Baldrige，引 述 自 "Fat, Dumb, Happy," *New York Times*, October 4, 1981, sec. 3, p. 20, https://www.nytimes.com/1981/10/04/business/fat-dumb-happy.html。

17 Markovits 2019, 158.

18. Kuhn and Lozano 2005.

19. Furman and Summers 2020.

20. De Veirman, Hudders, and Nelson 2019.

21 Shiller 2019.

22. Leamer 2008; Harari 2015; Kay and King 2020.

23. Cowen 2011; Gordon 2016.

24. Vollrath 2020.

25. Brynjolfsson and McAfee 2014.

26. Harvey 2007; Hutton 1995.

27. Cohen and DeLong 2016.

28. Philippon 2019.

29. Sichel 2016.

30. Mokyr 2018。亦請參見 Branstetter and Sichel(2017)。

31. 沃爾拉斯（Vollrath 2020）在書裡第 48 頁表 4.1 中，有關美國人均實體資本貢獻度上所記述的數字則略有不同。他所記述的為：從 2000 年到 2016 年的貢獻度是 0.27％。他記錄到的人均人力資本貢獻度有類似的下跌幅度。由於這裡的實體資本貢獻度有所差異，所以他得到的 TFP 成長率走緩是從 1％掉到 0.8％。這表示人均人力資本成長率的衰退（在他的數據裡是 0.7％）占了人均 GDP 衰退（在他的數據裡是 1.3％）的大部分。表 1.1 的貢獻度和沃爾拉斯的計算結果有差別，是因為沃爾拉斯使用資本存量，而我們的計算使用的是資本服務。如沃爾拉斯所指出的，你也可以使用資本服務；請參見他的書第 224 頁裡的討論。

32. Byrne, Corrado, and Sichel 2017.

33. Byrne and Sichel 2017.

34. Corrado, Haskel, and Jona-Lasinio 2021.

35. Traina 2018.

36. Syverson 2019.

37. Haskel and Westlake 2017.

38. Davis 2018.

39. 一家公司擁有不涉及關係的無形資產是完全有可能的事情：表現性的無形資產能引發情緒，譬如一幅設計作品或藝術作品能喚起痛苦、宣洩、敬畏、興奮等情緒。對照之下，關係性的無形資產是在承諾或暗示一種未來的社會交換。所以，蘋果的供應鏈關係是一種非正式的準承諾，亦即它會在接下來的多年間向製造商採購大猩猩玻璃（Gorilla -glass）螢幕、準時付款、以誠信對待廠商等。

40. Simon 1995.

41. Benmelech et al. 2021.

42. Scott 1999.

43. Schumacher 1980.

44. McAfee 2019.

45. 在《沒有資本的資本主義》裡，我們的推測是當我們檢視長期下無形投資在 GDP 中所占比例時，我們看的不只是無形支出的水準，也要看這些支出的成本是多少。經濟學家所稱的鮑莫爾成本病（Baumol's cost disease）恐怕在投資占比的上升中發揮了作用，因為實體資本是被製造出來的（如一個集貨箱或一台車床），所以其價格會隨著時間過去而下跌，然而生產無形資本的主要成本來自人力──行銷部門或研發實驗室的薪水、培訓課程的提供──隨著社會變得更富裕，這些成本就會愈昂貴。

46. Adler et al. 2017; Duval 2017.

47. Arquié et al. 2019; Demmou, Stefanescu, and Arquié 2019.

48. Wise and Turnbull 2019.

49. 不確定性也會影響有形投資（Abel et al. 1996; Dixit 1992; Dixit and Pindyck 1995）。不過只要有形投資可以賣掉，就可能沒有那麼不可逆轉。而且因為無形投資可以擴大規模，可能比有形投資更具擴張性，所以不確定性的性質會帶來不同的影響：對壞消息的預期會抑制無形資產和有形資產的投資（因為公司會擔心跌勢），而對好消息的預期會提高有形資產的投資（因為公司希望享受到可能的漲勢）。因此，過渡到預計會有壞消息的時期，會對無形資產帶來不成比例的衝擊。

50. Bessen et al. 2020.

## 第 2 章

1. 經濟學家麥可‧克雷默（Michael Kremer 1933）用「O 型環」這個詞彙來描述成功的太空梭任務和失敗任務之間的差距。

2. Brynjolfsson, Rock, and Syverson 2021.

3. 此處有兩個各自獨立的論點是我們需要小心區分的。如果無形資產正在繁榮發展但未被衡量，那麼在初始投資期間，已被衡量的 TFP 會下跌，直到新產出投產之後才會再度上揚；反之，當無形資產正在衰退時亦然。如果無形資產對 TFP 成長有外溢效應，那麼 TFP 便會分別上揚與下跌。

4. Vollrath 2020.

5. 參見 Bajgar, Criscuolo, and Timmis(2020)。

6. Corrado et al. 2019.

7. Markovits 2019.

8. Garicano 2000.

9. 英國在二十一世紀的所得不平等沒有比較嚴重，是因為英國福利制度在一定程度上發揮抑制的作用。有關英國在稅前及稅後所得不平等的近期趨勢，可參見 Francis-Devine(2020)。

10. Garicano and Hubbard 2007.

11. Rognlie 2015.

12. Hsieh and Moretti 2019.

13. Department for Business, Energy & Industrial Strategy 2019, table 1.

14. Douthat 2020.

# 第 3 章

1. 戴倫‧艾塞默魯和詹姆斯‧羅賓森（Daron Acemoglu and James Robinson 2019, 126ff）讓人們注意到，這幅壁畫是國家擁有藉著制度系統提供公共財（公共建築和度量衡的監督人──六個監督酒館並防止說謊的「好人」）的足夠權力，但權力又不會大到成為獨裁專制的一個例子。

2. North 1993.

3. Smith 1904, 1:xxxv.

4. Marx and Engels 2002 [1848].

5. Acemoglu, Johnson, and Robinson 2004, 395.

6. Kling and Schultz 2009.

7. North 1993, 97.

8. 交換的「交易成本」法指出，交換在各種情況下都受到交易成本的影響。這種分析通常但並非總是適用於這個狀況：交易兩造會碰到他們帶來媒合的是特定的資產這個問題，其中存在不確定性，而且交換可能不頻繁（Milgrom and Roberts 2009; Williamson 2009）。我們希望跳脫這個方法，確保一開始就把找到交易夥伴納入交換的過程中。依循保羅‧米格羅姆和約翰‧羅伯茨（Milgrom and Roberts 2009），我們也認為將交換作為分析單位，而非將已配對交易的交易成本作為分析單位，有助於我們更具體說明何謂交易成本。在專屬性資產的不完全契約（incomplete contracts）的條件下，由於這些條件會導致高議價成本、承諾與資訊等問題，所以會出現不確定性和交易不頻繁的現象。

9. Milgrom and Roberts 1990.

10. Hart 2017.

11. Demsetz (1967) 中有提出此一論點。

12. Hayek 1945.

13. 財產權的一個更現代的例子是強制徵兵制。一個沒有強制徵兵制的社會，是把勞動力的私有產權分配給潛在的被徵召者。只要潛在被徵召者擁有此一私有產權，社會便可以跟他們協商提供勞動力，這當然就是所謂的志願役。對那些反對強制徵兵制的人來說，私有財產權制度是一種解決方法。

14. 所以，有人可能會辯稱說信任與互惠本身並非一種制度，而是作為集體決策機制的制度子集合。有鑑於信任與互惠在歷史上與人類學上的重要性，我們還是把它當成一種制度來列舉。

15. 關於交易成本，曼瑟爾・奧爾森（Mançur Olson 1965）（下文會有更詳細的討論）指出許多政策的效益是集中的，然而成本卻是分散的。所以舉例來說，所有的倫敦計程車司機都能因監管機關為車資制定一個高價格而受益。跟相較於更廣大的乘客群體因低價格享受到的分散利益比起來，這種利益是集中的。但是對計程車乘客來說，聯合起來推動計程車低車資卻是所費不貲的事；以經濟學的語言來說，把得利於這類低價的龐大群體組織起來的交易成本實在是太高了。因此，制度很有可能會根據交易成本的相對高低程度而發展。

16. Acemoglu, Johnson, and Robinson 2004, 428.

17. 艾塞默魯、強生和羅賓森（Acemoglu, Johnson, and Robinson 2004）強調對行政官員的約束。

18. Acemoglu and Robinson 2019.

19. 溫格斯特（Weingast 1995）開宗明義便說：「經濟體制的基本政治困境在於：一個強大到足以保護財產權和履行合約的政府，也強大到足以沒收其公民的財富。繁榮的市場不只需要適當的財產權制度與合約法，也需要一個令人安心無虞的政治基礎，以限制國家徵收財富的能力。」他接著說：「這個基本政治困境迫使我們問：需要什麼樣的政治系統，才能讓一個切實可行的私有市場經濟成為該政治系統的穩定政策選擇？答案關係到能使政府給出維護市場的可靠承諾之政治制度的設計……有限政府的可靠承諾之核心要素是這些限制必須自我執行。想要維繫住對政府的限制，政治官員必須有服從限制的動機。」（1）他的答案是一個某種程度採行聯邦制的國家，能限制政府對市場的過多干預，因為活動可以移到其他地方進行。

20. 安東‧豪威斯（Anton Howes private communication）曾建議我們說，交換需要的條件還有一個面向是承認財貨的權利（其中，財貨的財產權或尊重／互惠可能是適當的制度）。以有人想使用他們沒有付出代價的智慧財產這個例子來看，我們認為承認權利已經隱含在「需要解決集體行動問題」的條件或「承諾」（也就是說，財貨不會就這樣被沒收）的條件裡了。

21. Posner and Weyl 2018.

22. 他們提出許多很有趣的建議，其中有一個是允許為財產註冊自行宣稱的價值並據以課稅，不過也須使人可用該價值來購買，透過這個方式讓財產更易於交易。業主申報低價值並繳納低稅金，但也可能必須以這個低價值售出財產。無論該方案的吸引力如何，從表 3.1 可知，需要有低的討價還價成本，方案才會成功。

23. Acemoglu, Johnson, and Robinson 2004.

24. 參見提姆‧泰勒（Tim Taylor）很棒的部落格文章〈關於燈塔經濟學的新進展〉（An Update Concerning the Economics of Lighthouses），2020 年 7 月 24 日，https://conversableeconomist.blogspot.com/2020/07/

updates-for-economics-of-lighthouses.html，這篇文章使我們注意到泰瑞莎‧列維特（Theresa Levitt）、大衛‧范贊特和艾瑞克‧林德柏格（Erik Lindberg）對燈塔的有趣研究成果。

25. 現代的燈塔會提供這樣的服務，不過無線電傳輸已經取代燈光成為主要的導航設備。

26. 念經濟學的人幾乎在每一本教科書裡都會看到燈塔的例子，它最早是出現在薩繆爾森（Samuelson）1948 年出版的著名經濟學教科書裡。經濟學家羅納德‧寇斯（Ronald Coase）已指出燈塔是由私人所提供的這個事實；然而，以燈塔作為公共財的例子似乎已經存留在許多教科書當中。

27. Levitt 2020.

28. Van Zandt 1993。經濟學家肯尼斯‧阿羅（Kenneth Arrow 1962）認為此處有第二個經濟上的難處：除非燈塔擁有者能事先承諾一個可接受的價格（例如公告一份價格表），否則船東可能會擔心被索價太高，而根本不去使用燈塔。

29. 林德柏格（Lindberg 2013）指出國王詹姆士一世（King James I）不承認海商促進公會擁有建造燈塔的專屬權。林德柏格說，到 1700 年，海商促進公會開始出售燈塔的經營權。

30. 其實，燈塔公有制的動機最早來自如阿羅所擔心的私人燈塔的服務收費太高，而不是因為他們完全無法收費的關係。事實上，林德柏格（Lindberg 2013）認為私有燈塔非常賺錢——因為實在太賺了，導致船東們開始施壓要求國有化。

31. 如范贊特（van Zandt 1993）所指出的，到十九世紀，除了英國之外幾乎每個國家都以一般稅收來提供燈塔服務。例如美國，「國會通過的第一批法案之一，是將所有既有的燈塔與信標都納入財政部長的管轄之下……到 1875 年，法國、俄羅斯均以政府資金提供燈塔，且不收取使用費」（70）。事實上，至少在英國，經濟學教科書裡關於燈塔公營／私營的論點是很微妙的。1836 年以前是公有制與私有制混合的，私有燈塔隨後在 1836 年收歸國有並交由取得公部門許可的海商促進公會來管控。1834 年，一個議會特別委員會建議地方燈塔維持私有或交由海商促進公會管控，並以一般稅款來資助海岸燈塔。議會最後授與海商促進公會獨家所有權，但對各地船隻強制徵收費用，以便資助那些有船隻會通過的海岸燈（Levitt 2020）。

32. Weingast 1995.

33. Mokyr 2002.

34. Howes 2020.

35. De Soto 2000; Hornbeck 2010; van Bavel 2016.

36. Nelson 1994.

37. Ostrom 2005, 12.

38. 柏溫茲和馬格里斯（Liebowitz and Margolis 1990）強力駁斥這個說法。

39. Greif 2006.

40. Edgerton 2018.

41. Lerner and Nanda 2020.

42. Johnson 2004.

43. 翹曲機翼是一個由纜線與滑輪組成的系統，可用來扭曲機翼以防止飛機翻滾；副翼（ailerons）——來自法語「小翼」的意思——則是機翼上可以活動的一組平面。萊特兄弟的專利範圍足以涵蓋格林‧柯蒂斯（Glenn Curtiss）發明的副翼。

44. 卡茨尼爾森和豪威爾斯（Katznelson and Howells 2015）對於誰阻礙了誰的細節提出異議。不過整個生態系統由這些制度所決定，這一點仍然成立。

45. Olson 1965.

46. Van Bavel 2016, 21.

47. 參見 Broadberry (2013), section 4.4。

48. 外溢效應與綜效有什麼不同？你可以把前者看成是關於排他性的
    制度特徵，後者則是技術面的制度特徵。舉例來說，一個被完善
    執行的智慧財產權制度，會阻止外溢效應發生，可是仍然會有來
    自譬如結合電影劇本與軟體來製作動畫的綜效出現。

# 第 4 章

1. Arrow 1962; Nelson 1959.

2. Mazzucato 2013.

3. David Willetts, personal communication with the authors, 2019.

4. Matt Ridley, "Don't Look for Innovations before Their Time," *Wall
   Street Journal*, September 14, 2012。亦請參見 Ridley (2020) 或 Syed
   (2019)。

5. Lachmann 1956.

6. 拉赫曼描述了從資本組合很重要的觀察中得出的幾個相關問
   題。其一是強調企業家在不可能知道哪種資本組合最好的情況
   下進行實驗的作用。另一個問題則是如何衡量不同種類與時代
   的資本的組合，這是一個在劍橋資本論戰（Cambridge Capital
   Controversy）中被提出來的問題〔在諾亞‧史密斯和布萊德‧迪
   隆（Brad DeLong）的線上有聲節目中有生動的討論，"Hexapodia
   XII: The Cambridge Capital Controversy," May 5, 2021, https://www.
   bradford-delong.com/2021/05/podcast-hexapodia-xii-%C3%BEe-

cambridge-capital-controversy.html〕。今天的統計機構對於這個問題所用到的一個解決方法，是以經濟學家羅伯特・霍爾和戴爾・喬根森（Robert Hall and Dale Jorgenson 1967）所提出的租用費率（rental rate）來對資本類型進行加權計算。爾文・迪瓦特（Erwin Diewert 1976）說明了當資本被用來結合（傳統零售業裡的零售建築和供貨車輛）或替代（零售建築相對於電子商務裡的倉庫及貨車）時，如何應用這樣一種方法。

7. Goldin and Katz 2008.

8. 例如，參見 Cowen and Southwood (2019) 裡的討論。

9. Wilsdon et al. 2015.

10. The Augar review, "Independent Panel Report to the Review of Post-18 Education and Funding," May 2019, https://assets.publishing. service.gov.uk/government/uploads/system/uploads/attachment_data/ file/805127/Review_of_post_18_education _and_funding.pdf, 31.

11. Campbell 1979; Goodhart 1981.

12. Nielsen 2013.

13. Williamson et al. 2020.

14. Ritchie 2020.

15. Aarts et al. 2015.

16. 例如 Dattani and Bechhofer (2021)。

17. Bessen and Meurer 2009.

18. Boldrin and Levine 2013.

19. 引述賈斯汀・特蘭特的話是取自 "To Succeed in a Business That Doesn't Really Want Anyone to Succeed, You Have to Be Quite Confident," interview by Dave Roberts, Music Business Worldwide, May 21, 2020, https://www.musicbusinessworldwide.com/justin

-tranter-to-succeed-in-a-business-that-doesnt-really-want-anyone-to-succeed-you-have-to-be-quite-confident/?fbclid=IwAR3IPUzTde8xVdy8bjZlKOKqHtDcNSlRwNC7fXvZWUJODOIG0Ez8T4sLV-w。

20. Heller 2008.

21. Khan 2014.

22. Hall et al. 2014.

23. 參見 Kleiner (2006)。佛斯等人（Forth et al. 2011）估計至少有20％的美國勞動力必須取得執業許可。有6％的美國勞動力取得認證，而英國勞動力取得認證的比例則是14％。

24. Phelps 2013; Ridley 2020.

25. Mazzucato 2021.

26. 這個想法在 Mazzucato (2021) 中得到進一步的發展。

27. 相關討論參見 Jeffrey Mervis, "U.S. Lawmakers Unveil Bold $100 Billion Plan to Remake NSF," *Science*, May 26, 2020, https://www.sciencemag.org/news/2020/05/us-lawmakers-unveil-bold-100-billion-plan-remake-nsf。

28. In Cowen and Southwood 2019.

29. Eghbal 2016.

30. 引述自 "Good Data: With Ben Goldacre," Digital Health, January 14, 2016, https://www.digitalhealth.net/2016/01/good-data-with-ben-goldacre/。

31. Dan Davies, "Midsummer in Midwinter," *Crooked Timber* (blog), March 22, 2015, https://crookedtimber.org/2015/03/22/the-world-is-squared-episode-6-midsummer-in-midwinter/.

32. Kremer 1998。更多應用於疫苗的獎勵及其他鼓勵創新機制，參見 Kremer and Snyder (2020)。

33. Gans 2020.

34. Milgrom and Roberts 1988.

35. Taylor 2016.

36. Johnstone 1999.

# 第 5 章

1. Whitehead 1911, 46.

2. Lowenstein 2001.

3. McLean and Elkind 2005.

4. 這一點各國之間是有差別的。廣義的說，相較於美國企業，歐洲公司更仰賴銀行貸款來舉債而不是債券，而且更少依賴股權融資（例如參見 de Fiore and Uhlig 2011）。波塔等人（Porta et al. 1997）認為，跟歐洲比起來，美國與英國擁有普通法的傳統，可提供股東及債權人更多保護，因此偏好股權和債券更勝於銀行貸款。德·菲奧雷和烏利格（de Fiore and Uhlig 2011）也說歐洲關於公司信用度的公開資訊較少，因此提高了銀行的重要性，後者必須蒐集申請借款公司的資訊。

5. Davies 2014.

6. 正式的討論請參見 Holmstrom (2015)。霍姆斯壯（Holmstrom）討論了最簡單的可抵押債務合約：當鋪以手錶為抵押品借錢給人。當鋪老闆必須弄清楚手錶的價值，然後以該價值扣除違約容許額度後的金額把錢借出去。可是那個下限是由合約的一方所訂的，而且不一定就是手錶的價值。這種債務合約並不需要雙方就某個共同價值、最大價值或由此產生的現金流的某個比例達成共識，而且只要把債還清，手錶便可贖回：大家都不需要去同意手錶現在的或曾經可能有過的價值。因此，附抵押品的債務合約可以大幅節省訊息。再者，假使時機不好，債主認為當事人不會還錢，就會出現重大的危機，因為債主現在需要的正是這樣一種架構所意欲省去的那些資訊。

7. Cecchetti and Schoenholtz 2018.

8. 德雷克塞爾（Drechsel 2021）、格林沃德（Greenwald 2019），以及連程和馬悅然（Lian and Ma 2021）均強調收益相關貸款契約的普遍使用。而林、馬西亞斯和穆勒（Lim, Macias, and Moeller 2020）證實，做了記入無形資產的會計變更後，借貸會增加；重要的是，這是在已識別的（而非全部的）無形資產增加時，會計變更後的借貸才增加（以購買價格紀錄來識別資產，資產內容包括商標、網域名稱和採礦權這類東西）。有一個未識別的無形資產是收購商譽。

9. Lian and Ma 2021.

10. Dell'Ariccia et al. 2017.

11. Kaoru, Daisuke, and Miho 2017.

12. Lim, Macias, and Moeller 2020.

13. Ampudia, Beck, and Popov 2021.

14. "Box 4, The Supply of Finance for Productive Investment," in Bank of England, Financial Policy Committee 2020.

15. Wyman and British Business Bank 2019, 23.

16. "Patient Capital Review, Industry Panel Response, October 2017," https://assets.publishing.service.gov.uk/government/uploads/system/uploads/attachment _data/file/661397/PCR_Industry_panel_response.pdf.

17. Brazier 2020.

18. Duval 2017; Duval, Ahn, and Can 2018.

19. Lakonishok, Shleifer, and Vishny 1994.

20. 參見 Daniel Finkelstein, The Fink Tank, accessed July 31, 2021, https://

extras.thetimes.co.uk/web/interactives/7da9de56f480e009b5e9f18b2798 59d7.html。

21. Lev and Gu 2016.

22. Lev and Srivastava 2019, 24.

23. Brav, Jiang, and Ma 2018.

24. 如阿隆‧布拉夫及其同僚所謹慎指出的，這並不表示避險基金投資是造成這些影響的原因，因為避險基金可能剛好投資了很容易發生這種變化的那些公司。

25. Arora, Belenzon, and Patacconi 2015, 2018; Arora, Belenzon, and Sheer 2021.

26. Arora, Belenzon, and Sheer 2021.

27. Arora, Belenzon, and Sheer 2021, 878.

28. Brav, Jiang, and Ma 2018.

29. Edmans 2009.

30. Kay and King 2020.

31. 還有另個方法是通過消費來影響需求。利率改變會使那些能輕鬆借貸的人的儲蓄發生變化，隨著利率降低，人們存的錢少了，這通常是有利於支出的。對那些無法輕易借貸的人來說，產生的影響可能就更大了：倘若他們為了渡過難關而已經或不得不進行的任何借款的利率變低的話，手上就多出因為低利率而釋出的一些現金可供花用。最後，低利率會使匯率貶值，這是因為在其他條件不變下，金錢將流向利率較高的國家，從而提升該國的競爭力和淨出口。

32. Bean, Larsen, and Nikolov 2002.

33. Gilson and Altman, 2010.

34. 近期檢視美國狀況的文獻為 Del Negro et al. (2020)，檢視英國狀況的文獻則是 Cunliffe (2017)。有些人對「菲利浦曲線已經變得比較平坦」這個看法有所質疑（McLeay and Tenreyro 2020），不過這個課題已經被廣泛討論過。

35. 蘇比爾‧拉爾和曾立（Subir Lall and Li Zeng 2020）發現各國對無形資產的投資上升，與趨於平坦的總供給曲線有關，認為此一趨勢和菲利浦曲線的趨於平坦是吻合的。

36. 此一部分乃根據 Haskel (2020a)。

37. Daly 2016; Rachel and Smith 2015.

38. 參見 Kevin Daly "A Higher Global Risk Premium and the Fall in Equilibrium Real Interest Rates," VoxEU, November 18, 2016, https://voxeu.org/article/higher-global-risk-premium-and-fall-equilibrium-real-interest-rates。

39. 這個論點隱含的意思是利率「太負面」了，也就是說，它們不能跌到低於零以下太多。

40. Brassell and King 2013.

41. Nanda and Kerr 2015.

42. Lerner and Nanda 2020.

43. NESTA 2016.

44. Davies 2015.

45. Dell'Ariccia et al. 2017.

46. Bahaj et al. 2021.

47. 泰伊思‧詹森、瑟倫‧列斯彼得森和拉曼納‧南達（Thais Jensen, Soren Leth-Petersen, and Ramana Nanda 2014）發現，經過鬆綁房屋淨值的抵押貸款改革之後，丹麥的創業精神有所提升。

48. Bank of England, Financial Policy Committee 2020, table D.B.

49. Davies 2015.

50. Bell et al. 2019.

51. Mirrlees and Adam 2011; OECD 2021.

52. Kortum and Lerner 2000.

53. The Investment Association 2020.

54. 參見 Wyman and British Business Bank (2019)。

55. 舉例來說，這類改變會需要放寬投資非流動性（illiquid）資產的管制。參見 Productive Finance Working Group,Minutes of the First Technical Expert Group (TEG) Meeting, 12 February 2021,https://www.bankofengland.co.uk/-/media/boe/files/minutes/2021/productive-working-group-minutes-february-2021.pdf ?la=en&hash=1D243F9291 E0B92562F762D69787ACBA28798D08。

56. 布拉澤（Brazier 2020）寫到：「沒人會建議把退休金資產都拿來投入非流動性的股權資產；反之，目標是從目前幾乎為零的基礎上，去促成更多也更多樣化的資產投資。事實上，年輕成員跟年長成員的流動性偏好不一樣。只要能深思熟慮資產及負債的流動性和壽命／期限，並保持一致性，便不應存在「不必要的風險」。

57. Ahn, Duval, and Sever 2020.

58. 這種處理手法和量化寬鬆有什麼不同？量化寬鬆表示央行發行以官方利率（Bank Rate）計息的央行準備金，並購入計息（長期）政府債券。因此，央行的資產是長期債券，負債則是央行準備金。目前此類長期債券的利率高於官方利率，所以央行是在把錢匯注給財政部。假使官方利率上升，央行便必須從財政部或其他來源取得資金以支付到期利率。從補貼商業銀行的角度來看，這個結果是一種潛在損失，但是並非是一種必然的損失。

59. Blanchard, Dell'Ariccia, and Mauro 2010; Smith et al. 2019.

60. Feyrer and Sacerdote 2013.

61. Blanchard, Dell'Ariccia, and Mauro 2010.

62. 只要受益的公民做更多花費與投資，經濟對支出計畫的反應就更強。當經濟環境不好的時候，從事低收入工作的消費者通常沒有多少資源或很難借到錢。臨時性減稅這類穩定型政策對他們消費的影響可能非常大，使得財政政策可能發揮極為強大的效力。

63. 對數學好的人來說，這個計算等式如下：

（債務／GDP）$_t$ － （債務／GDP）$_{t-1}$ ≈ （$r_t$－$g_t$）（債務／GDP）$_{t-1}$ ＋ （原始赤字／GDP）$_t$

$r$ 是實質利率，$g$ 是 GDP 實質成長率，原始赤字是非利息支出與收入之間的差額。

64. Furman and Summers 2020.

# 第 6 章

1. 相關討論參見 Clay Jenkinson, "Thomas Jefferson, Epidemics and His Vision for American Cities," Governing, April 1, 2020, https://www.governing.com/context /Thomas-Jefferson-Epidemics-and-His-Vision-for-American-Cities.html。

2. 湯瑪斯‧傑弗遜寫給班傑明‧羅許的信，1800 年 9 月 23 日，National Archives, Founders Online, https://founders.archives.gov/documents/Jefferson/01-32-02-0102。

3. 湯瑪斯‧傑弗遜寫給班傑明‧羅許的信，1800 年 9 月 23 日。

4. Haskel 2021.

5. Duranton and Puga 2014.

6. Glaeser 2011.

7. Clancy 2019.

8. Jaffe, Trajtenberg, and Henderson 1993.

9. Berkes and Gaetani 2019.

10. 在英國有一場激辯著眼於 1980 年代以來的房價上漲，是否是由供給受限、意料之外的較低實質利率，或是兩者所共同推動的。區域性差異，加上倫敦的成長率高於其他地方，顯示供給也發揮了作用。此外，也有實質利率下跌但房價文風不動的時候，反之亦然。參見 Lisa Panigrahi and Danny Walker, "There's More to House Prices than Interest Rates," Bank Underground, June 3, 2020, https://bankunderground.co.uk/2020/06/03/theres-more-to-house-prices-than-interest-rates/。對於不同的觀點，參見 David Miles and Victoria Monro, "What's Been Driving Long-Run House Price Growth in the UK?," Bank Underground, January 13, 2020, https://bankunderground.co.uk/2020/01/13/whats-been-driving-long-run-house-price-growth-in-the-uk/。

11. Fischel 2005。亦請參見 Pennington (2001)。

12. 馬克思・內森（Max Nathan）和亨利・奧弗曼（Henry Overman）討論 COVID-19 對城市的衝擊，參見 "Will Coronavirus Cause a Big City Exodus?," Economics Observatory, September 22, 2020, https://www.coronavirusandtheeconomy.com/question/will-coronavirus-cause-big-city-exodus。

13. Forth 2018.

14. Paul Krugman, "The Gambler's Ruin of Small Cities (Wonkish)," *New York Times*, December 30, 2017, https://www.nytimes.com/2017/12/30/opinion/the-gamblers-ruin-of-small-cities-wonkish.html.

15. Moretti 2012.

16. 參見 Waldrop (2018)。

17. Cairncross 1997.

18. Cheshire and Buyuklieva 2019.

19. Leunig and James Swaffield 2007.

20. Myers 2020.

21. Ostrom 2005.

22. Hughes and Southwood 2021.

23. 此一討論取自 Bowman and Westlake (2019)。

24. 分別參見 Robert Nelson (1999); Royal Town Planning Institute (2020)；
以及 Building Better, Building Beautiful Commission (2020)。

25. Glaeser 2020.

26. Walker 2011.

27. 如鮑嘉（Bogart 2005）所討論的，道路建設與維修的資金並不是
一個新問題。在十七世紀，當地教區便無法向用路人收取維修費
與建設金，舉例來說，1693 年，貝斯納綠地（Bethnal Green）便
因為通往倫敦的兩條主要道路的維修費用每年高達 200 英鎊，而
求助於郡治安官。然而，貝斯納綠地只有兩百名居民，所以沒有
地方稅基來支付修路的費用。這個問題靠著將道路建設基金委託
給收費公路信託機構（turnpike trusts）而獲得解決。這個機構是
由一群受託人組成的私人組織，有權徵收通行費，並以通行費收
入為抵押來借款，故而可以向用路人收費，而且可以對整條道路
都收費。根據教區紀錄顯示，在 1730 年至 1840 年間，相較於沒
有收費公路信託機構的教區，有這類機構的教區的道路投資相對
增加。這又是一個制度改革（在本例是集體財產權）如何有助於
克服交換問題（在本例是集體行動問題）的例子。

28. Shoup 2018.

29. Ostrom 2005。在英國，地方停車收入會被匯回去當地。

30. Skelton 2019, 16.

31. 引述取自 Will Tanner, "The Tories May Have Captured 'Workington Man,' but This Is How They Make Sure the Red Wall Turns Blue," *The Sun*, December 17, 2019, https://www.thesun.co.uk/news/10566847/tories-workington-man-red-wall。

32. Swinney, McDonald, and Ramuni 2018.

33. Kerr and Robert-Nicoud 2020, 66.

34. Centre for Local Economic Strategies 2019.

35. 此一論述乃根據 Haskel (2020b)。

36. Sawhill and Guyot 2020.

37. Bloom et al. 2013.

38. Gibbs, Mengel, and Siemroth 2021.

39. Deming 2017。經濟學家菲利普・阿吉翁（Philippe Aghion）、安東尼・貝爾喬（Antonin Bergeaud）、理查・布倫德爾（Richard Blundell）和瑞秋・格里菲斯（Rachel Griffith）的研究成果已經證明軟性技能，尤其是團隊合作，對於幫助低技能勞工的待遇改進是非常重要的，如果這類工人是在高科技公司工作，則更為重要（Aghion et al. 2019）。

# 第 7 章

1. Subcommittee on Antitrust, Commercial and Administrative Law of the Committee on the Judiciary 2020.

2. European Union 2020.

3. De Loecker and Eeckhout 2018.

4. Andrews, Criscuolo, and Gal 2016.

5. Schumpeter 1942, 83.

6. Benkard, Yurukoglu, and Zhang 2021; Hsieh and Rossi-Hansberg 2019.

7. Hseih and Rossi-Hansberg 2019, 2.

8. Bajgar, Criscuolo, and Timmis 2020.

9. Gutiérrez and Piton 2019a.

10. Corrado et al. 2021.

11. Peltzman 2020.

12. Armstrong 2015.

13. Hannak et al. 2014.

14. Grubb and Osborne 2015.

15. 接下來的討論乃根據 Bowman and Westlake (2019)。

16. 這也是對既有公司到處遊說以保護目前的地位而可能招致的影響成本的一種平衡力量。

17. CMA 2017.

18. 亞瑞多、車和薩爾茲（Aridor, Che, and Salz 2020）研究《一般資料保護規則》（General Data Protection Regulation）的競爭後果，這項歐盟法規除了其他事項之外，也要求人們要主動接受網站對 cookies 的使用。不過，大部分選擇退出網站的人，之前已經一直在使用廣告攔截器或隨機呈現 ISP 位址的隱私保護設備。選擇退出網站會產生一個有趣的效果。對一家蒐集所有用戶資訊的公司來說，其中有些用戶正在使用廣告攔截技術，其他人則沒有用，廣告攔截器的隨機性造成很多雜訊，減損了這些數據的價值。一旦那些以前就一直在用廣告攔截器的消費者選擇退出，關於他們的 ISP 資訊便不會提供給該公司。這使得其他顧客更容易被追蹤與辨識。因此，儘管該法規可能幫助到選擇退出者的隱私，但卻使其他各方的隱私保護減少更多。

19. Markovits 2019, 5.

20. Emma Jones, "Operation Varsity: How the Rich and Famous Cheated the US University System," BBC News, March 18, 2020, https://www.bbc.co.uk/news/entertainment-arts-56427793.

21. Machin, McNally, and Ruiz-Valenzuela 2020.

22. 調查什麼原因造成學生在高利害關係的考試中成績不佳是很有趣的事。羅伯特・梅特卡夫、賽門・伯吉斯和史蒂芬・普羅德（Robert Metcalfe, Simon Burgess, and Steven Proud 2019）發現在世界盃舉辦的那一年參加 GCSE 考試的學生，表現明顯不佳。和在非世界盃舉辦年分考 GCSE 的學生相比，這些學生在至少五門科目上拿到 C 級的可能性減少 12％。對出身貧寒的男孩子來說，這個問題更形嚴重，他們的成績下降三分之一之多。此外，空氣汙染的短暫飆升會顯著降低以色列小學生的長期學業表現（Ebenstein, Lavy, and Roth 2016），而夏季高溫會使紐約高中生的考試成績下降，從而影響畢業狀況（Park 2020）。

23. BMG Research, "New GCSE Grades Research amongst Employers," report for the Office of Qualifications and Examinations Regulation (Ofqual), Ofqual/13/5334, November 2013, https://assets.publishing.service.gov.uk/government/uploads/system/uploads/attachment_data/file/529390/2013-11-01-bmg-research-with-employers-on-new-gcse-grades.pdf.

24. Acemoglu 1999, 1270.

25. Lewis 2000.

26. Department of the Treasury Office of Economic Policy, the Council of Economic Advisers, and the Department of Labor 2015.

27. Caplan 2018.

28. 參見 Noah Smith, "College Isn't a Waste of Time," Bloomberg, December

2017, https://www.bloomberg.com/opinion/articles/2017-12-11/college-isn-t-a-waste-of-time。

29. Caplan 2017.
30. Arcidiacono, Bayer, and Hizmo 2010.
31. Sibieta, Tahir, and Waltmann 2021.
32. National Audit Office 2002.

## 結語

1. Vollrath 2020.
2. Goldstone 2002.
3. Mokyr 1994.
4. Van Bavel 2016.
5. 對於那些有經濟學背景的人，你可以想像一條描述集體財產出的基礎生產函數。這類財貨可能是典型的公共財（如街燈），不過它們也可能是私有集體財（如公司內的協調行動）。假設集體產出需要資本和生產性勞動的工時，就跟傳統的一樣，另外再加上協調行動（協調行動並不會出現在只有指明資本與勞動的公司古典生產函數中，不過這是因為公司被視為一套藍圖，能夠高效地結合資本和勞動投入，並假設沒有協調此類投入的成本）。因此，會有一條沒有畫在圖 C.1 裡的上升曲線，反映出此種生產關係：財貨的產出對上協調行動與資訊。圖 C.1 的下斜曲線假設產出愈是集體化和集中化，分配時間來從事影響力活動及扭曲資訊的動機就愈強，或由於集體供應減少實驗所導致的訊息缺乏的程度就愈大。因此所繪的曲線描述的不是集體財的基礎生產，而是這類生產的限制。

6. Milgrom and Roberts 1988, 1990.

7. Ridley 2020.

8. Paul Romer, "Why the World Needs Charter Cities," July 1, 2009, https://paulromer.net/video-why-the-world-needs-charter-cities-ted/.

9. 此外，他們使用的規則系統（如科學出版物）可能會阻礙綜效的發揮。

10. Johnson and Koyama 2017, 2.

11. North and Weingast 1989.

12. Johnson and Koyama 2017, 3.

13. O'Reilly and Murphy 2020.

14. 引述自 Alex Singleton, "Sir John Cowperthwaite: Free-Market Thinking Civil Servant behind Hong Kong's Success," *The Guardian*, February 8, 2006, https://www .theguardian.com/news/2006/feb/08/guardianobituaries. mainsection。

15. 這個論點很微妙：政治人物通常會委任操作性政策，但又會為央行設定目標。

16. Taylor 2016.

17. Lorenzo Castellani, "L'ère du technopopulisme," *Le Grand Continent*, March 16, 2018, https://legrandcontinent.eu/fr/2018/03/16/lere-du-technopopulisme/?utm_campaign=Matt%27s%20Thoughts%20In%20 Between&utm_medium=email&utm_source=Revue%20newsletter.

18. Fukuyama 1995; Putnam 1994.

# 參考文獻

Aarts, Alexander A., Joanna E. Anderson, Christopher J. Anderson, Peter R. Attridge, Angela Attwood, Jordan Axt, Molly Babel, et al. 2015. "Estimating the Reproducibility of Psychological Science." *Science* 349 (6251). https://doi.org/10.1126/science.aac4716.

Abel, A. B., A. K. Dixit, J. C. Eberly, and R. S. Pindyck. 1996. "Options, the Value of Capital, and Investment." *Quarterly Journal of Economics* 111 (3): 753–77. https://doi.org/10.2307/2946671.

Acemoglu, Daron. 1999. "Changes in Unemployment and Wage Inequality: An Alternative Theory and Some Evidence." *American Economic Review* 89 (5): 1259–78.

Acemoglu, Daron, Simon Johnson, and James Robinson. 2004. "Institutions as the Fundamental Cause of Long-Run Growth." National Bureau of Economic Research working paper no. 10481. https://doi.org/10.3386/w10481.

Acemoglu, Daron, and James A. Robinson. 2019. *The Narrow Corridor: States, Societies, and the Fate of Liberty*. New York: Penguin.

Adler, Gustavo, Romain A. Duval, Davide Furceri, Sinem Kılıç Çelik, Ksenia Koloskova, and Marcos Poplawski Ribeiro. 2017. "Gone with the Headwinds; Global Productivity." International Monetary Fund Staff Discussion Notes, April. https://ideas.repec.org/p/imf/imfsdn/2017-004.html.

Aghion, Philippe, Antonin Bergeaud, Richard W. Blundell, and Rachel Griffith. 2019. "The Innovation Premium to Soft Skills in Low-Skilled Occupations." *SSRN Electronic Journal*, November. https://doi.org/10.2139/ssrn.3489777.

Ahn, JaeBin, Romain Duval, and Can Sever. 2020. "Macroeconomic Policy, Product Market Competition, and Growth: The Intangible Investment Channel." International Monetary Fund working paper no. 20/25. https://www.imf.org/en/Publications/WP/Issues/2020/02/07/Macroeconomic-Policy-Product-Market-Competition-and-Growth-The-Intangible-Investment-Channel-49005.

Alvardero, Facundo, Lucas Chancel, Thomas Piketty, Emmanuel Saez, and Gabriel Zucman. 2020. *World Inequality Report 2018*. https://wir2018.wid.world/files /download/wir2018-full-report-english.pdf.

Ampudia, Miguel, Thorsten Beck, and Alexander Popov. 2021. "Out with the New, in with the Old? Bank Supervision and the Composition of Firm Investment." Centre for Economic Policy Research working paper no. DP16225. https://cepr.org/active /publications/discussion_papers/dp.php?dpno=16225#.

Andrews, Dan, Chiara Criscuolo, and Peter N. Gal. 2016. "The Best versus the Rest: The Global Productivity Slowdown, Divergence across Firms and the Role of Public Policy" OECD Productivity working paper no. 5. https://www.oecd-ilibrary.org /economics/the-best-versus-the-rest_63629cc9-en.

Arcidiacono, Peter, Patrick Bayer, and Aurel Hizmo. 2010. "Beyond Signaling and Human Capital: Education and the Revelation of Ability." *American Economic Journal: Applied Economics* 2 (4): 76–104. https://doi.org/10.1257/app.2.4.76.

Aridor, Guy, Yeon-Koo Che, and Tobias Salz. 2020. "The Economic Consequences of Data Privacy Regulation: Empirical Evidence from GDPR." National Bureau of Economic Research working paper no. 26900. https://doi.org/10.3386/w26900.

Armstrong, Mark. 2015. "Search and Ripoff Externalities." *Review of Industrial Organization* 47 (3): 273–302. https://doi.org/10.1007/s11151-015-9480-1.

Arora, Ashish, Sharon Belenzon, and Andrea Patacconi. 2015. "Killing the Golden Goose? The Changing Nature of Corporate Research, 1980–2007." Fuqua Business School, working paper. https://www.semanticscholar.org/paper/Killing-the -Golden-Goose-The-changing-nature-of-%2C-Arora-Belenzon/c24b06fcfe989c d4ba2df14eb93f7f2146129a29.

———. 2018. "The Decline of Science in Corporate R&D." *Strategic Management Journal* 39 (1): 3–32. https://doi.org/10.1002/smj.2693.

Arora, Ashish, Sharon Belenzon, and Lia Sheer. 2021. "Knowledge Spillovers and Corporate Investment in Scientific Research." *American Economic Review* 111 (3): 871–98. https://doi.org/10.1257/AER.20171742.

Arquié, Axelle, Lilas Demmou, Guido Franco, and Irina Stefanescu. 2019. "Productivity and Finance: The Intangible Assets Channel—A Firm Level Analysis." OECD Economics Department working paper no. 1596. https://doi.org/10.1787/d13a21b0-en.

Arrow, Kenneth. 1962. "Economic Welfare and the Allocation of Resources for Invention." In *The Rate and Direction of Inventive Activity: Economic and Social Factors*, edited by Universities-National Bureau, 609–26. National Bureau of Economic Research. http://ideas.repec.org/h/nbr/nberch/2144.html.

Bahaj, Saleem, Angus Foulis, Gabor Pinter, and Jonathan Haskel. 2021. "Intangible Investment and House Prices." Unpublished working waper.

Bajgar, Matej, Chiara Criscuolo, and Jonathan Timmis. 2020. "Supersize Me: Intangibles and Industry Concentration." Draft working paper. https://www.aeaweb .org/conference/2020/preliminary/paper/iGtrhyEZ. Accessed August 30, 2021.

Bank of England, Financial Policy Committee. 2020. *Financial Stability Report*. August. https://www.bankofengland.co.uk/-/media/boe/files/financial-stability-report /2020/august-2020.pdf.

Baudrillard, Jean. 1994. *Simulacra and Simulation*. Translated by S. F. Glaser. Ann Arbor: University of Michigan Press. (Original work published in 1981.)

Bean, Charles R., Jens Larsen, and Kalin Nikolov. 2002. "Financial Frictions and the Monetary Transmission Mechanism: Theory, Evidence, and Policy Implications." European Central Bank working paper no. 113. https://econpapers.repec.org/RePEc:ecb:ecbwps:2002113.

Bell, Alex, Raj Chetty, Xavier Jaravel, Neviana Petkova, and John Van Reenen. 2019. "Who Becomes an Inventor in America? The Importance of Exposure to Innovation." *Quarterly Journal of Economics* 134 (2): 647–713. https://doi.org/10.1093/qje/qjy028.

Benkard, C. Lanier, Ali Yurukoglu, and Anthony Lee Zhang. 2021. "Concentration in Product Markets." National Bureau of Economic Research working paper no. 28745. https://papers.ssrn.com/abstract=3838512.

Benmelech, Efraim, Janice Eberly, Dimitris Papanikolaou, and Joshua Krieger. 2021. "Private and Social Returns to R&D: Drug Development and Demographics." *AEA Papers and Proceedings* 111 (May): 336–40. https://doi.org/10.1257/pandp.20211104.

Bergeaud, Antonin, Gilbert Cette, and Rémy Lecat. 2015. "GDP per Capita in Advanced Countries over the 20th Century." Banque de France working paper no. 549. https://papers.ssrn.com/sol3/papers.cfm?abstract_id=2602267.

Berkes, Enrico, and Ruben Gaetani. 2019. "The Geography of Unconventional Innovation." *SSRN Electronic Journal*, July. https://doi.org/10.2139/ssrn.3423143.

Berlingieri, G., Carol A. Corrado, C. Criscuolo, Jonathan Haskel, Alex Himbert, and Cecilia Jona-Lasinio. 2021. "New Evidence on Intangibles, Diffusion and Productivity." OECD Science, Technology and Industry working paper no. 2021/10. https://doi.org/10.1787/de0378f3-en.

Bessen, James, and Michael Meurer. 2009. *Patent Failure*. Princeton, NJ: Princeton University Press.

Bessen, James E., Erich Denk, Joowon Kim, and Cesare Righi. 2020. "Declining Industrial Disruption." *SSRN Electronic Journal*, February. https://doi.org/10.2139/ssrn.3682745.

Blanchard, Olivier, Giovanni Dell'Ariccia, and Paolo Mauro 2010. "Rethinking Macroeconomic Policy." International Monetary Fund Staff Position Note no. 10/03. https://www.imf.org/external/pubs/ft/spn/2010/spn1003.pdf.

Bloom, Nicholas, James Liang, John Roberts, and Zichun Jenny Ying. 2013. "Does Working from Home Work? Evidence from a Chinese Experiment." National Bureau of Economic Research working paper no. 18871. https://www.nber.org/papers/w18871.

Bogart, Dan. 2005. "Did Turnpike Trusts Increase Transportation Investment in Eighteenth-Century England?" *Journal of Economic History* 65 (2): 439–68. http://www.jstor.org/stable/3875068.

Boldrin, Michele, and David K. Levine. 2013. "The Case against Patents." *Journal of Economic Perspectives* 27 (1): 3–22. https://doi.org/10.1257/jep.27.1.3.

Bowman, Sam, and Stian Westlake. 2019. *Reviving Economic Thinking on the Right: A Short Plan for the UK.* https://revivingeconomicthinking.com.

Branstetter, Lee, and Daniel Sichel. 2017. "The Case for an American Productivity Revival." Peterson Institute for International Economics Policy Brief no. 17-26. https://ideas.repec.org/p/iie/pbrief/pb17-26.html.

Brassell, Martin, and Kelvin King. 2013. *Banking on IP?* https://www.gov.uk/government/publications/banking-on-ip.

Brav, Alon, Wei Jiang, and Song Ma. 2018. "How Does Hedge Fund Activism Reshape Corporate Innovation?" *Journal of Financial Economics* 130 (2): 237–64. https://doi.org/10.1016/j.jfineco.2018.06.012.

Brazier, Alex. 2020. "Protecting Economic Muscle: Finance and the Covid Crisis." Bank of England, July 23. https://www.bankofengland.co.uk/speech/2020/alex-brazier-keynote-dialogue-at-the-cfo-agenda.

Broadberry, Stephen. 2013. "Accounting for the Great Divergence." *Economic History Working Papers* 184:2–33. https://doi.org/10.1017/CBO9781107415324.004.

———. 2020. "The Industrial Revolution and the Great Divergence: Recent Findings from Historical National Accounting." Centre for Economic Policy Research, discussion paper no. DP15207. https://cepr.org/active/publications/discussion_papers/dp.php?dpno=15207.

Brynjolfsson, Erik, and Andrew McAfee. 2014. *The Second Machine Age.* New York: W. W. Norton.

Brynjolfsson, Erik, Daniel Rock, and Chad Syverson. 2021. "The Productivity J-Curve: How Intangibles Complement General Purpose Technologies." *American Economic Journal: Macroeconomics* 13 (1): 333–72.

Building Better, Building Beautiful Commission. 2020. *Living with Beauty: Promoting Health, Well Being and Sustainable Growth.* January. https://assets.publishing.service.gov.uk/government/uploads/system/uploads/attachment_data/file/861832/Living_with_beauty_BBBBC_report.pdf.

Byrne, David M., Carol A. Corrado, and Daniel E. Sichel. 2017. "Own-Account IT Equipment Investment." FEDS Notes, Board of Governors of the Federal Reserve System, October 4. https://www.federalreserve.gov/econres/notes/feds-notes/own-account-it-equipment-investment-20171004.htm.

Byrne, David M., Stephen D. Oliner, and Daniel E. Sichel. 2017. "How Fast Are Semiconductor Prices Falling?" *Review of Income and Wealth*, April. https://doi.org/10.1111/roiw.12308.

Byrne, David, and Dan Sichel. 2017. "The Productivity Slowdown Is Even More Puzzling than You Think." *VoxEU*, August 22. https://voxeu.org/article/productivity-slowdown-even-more-puzzling-you-think.

Cairncross, F. 1997. *The Death of Distance: How the Communications Revolution Is Changing Our Lives.* Cambridge, MA: Harvard Business School Press.

Campbell, Donald T. 1979. "Assessing the Impact of Planned Social Change." *Evaluation and Program Planning* 2 (1): 67–90. https://doi.org/10.1016/0149-7189(79)90048-X.

Caplan, Bryan. 2017. "Reply to Noah on *The Case Against Education*." Blog post, EconLog, December 18. https://www.econlib.org/archives/2017/12/reply_to_noah_o.html.

———. 2018. *The Case against Education: Why the Education System Is a Waste of Time and Money*. Princeton, NJ: Princeton University Press.

Case, Anne, and Angus Deaton. 2020. *Deaths of Despair and the Future of Capitalism*. Princeton, NJ: Princeton University Press.

Cecchetti, Stephen, and Kim Schoenholtz. 2018. "Financing Intangible Capital." *VoxEU*, February 22, 2018. https://voxeu.org/article/financing-intangible-capital.

Centre for Local Economic Strategies. 2019. "Community Wealth Building 2019: Theory, Practice and Next Steps." September. https://cles.org.uk/wp-content/uploads/2019/09/CWB2019FINAL-web.pdf.

Cheshire, Paul, and Boyana Buyuklieva. 2019. "Homes on the Right Tracks: Greening the Green Belt to Solve the Housing Crisis." Centre for Cities, September. https://www.centreforcities.org/wp-content/uploads/2019/09/Homes-on-the-Right-Tracks-Greening-the-Green-Belt.pdf.

Clancy, Matt. 2019. "Innovation and the City: Are Local Knowledge Spillovers Getting Weaker?" New Things under the Sun, December 19. https://mattsclancy.substack.com/p/innovation-and-the-city.

CMA. 2017. *Digital Comparison Tools Market Study: Final Report*. https://assets.publishing.service.gov.uk/media/59c93546e5274a77468120d6/digital-comparison-tools-market-study-final-report.pdf.

Cohen, Stephen S., and J. Bradford DeLong. 2016. *Concrete Economics: The Hamilton Approach to Economic Growth and Policy*. Cambridge, MA: Harvard Business Review Press.

Congressional Budget Office. 2007. *The Budget and Economic Outlook: Fiscal Years 2008 to 2017*. Washington, DC. https://www.cbo.gov/sites/default/files/110th-congress-2007-2008/reports/01-24-budgetoutlook.pdf.

Corrado, Carol, Jonathan Haskel, Massimiliano Iommi, and Cecilia Jona-Lasinio. 2019. "Intangible Capital, Innovation, and Productivity à La Jorgenson: Evidence from Europe and the United States." In *Measuring Economic Growth and Productivity: Foundations, KLEMS Production Models, and Extensions*, edited by Barbara M. Fraumeni, 363–86. London: Academic Press.

Corrado, Carol A., Chiara Criscuolo, Jonathan Haskel, Alex Himbert, and Cecilia Jona-Lasinio. 2021. "New Evidence on Intangibles, Diffusion and Productivity." OECD Science, Technology and Industry working paper no. 2021/10. Paris: OECD Publishing. https://doi.org/https://doi.org/10.1787/de0378f3-en.

Corrado, Carol A., Jonathan E. Haskel, and Cecilia Jona-Lasinio. 2021. "Artificial Intelligence and Productivity: An. Intangible Assets Approach." *Oxford Review of Economic Policy*, forthcoming. Available at https://spiral.imperial.ac.uk/bitstream/10044/1/89036/2/Innov_J_curve_17Mar21.pdf.

Cowen, Tyler. 2011. *The Great Stagnation*. New York: E. P. Dutton.

———. 2017. *The Complacent Class: The Self-Defeating Quest for the American Dream*. New York: St. Martin's Press.

Cowen, Tyler, and Ben Southwood. 2019. "Is the Rate of Scientific Progress Slowing Down?" https://docs.google.com/document/d/1cEBsj18Y4NnVx5Qdu43cKEHM aVBODTTyfHBa8GIRSec/edit.

Cunliffe, Jon. 2017. "The Phillips Curve: Lower, Flatter, or in Hiding?" Bank of England, November 14. https://www.bankofengland.co.uk/-/media/boe/files/speech/2017 /the-phillips-curve-lower-flatter-or-in-hiding-speech-by-jon-cunliffe.

Daly, Kevin. 2016. "A Higher Global Risk Premium and the Fall in Equilibrium Real Interest Rates." *VoxEU*, November 18. https://voxeu.org/article/higher-global-risk -premium-and-fall-equilibrium-real-interest-rates.

Dattani, Saloni, and Nathaniel Bechhofer. 2021. "The Speed of Science." Works in Progress, February 8. https://worksinprogress.co/issue/the-speed-of-science/.

Davies, Dan. 2014. "The World Is Squared—Episode 3: The Greek Calends." Crooked Timber, October 11. https://crookedtimber.org/2014/10/11/the-world-is-squared -episode-3-the-greek-calends/.

———. 2015. "Flat Whites, Hipsters, and the Post-mortgage British Economy." Medium, March 13. https://medium.com/bull-market/flat-whites-hipsters-and -the-post-mortgage-british-economy-6a8ea2a39478.

Davis, Jerry. 2018. "Apple's $1 Trillion Value Doesn't Mean It's the 'Biggest' Company." The Conversation, August 10. https://theconversation.com/apples-1-trillion-value -doesnt-mean-its-the-biggest-company-101225.

Decker, Ryan A., John Haltiwanger, Ron S. Jarmin, and Javier Miranda. 2018. "Changing Business Dynamism and Productivity: Shocks vs. Responsiveness." Board of Governors of the Federal Reserve System. https://doi.org/10.17016/FEDS.2018.007.

De Fiore, Fiorella, and Harald Uhlig. 2011. "Bank Finance versus Bond Finance." *Journal of Money, Credit and Banking* 43 (7): 1399–1421. https://doi.org/10.1111/j.1538 -4616.2011.00429.x.

Dell'Ariccia, Giovanni, Dalida Kadyrzhanova, Camelia Minoiu, and Lev Ratnovski. 2017. "Bank Lending in the Knowledge Economy." International Monetary Fund working paper no. 2017/234. https://econpapers.repec.org/RePEc:imf:imfwpa:17/234.

De Loecker, Jan, and Jan Eeckhout. 2018. "Global Market Power." National Bureau of Economic Research working paper no. 24768. https://www.nber.org/papers /w24768.

Del Negro, Marco, Michele Lenza, Giorgio Primiceri, and Andrea Tambalotti. 2020. "Why Has Inflation in the United States Been So Stable since the 1990s?" *Research Bulletin*, no. 74. https://www.ecb.europa.eu/pub/economic-research/resbull/2020 /html/ecb.rb200917~3bc072ea95.en.html.

Deming, David J. 2017. "The Value of Soft Skills in the Labour Market." *The Reporter*, December. https://www.nber.org/reporter/2017number4/value-soft-skills-labor -market#N_6_.

Demmou, Lilas, Irina Stefanescu, and Axelle Arquie. 2019. "Productivity Growth and Finance: The Role of Intangible Assets-a Sector Level Analysis." OECD Library. https://doi.org/10.1787/e26cae57-en.

Demsetz, Harold. 1967. "Toward a Theory of Property Rights." *American Economic Review* 57 (2): 347–359.

Department for Business, Energy & Industrial Strategy. 2019. "2018 UK Greenhouse Gas Emissions, Provisional Figures." March 28. https://assets.publishing.service .gov.uk/government/uploads/system/uploads/attachment_data/file/790626 /2018-provisional-emissions-statistics-report.pdf.

Department of the Treasury Office of Economic Policy, the Council of Economic Advisers, and the Department of Labor. 2015. *Occupational Licensing: A Framework for Policymakers.* July. https://obamawhitehouse.archives.gov/sites/default/files /docs/licensing_report_final_nonembargo.pdf.

De Soto, Hernando. 2000. *The Mystery of Capital: Why Capitalism Triumphs in the West and Fails Everywhere Else.* New York: Basic Books.

De Veirman, Marijke, Liselot Hudders, and Michelle R. Nelson. 2019. "What Is Influencer Marketing and How Does It Target Children? A Review and Direction for Future Research." *Frontiers in Psychology* 10 (December). https://doi.org/10.3389 /fpsyg.2019.02685.

Diewert, W. E. 1976. "Exact and Superlative Index Numbers." *Journal of Econometrics* 4 (2): 115–45. https://doi.org/10.1016/0304-4076(76)90009-9.

Diez, Federico, Jiayue Fan, and Carolina Villegas-Sanchez. 2019. "Global Declining Competition." International Monetary Fund working paper no. 19/82. https://papers .ssrn.com/sol3/papers.cfm?abstract_id=3397540.

Dixit, Avinash. 1992. "Investment and Hysteresis." *Journal of Economic Perspectives* 6 (1): 107–32. http://www.aeaweb.org/articles?id=10.1257/jep.6.1.107.

Dixit, Avinash, and Robert S. Pindyck. 1995. "The Options Approach to Capital Investment." *Harvard Business Review* 73 (3) (May–June): 105–15. https://hbr.org/1995 /05/the-options-approach-to-capital-investment.

Douthat, Ross. 2020. *The Decadent Society: How We Became the Victims of Our Own Success.* New York: Avid Reader Press / Simon & Schuster.

Drechsel, Thomas. 2021. "Earnings-Based Borrowing Constraints and Macroeconomic Fluctuations." University of Maryland, Department of Economics, March 15. http://econweb.umd.edu/~drechsel/papers/jmp_drechsel.pdf.

Duranton, Gilles, and Diego Puga. 2014. "The Growth of Cities." In *Handbook of Economic Growth*, edited by Phillipe Aghion and Steven Durlauf, 781–853. Amsterdam: Elsevier.

Duval, Romain. 2017. "Financial Frictions and the Great Productivity Slowdown." International Monetary Fund working paper no. 17/129. https://www.imf.org /en/Publications/WP/Issues/2017/05/31/Financial-Frictions-and-the-Great -Productivity-Slowdown-44917.

Duval, Romain, JaeBin Ahn, and Can Sever. 2018. "Product Market Competition, Monetary Policy, and Intangible Investment: Firm-Level Evidence from the Global Financial Crisis." 1 St IMF-OECD-World Bank Conference on Structural Reforms, Paris, June 11. https://www.oecd.org/eco/reform/joint-imf-wb-oecd-conf -structural-reform-2018/Product_market_competition_monetary_policy_and _intangible_investment.pdf.

Ebenstein, Avraham, Victor Lavy, and Sefi Roth. 2016. "The Long-Run Economic Consequences of High-Stakes Examinations: Evidence from Transitory Variation in

Pollution." *American Economic Journal: Applied Economics* 8 (4): 36–65. https://doi.org/10.1257/app.20150213.

Edgerton, David. 2018. *The Rise and Fall of the British Nation: A Twentieth-Century History*. London: Allen Lane.

Edmans, Alex. 2009. "Blockholder Trading, Market Efficiency, and Managerial Myopia." *Journal of Finance* 64 (6): 2481–513. https://doi.org/10.1111/j.1540-6261.2009.01508.x.

Eghbal, Nadia. 2016. *Roads and Bridges: The Unseen Labor behind Our Digital Infrastructure*. New York: Ford Foundation. https://www.fordfoundation.org/media/2976/roads-and-bridges-the-unseen-labor-behind-our-digital-infrastructure.pdf.

European Union. 2020. "Speech by Executive Vice-President Margrethe Vestager: Building Trust in Technology." October. https://ec.europa.eu/commission/commissioners/2019-2024/vestager/announcements/speech-executive-vice-president-margrethe-vestager-building-trust-technology_en.

Feyrer, James, and Bruce Sacerdote. 2013. "How Much Would US Style Fiscal Integration Buffer European Unemployment and Income Shocks? (A Comparative Empirical Analysis)." *American Economic Review* 103:125–28. https://doi.org/10.1257/aer.103.3.125.

Fischel, William A. 2005. *The Homevoter Hypothesis*. Cambridge, MA: Harvard University Press. https://www.hup.harvard.edu/catalog.php?isbn=9780674015951.

Forth, John, Alex Bryson, Amy Humphris, Lse Maria Koumenta, Morris Kleiner, and Paul Casey. 2011. "A Review of Occupational Regulation and Its Impact." UK Commission for Employment and Skills, Evidence Report no. 40. https://assets.publishing.service.gov.uk/government/uploads/system/uploads/attachment_data/file/306359/ER40_Occupational_regulation_impact_-_Oct_2011.pdf.

Forth, Tom. 2018. "The UK Government Is Not Investing More in Transport in North England than London and the Wider South East." August 21. https://www.tomforth.co.uk/transportspending/.

Forth, Tom, and Richard Jones. 2020. *The Missing Four Billion: Making R&D Work for the Whole UK*. London: NESTA.

Francis-Devine, Bridig. 2020. "Income Inequality in the UK." 7484. House of Commons Briefing Paper no. 7484. London. https://researchbriefings.files.parliament.uk/documents/CBP-7484/CBP-7484.pdf.

Fukuyama, Francis. 1995. *Trust: The New Foundations of Global Prosperity*. New York: Free Press.

Furman, Jason, and Lawrence Summers. 2020. "A Reconsideration of Fiscal Policy in the Era of Low Interest Rates." Discussion draft. https://www.brookings.edu/wp-content/uploads/2020/11/furman-summers-fiscal-reconsideration-discussion-draft.pdf.

Gans, Joshua. 2020. *Economics in the Age of COVID-19*. Cambridge, MA: MIT Press.

Garicano, Luis. 2000. "Hierarchies and the Organization of Knowledge in Production." *Journal of Political Economy* 108 (5): 874–904. https://doi.org/10.1086/317671.

Garicano, Luis, and Thomas N. Hubbard. 2007. "Managerial Leverage Is Limited by the Extent of the Market: Hierarchies, Specialization, and the Utilization of Lawyers' Human Capital." *Journal of Law and Economics* 50 (1): 1–43.

Gibbs, Michael, Feirderike Mengel, and Christop Siemroth. 2021. "Work from Home & Productivity: Evidence from Personnel & Analytics Data on IT Professionals." Becker Friedman Institute for Economics working paper no. 2021-56. https://papers.ssrn.com/sol3/papers.cfm?abstract_id=3843197#.

Gilson, S. C., and E. I. Altman. 2010. *Creating Value through Corporate Restructuring: Case Studies in Bankruptcies, Buyouts, and Breakups.* 2nd ed. Hoboken, NJ: Wiley.

Glaeser, Edward L. 2011. *Triumph of the City.* New York: Macmillan.

———. 2020. "Urbanization and Its Discontents." *Eastern Economic Journal* 46 (2): 191–218. https://doi.org/10.1057/s41302-020-00167-3.

Goldin, Claudia, and Lawrence Katz. 2008. *The Race between Education and Technology.* Cambridge, MA: Harvard University Press.

Goldstone, Jack A. 2002. "Efflorescences and Economic Growth in World History: Rethinking the 'Rise of the West' and the Industrial Revolution." *Journal of World History* 13 (2): 327–89. https://doi.org/10.1353/jwh.2002.0034.

Goodhart, Charles A. E. 1981. "Problems of Monetary Management: The U.K. Experience." In *Inflation, Depression, and Economic Policy in the West*, edited by Anthony S. Courakis, 91–109. Totowa, NJ: Barnes and Noble Books.

Gordon, Robert J. 2012. "Is U.S. Economic Growth Over? Faltering Innovation Confronts the Six Headwinds." National Bureau of Economic Research working paper no. 18315. https://doi.org/10.3386/w18315.

———. 2016. *The Rise and Fall of American Growth: The U.S. Standard of Living since the Civil War.* Princeton, NJ: Princeton University Press.

Graeber, David. 2018. *Bullshit Jobs: A Theory.* London: Allen Lane.

Greenwald, Daniel. 2019. "Firm Debt Covenants and the Macroeconomy: The Interest Coverage Channel." Society for Economic Dynamics, 2019 Meeting Papers 520. https://ideas.repec.org/p/red/sed019/520.html.

Greif, Avner. 2006. *Institutions and the Path to the Modern Economy: Lessons from Medieval Trade.* Cambridge: Cambridge University Press. https://doi.org/DOI:10.1017/CBO9780511791307.

Gross, Daniel P., and Bhaven N. Sampat. 2020. "Organizing Crisis Innovation: Lessons from World War II." National Bureau of Economic Research working paper no. 27909. https://doi.org/10.3386/w27909.

———. 2021. "The Economics of Crisis Innovation Policy: A Historical Perspective." National Bureau of Economic Research working paper no. 28335. https://ideas.repec.org/p/nbr/nberwo/28335.html.

Grubb, Michael D., and Matthew Osborne. 2015. "Cellular Service Demand: Biased Beliefs, Learning, and Bill Shock." *American Economic Review* 105 (1): 234–71. https://doi.org/10.1257/aer.20120283.

Gutiérrez, Germán, and Sophie Piton. 2019a. "Is There Really a Global Decline in the (Non-housing) Labour Share?" Bank Underground, August 7. https://bankunderground

.co.uk/2019/08/07/is-there-really-a-global-decline-in-the-non-housing-labour
-share/.

———. 2019b. "Revisiting the Global Decline of the (Non-housing) Labor Share." http://
www.centreformacroeconomics.ac.uk/Discussion-Papers/2019/CFMDP2019-13
-Paper.pdf.

Hall, Bronwyn, Christian Helmers, Mark Rogers, and Vania Sena. 2014. "The Choice
between Formal and Informal Intellectual Property: A Review." *Journal of Economic
Literature* 52 (2): 375–423. https://doi.org/10.1257/jel.52.2.375.

Hall, Robert E., and Dale W. Jorgenson. 1967. "Tax Policy and Investment Behavior."
*American Economic Review* 57 (3): 391–414. http://www.jstor.org/stable/1812110.

Hannak, Aniko, Gary Soeller, David Lazer, Alan Mislove, and Christo Wilson. 2014.
"Measuring Price Discrimination and Steering on E-Commerce Web Sites." In *Proceedings of the ACM SIGCOMM Internet Measurement Conference*, 305–18. New York:
Association for Computing Machinery. https://doi.org/10.1145/2663716.2663744.

Harari, Yuval Noah. 2015. *Sapiens: A Brief History of Humankind*. New York: Harper.

Hart, Oliver. 2017. "Incomplete Contracts and Control." *American Economic Review*
107 (7): 1731–52. https://doi.org/10.1257/aer.107.7.1731.

Harvey, David. 2007. *A Brief History of Neoliberalism*. Oxford: Oxford University Press.

Haskel, Jonathan E. 2019. "Capitalism without Capital: Understanding Our New 'Knowledge' Economy—Speech by Jonathan Haskel." Bank of England, May 16. https://
www.bankofengland.co.uk/speech/2019/jonathan-haskel-ken-dixon-lecture-at
-university-of-york.

———. 2020a. "Monetary Policy in the Intangible Economy—Speech by Jonathan
Haskel." Bank of England, February 11. https://www.bankofengland.co.uk/speech
/2020/jonathan-haskel-lecture-at-the-university-of-nottingham.

———. 2020b. "Remarks by Jonathan Haskel on COVID-19 and Monetary Policy."
Bank of England, July 1. https://www.bankofengland.co.uk/speech/2020/jonathan
-haskel-brighton-hove-chamber-of-commerce.

———. 2021. "What Is the Future of Working from Home?" Economics Observatory,
April 20. https://www.economicsobservatory.com/what-is-the-future-of-working
-from-home.

Haskel, Jonathan, and Stian Westlake. 2017. *Capitalism without Capital: The Rise of the
Intangible Economy*. Princeton, NJ: Princeton University Press.

Hayek, F. A. 1945. "The Use of Knowledge in Society." *American Economic Review*
35 (4): 519–30.

Heller, Michael. 2008. *The Gridlock Economy: How Too Much Ownership Wrecks Markets, Stops Innovation, and Costs Lives*. New York: Basic Books.

Holmstrom, Bengt. 2015. "Understanding the Role of Debt in the Financial System."
Bank for International Settlements working paper no. 479. https://economics.mit
.edu/files/9777.

Hornbeck, Richard. 2010. "Barbed Wire: Property Rights and Agricultural Development." *Quarterly Journal of Economics* 125 (2): 767–810. https://doi.org/10.1162/qjec
.2010.125.2.767.

Howes, Anton. 2020. *Arts and Minds*. Princeton, NJ: Princeton University Press.

Hsieh, Chang-Tai, and Enrico Moretti. 2019. "Housing Constraints and Spatial Misallocation." *American Economic Journal: Macroeconomics* 11 (2): 1–39. https://doi.org/10.1257/MAC.20170388.

Hsieh, Chang-Tai, and Esteban Alejandro Rossi-Hansberg. 2019. "The Industrial Revolution in Services." *SSRN Electronic Journal*, July. https://doi.org/10.2139/ssrn.3404309.

Hughes, Samuel, and B. Southwood. 2021. *Strong Suburbs*. London: Policy Exchange.

Hutton, Will. 1995. *The State We're In*. London: Jonathan Cape.

The Investment Association. 2020. *IA UK Funds Regime Working Group, Final Report to HM Treasury Asset Management Taskforce, 6 June 2019, Addendum on Onshore Professional Fund Proposals—11 March 2020*. https://www.theia.org/sites/default/files/2020-04/20200330-ukfrwgfinalreport.pdf.

Jaffe, A. B., M. Trajtenberg, and R. Henderson. 1993. "Geographic Localization of Knowledge Spillovers as Evidenced by Patent Citations." *Quarterly Journal of Economics* 108 (3): 577–98. https://doi.org/10.2307/2118401.

Jennings, Will, and Gerry Stoker. 2016. "The Bifurcation of Politics: Two Englands." *Political Quarterly* 87 (3): 372–82. https://doi.org/10.1111/1467-923X.12228.

Jensen, Thais Laerkholm, Soren Leth-Petersen, and Ramana Nanda. 2014. "Housing Collateral, Credit Constraints and Entrepreneurship—Evidence from a Mortgage Reform." *SSRN Electronic Journal*, October. https://doi.org/10.2139/ssrn.2506111.

Johnson, Herbert. 2004. "The Wright Patent Wars and Early American Aviation." *Journal of Air Law and Commerce* 69 (1). https://scholar.smu.edu/jalc/vol69/iss1/3.

Johnson, Noel D., and Mark Koyama. 2017. "States and Economic Growth: Capacity and Constraints." *Explorations in Economic History* 64 (April): 1–20. https://doi.org/10.1016/j.eeh.2016.11.002.

Johnstone, Bob. 1999. *We Were Burning: Japanese Entrepreneurs and the Forging of the Electronic Age*. New York: Basic Books.

Jorda, Oscar, Moritz Schularik, and Alan Taylor. 2017. "Macrofinancial History and the New Business Cycle Facts." In *NBER Macroeconomics Annual*, vol. 31, edited by Martin Eichenbaum and Jonathan A. Parker, 213–63. Chicago: University of Chicago Press.

Kaoru, Hosono, Daisuke Miyakawa, and Miho Takizawa. 2017. "Intangible Assets and Firms' Liquidity Holdings: Evidence from Japan." Research Institute of Economy, Trade and Industry discussion paper no. 17053. https://ideas.repec.org/p/eti/dpaper/17053.html.

Katznelson, Ron D., and John Howells. 2015. "The Myth of the Early Aviation Patent Hold-Up: How a US Government Monopsony Commandeered Pioneer Airplane Patents." *Industrial and Corporate Change* 24 (1): 1–64. https://doi.org/10.1093/icc/dtu003.

Kay, John, and Mervyn King. 2020. *Radical Uncertainty: Decision-Making for an Unknowable Future*. London: Bridge Street Press.

Kerr, William R., and Frédéric Robert-Nicoud. 2020. "Tech Clusters." *Journal of Economic Perspectives* 34 (3): 50–76. https://doi.org/10.1257/jep.34.3.50.

Keynes, John Maynard. 2010. "Economic Possibilities for Our Grandchildren." In *Essays in Persuasion*, 321–32. London: Palgrave Macmillan. (Original work published in 1930.)

Khan, Zorina. 2014. "Facts and Fables: A Long-Run Perspective on the Patent System." *Cato Unbound*, September 10. https://www.cato-unbound.org/browse ?searchquery=facts+and+fables.

Kleiner, Morris M. 2006. *Licensing Occupations: Ensuring Quality or Restricting Competition?* Kalamazoo, MI: W.E. Upjohn Institute. https://doi.org/10.17848/9781429 454865.

Kling, Arnold, and Nick Schulz. 2009. *From Poverty to Prosperity: Intangible Assets, Hidden Liabilities and the Lasting Triumph over Scarcity*. New York: Encounter Books.

Kortum, Samuel, and Josh Lerner. 2000. "Assessing the Contribution of Venture Capital to Innovation." *RAND Journal of Economics* 31 (4): 674. https://doi.org/10.2307 /2696354.

Kremer, Michael. 1993. "The O-Ring Theory of Economic Development." *Quarterly Journal of Economics* 108 (3): 551–75. https://doi.org/10.2307/2118400.

———. 1998. "Patent Buyouts: A Mechanism for Encouraging Innovation." *Quarterly Journal of Economics* 113 (4): 1137–67. https://doi.org/10.1162/003355398555865.

Kremer, Michael, and Christopher Snyder. 2020. "Strengthening Incentives for Vaccine Development." National Bureau of Economic Research *Reporter* no. 4 (December). https://www.nber.org/reporter/2020number4/strengthening-incentives-vaccine -development.

Krugman, Paul. 1997. *The Age of Diminished Expectations*. Cambridge, MA: MIT Press.

Kuhn, Peter, and Fernando Lozano. 2005. "The Expanding Workweek? Understanding Trends in Long Work Hours among U.S. Men, 1979–2004." National Bureau of Economic Research working paper no. 11895. https://ideas.repec.org/p/nbr /nberwo/11895.html.

Lachmann, Ludwig M. 1956. *Capital and Its Structure*. London: Bell and Sons. https:// mises.org/library/capital-and-its-structure.

Lakonishok, Josef, Andrei Shleifer, and Robert W. Vishny. 1994. "Contrarian Investment, Extrapolation, and Risk." *Journal of Finance* 49 (5): 1541–78. https://doi.org /10.1111/j.1540-6261.1994.tb04772.x.

Lall, Subir, and Li Zeng. 2020. "Intangible Investment and Low Inflation: A Framework and Some Evidence." International Monetary Fund working paper no. 20/190. https://papers.ssrn.com/abstract=3695369.

Leamer, Edward E. 2008. *Macroeconomic Patterns and Stories: A Guide for MBAs*. Berlin: Springer.

Lerner, Josh, and Ramana Nanda. 2020. "Venture Capital's Role in Financing Innovation: What We Know and How Much We Still Need to Learn." *Journal of Economic Perspectives* 34 (3): 237–61. https://doi.org/10.1257/jep.34.3.237.

Leunig, Tim, and James Swaffield. 2007. *Cities Unlimited: Making Urban Regeneration Work*. London: Policy Exchange. https://www.policyexchange.org.uk/wp-content /uploads/2016/09/cities-unlimited-aug-08.pdf.

Lev, Baruch, and Feng Gu. 2016. *The End of Accounting*. Hoboken, NJ: Wiley.

Lev, Baruch, and A. Srivastava. 2019. "Explaining the Recent Failure of Value Investing." NYU Stern School of Business. https://ssrn.com/abstract=3442539.

Levitt, Theresa. 2020. "When Lighthouses Became Public Goods: The Role of Technological Change." *Technology and Culture* 61 (1): 144–72. https://doi.org/10.1353 /tech.2020.0035.

Lewis, Paul. 2020. *Flying High? A Study of Technician Duties, Skills and Training in the UK Aerospace Industry*. London: Gatsby Charitable Foundation. https://www.gatsby .org.uk/uploads/education/reports/pdf/gatsby-flying-high.pdf.

Lian, Chen, and Yueran Ma. 2021. "Anatomy of Corporate Borrowing Constraints." *Quarterly Journal of Economics* 136 (1): 229–91. https://doi.org/10.1093/qje/qjaa030.

Liebowitz, S. J., and Stephen E. Margolis. 1990. "The Fable of the Keys." *Journal of Law and Economics* 33 (1): 1–25. https://doi.org/10.1086/467198.

Lim, Steve C., Antonio J. Macias, and Thomas Moeller. 2020. "Intangible Assets and Capital Structure." *Journal of Banking and Finance* 118 (September): 105873. https://doi.org/10.1016/j.jbankfin.2020.105873.

Lindberg, Erik. 2013. "From Private to Public Provision of Public Goods: English Lighthouses between the Seventeenth and Nineteenth Centuries." *Journal of Policy History* 25 (4): 538–56. https://doi.org/10.1017/S0898030613000298.

Lowenstein, Roger. 2001. *When Genius Failed*. New York: Penguin Random House.

Machin, Stephen, Sandra McNally, and Jenifer Ruiz-Valenzuela. 2020. "Entry through the Narrow Door: The Costs of Just Failing High-Stakes Exams." *Journal of Public Economics* 190 (October): 104224. https://doi.org/10.1016/j.jpubeco.2020.104224.

Markovits, Daniel. 2019. *The Meritocracy Trap*. London: Allen Lane.

Marx, Karl, and Frederick Engels. 2002 [1848]. *The Communist Manifesto*. London: Penguin Books.

Mazzucato, Mariana. 2013. *The Entrepreneurial State: Debunking Public vs. Private Sector Myths*. London: Anthem Press.

———. 2021. *Mission Economy: A Moonshot Guide to Changing Capitalism*. London: Allen Lane.

McAfee, Andrew. 2019. *More from Less*. New York: Simon and Schuster.

McLean, Bethany, and Peter Elkind. 2005. *The Smartest Guys in the Room: The Amazing Rise and Scandalous Fall of Enron*. New York: Portfolio.

McLeay, Michael, and Silvana Tenreyro. 2020. "Optimal Inflation and the Identification of the Phillips Curve." *NBER Macroeconomics Annual* 34:4–255. https://doi .org/10.1086/707181.

McRae, Hamish. 1995. *The World in 2020: Power, Culture and Prosperity*. Cambridge, MA: Harvard Business Review Press.

Metcalfe, Robert, Simon Burgess, and Steven Proud. 2019. "Students' Effort and Educational Achievement: Using the Timing of the World Cup to Vary the Value of

Leisure." *Journal of Public Economics* 172 (April): 111–26. https://doi.org/10.1016
/j.jpubeco.2018.12.006.

Milgrom, Paul, and John Roberts. 1988. "An Economic Approach to Influence Activi-
ties in Organizations." *American Journal of Sociology* 94:S154–79. http://www.jstor
.org/stable/2780245.

———. 1990. "Bargaining Costs, Influence Costs, and the Organization of Economic
Activity." In *Perspectives on Positive Political Economy*, edited by James E. Alt and
Kenneth A. Shepsie, 57–89. Cambridge: Cambridge University Press.

———. 2009. "Bargaining Costs, Influence Costs, and the Organization of Economic
Activity." In *The Economic Nature of the Firm: A Reader*, 3rd ed., edited by Louis
Putterman and Randall S. Kroszner, 143–55. Cambridge: Cambridge University
Press.

Mirrlees, J., and S. Adam. 2011. *Tax by Design: The Mirrlees Review*. London: Institute
for Fiscal Studies.

Mokyr, Joel. 1994. "Cardwell's Law and the Political Economy of Technological
Progress." *Research Policy* 23 (5): 561–74. https://doi.org/10.1016/0048-7333(94)
01006-4.

———. 2002. *The Gifts of Athena : Historical Origins of the Knowledge Economy*. Prince-
ton, NJ: Princeton University Press.

———. 2018. "The Past and the Future of Innovation: Some Lessons from Economic
History." *Explorations in Economic History* 69: 13–26. https://doi.org/10.1016/j.eeh
.2018.03.003.

Moretti, Enrico. 2012. *The New Geography of Jobs*. Boston: Houghton Mifflin Harcourt.

Myers, John. 2020. "Fixing Urban Planning with Ostrom: Strategies for Existing Cities
to Adopt Polycentric, Bottom-Up Regulation of Land Use." Mercatus Research,
Mercatus Center at George Mason University, Arlington, VA, February. https://
www.mercatus.org/system/files/myers_-_mercatus_research_-_fixing_urban
_planning_with_ostrom_-_v1.pdf.

Nanda, Ramana, and William Kerr. 2015. "Financing Innovation." *Annual Review of
Financial Economics* 7 (1): 445–62.

National Audit Office. 2002. *Individual Learning Accounts*. https://www.nao.org.uk/wp
-content/uploads/2002/10/01021235.pdf.

Nelson, Richard R. 1959. "The Simple Economics of Basic Scientific Research." *Journal
of Political Economy* 67 (3): 297–306. https://doi.org/10.1086/258177.

———. 1994. "The Co-evolution of Technology, Industrial Structure, and Support-
ing Institutions." *Industrial and Corporate Change* 3 (1): 47–63. https://doi.org/10
.1093/icc/3.1.47.

Nelson, Robert. 1999. "Privatizing the Neighborhood: A Proposal to Replace Zoning
with Private Collective Property Rights to Existing Neighborhoods." *George Mason
Law Review* 7. HeinOnline, https://heinonline.org/HOL/LandingPage?handle
=hein.journals/gmlr7&div=37&id=&page=.

NESTA. 2016. "Pushing Boundaries: The 2015 UK Alternative Finance Industry Report."
https://www.nesta.org.uk/report/pushing-boundaries-the-2015-uk-alternative
-finance-industry-report/.

Nielsen, Michael. 2013. *Reinventing Discovery: The New Era of Networked Science*. Princeton, NJ: Princeton University Press.

North, Douglass C. 1993. "Douglass C. North—Prize Lecture: Economic Performance through Time." Nobel Prize Lecture, December 9. https://www.nobelprize.org/prizes/economic-sciences/1993/north/lecture/.

North, Douglass C., and Barry R. Weingast. 1989. "Constitutions and Commitment: The Evolution of Institutions Governing Public Choice in Seventeenth-Century England." *Journal of Economic History* 49 (4): 803–32. http://www.jstor.org/stable/2122739.

OECD. 2021. *Bridging the Gap in the Financing of Intangibles to Support Productivity: A Policy Toolkit*. Paris: OECD Publishing.

O'Reilly, Colin, and Ryan Murphy. 2020. "A New Measure of State Capacity, 1789–2018." *SSRN Electronic Journal*, August. https://doi.org/10.2139/ssrn.3643637.

Olson, Mançur. 1965. *The Logic of Collective Action*. Cambridge, MA: Harvard University Press.

Ostrom, Elinor. 2005. *Understanding Institutional Diversity*. Princeton, NJ: Princeton University Press.

Park, R. Jisung. 2020. "Hot Temperature and High Stakes Performance." *Journal of Human Resources*, March. https://doi.org/10.3368/jhr.57.2.0618-9535r3.

Peltzman, Sam. 2020. "Productivity, Prices and Productivity in Manufacturing: A Demsetzian Perspective." *SSRN Electronic Journal*, August. https://doi.org/10.2139/ssrn.3655762.

Pennington, Mark. 2001. *Planning and the Political Market: Public Choice and the Politics of Government Failure*. London: Athlone Press.

Phelps, Edmund. 2013. *Mass Flourishing: How Grassroots Innovation Created Jobs, Challenge, and Change*. Princeton, NJ: Princeton University Press.

Philippon, Thomas. 2019. *The Great Reversal: How America Gave Up on Free Markets*. Cambridge, MA: Belknap Press of Harvard University Press.

Piketty, Thomas. 2014. *Capital in the Twenty-First Century*. Cambridge, MA: Harvard University Press.

Porta, Rafael La, Florencio Lopez-De-Silanes, Andrei Shleifer, and Robert W. Vishny. 1997. "Legal Determinants of External Finance." *Journal of Finance* 52 (3): 1131. https://doi.org/10.2307/2329518.

Posner, Eric, and E. Glen Weyl. 2018. *Radical Markets: Uprooting Capitalism and Democracy for a Just Society*. Princeton, NJ: Princeton University Press.

Putnam, Robert. 1994. *Making Democracy Work: Civic Traditions in Modern Italy*. Princeton, NJ: Princeton University Press.

Rachel, Lukasz, and Thomas Smith. 2015. "Secular Drivers of the Global Real Interest Rate." Bank of England working paper no. 571. https://doi.org/10.2139/ssrn.2702441.

Ridley, Matt. 2020. *How Innovation Works: And Why It Flourishes in Freedom*. London: 4th Estate.

Ritchie, Stuart. 2020. *Science Fictions: Exposing Fraud, Bias, Negligence and Hype in Science*. New York: Penguin.

Rognlie, Matthew. 2015. "Deciphering the Fall and Rise in the Net Capital Share." *Brookings Papers on Economic Activity* 46: 1–69. https://doi.org/10.1353/eca.2016.0002.

Royal Town Planning Institute. 2020. "Priorities for Planning Reform in England." April 23. https://www.rtpi.org.uk/policy/2020/april/priorities-for-planning-reform-in-england/.

Sawhill, Isabel V., and Katherine Guyot. 2020. *The Middle Class Time Squeeze*. Washington, DC: Brookings Institution. https://www.brookings.edu/wp-content/uploads/2020/08/The-Middle-Class-Time-Squeeze_08.18.2020.pdf.

Schumacher, E. F. 1980. *Small Is Beautiful*. London: Blond & Briggs. https://www.amazon.co.uk/Small-Beautiful-F-Schumacher/dp/B0010365XW/ref=tmm_hrd_swatch_0?_encoding=UTF8&qid=&sr=.

Schumpeter, Joseph A. 1942. *Capitalism, Socialism and Democracy*. New York: Harper.

Schwartz, Peter, and Peter Leyden. 1997. "The Long Boom: A History of the Future, 1980–2020." *Wired*, July 1. https://www.wired.com/1997/07/longboom/.

Scott, James. 1999. *Seeing Like a State: How Certain Schemes to Improve the Human Condition Have Failed*. New Haven, CT: Yale University Press.

Shiller, Robert. 2019. *Narrative Economics*. Princeton, NJ: Princeton University Press.

Shoup, Donald. 2018. *Parking and the City*. New York: Routledge.

Sibieta, Luke, Imran Tahir, and Ben Waltmann. 2021. "Big Changes Ahead for Adult Education Funding? Definitely Maybe." Institute for Fiscal Studies Briefing Note BN325. https://ifs.org.uk/uploads/BN325-Big-changes-ahead-for-adult-education-definitely-maybe.pdf.

Sichel, Daniel E. 2016. "Two Books for the Price of One: Review Article of *The Rise and Fall of American Growth* by Robert J. Gordon." *International Productivity Monitor* 31:57–62. https://ideas.repec.org/a/sls/ipmsls/v31y20164.html.

Simon, Hermann. 1995. *Hidden Champions of the Twenty-First Century: The Success Strategies of Unknown World Market Leaders*. Cambridge, MA: Harvard University Press.

Skelton, David. 2019. *Little Platoons: How a Revived One Nation Can Empower England's Forgotten Tows and Redraw the Political Map*. London: Biteback Publishing.

Smith, Adam. 1904. *An Inquiry into the Nature and Causes of the Wealth of Nations*. Edited by Edwin Cannan. 2 vols. London: Methuen & Co.

Smith, James, Jack Leslie, Cara Pacitti, and Fahmida Rahman. 2019. "Recession Ready? Assessing the UK's Macroeconomic Framework." Resolution Foundation. https://www.resolutionfoundation.org/publications/recession-ready/.

Subcommittee on Antitrust, Commercial and Administrative Law of the Committee on the Judiciary. 2020. "Investigation of Competition in Digital Markets." https://judiciary.house.gov/uploadedfiles/competition_in_digital_markets.pdf.

Swinney, Paul, Rebecca McDonald, and Lahari Ramuni. 2018. "Talk of the Town: The Economic Links between Cities and Towns," London: Centre for Cities. https://www.centreforcities.org/publication/talk-of-the-town/.

Syed, Matthew. 2019. *Rebel Ideas: The Power of Diverse Thinking*. London: John Murray.

Syverson, Chad. 2019. "Macroeconomics and Market Power: Context, Implications, and Open Questions." *Journal of Economic Perspectives* 33 (3): 23–43. https://doi.org/10.1257/jep.33.3.23.

Tabarrok, Alex. 2013. "The Tabarrok Curve in the WSJ." Marginal Revolution, June 23. https://marginalrevolution.com/marginalrevolution/2013/06/the-tabarrok-curve-in-the-wsj.html.

Taylor, Mark Zachary. 2016. *The Politics of Innovation: Why Some Countries Are Better than Others at Science and Technology.* Oxford: Oxford University Press.

Traina, James. 2018. "Is Aggregate Market Power Increasing? Production Trends Using Financial Statements." Available at SSRN, https://doi.org/10.2139/ssrn.3120849.

Van Bavel, Bas. 2016. *The Invisible Hand? How Market Economies Have Emerged and Declined since AD 500.* New York: Oxford University Press.

Van Zandt, David E. 1993. "The Lessons of the Lighthouse: 'Government' vs. 'Private' Provision of Goods." *Journal of Legal Studies* 22 (1): 47–72.

Vollrath, Dietrich. 2020. *Fully Grown: Why a Stagnant Economy Is a Sign of Success.* Chicago: University of Chicago Press.

Waldrop, M. Mitchell. 2018. *The Dream Machine.* 4th ed. San Francisco: Stripe Press.

Walker, John. 2011. *The Acceptability of Road Pricing.* London: RAC Foundation, May. https://www.racfoundation.org/wp-content/uploads/2017/11/acceptability_of_road_pricing-walker-2011.pdf.

Weingast, Barry R. 1995. "The Economic Role of Political Institutions: Market-Preserving Federalism and Economic Development." *Journal of Law, Economics, & Organization* 11 (1): 1–31. http://www.jstor.org/stable/765068.

Whitehead, Alfred North. 1911. *An Introduction to Mathematics.* London: Williams and Norgate.

Wilkinson, Frank, and Kate Pickett. 2009. *The Spirit Level: Why More Equal Societies Almost Always Do Better.* London: Allen Lane.

Williamson, Elizabeth J., Alex J. Walker, Krishnan Bhaskaran, Seb Bacon, Chris Bates, Caroline E. Morton, Helen J. Curtis, et al. 2020. "Factors Associated with COVID-19-Related Death Using OpenSAFELY." *Nature* 584 (7821): 430–36. https://doi.org/10.1038/s41586-020-2521-4.

Williamson, Oliver E. 2009. "Prize Lecture by Oliver E. Williamson." Nobel Foundation. https://www.nobelprize.org/prizes/economic-sciences/2009/williamson/lecture/.

Wilsdon, James, Liz Allen, Eleonora Belfiore, Philip Campbell, Stephen Curry, Steven Hill, Richard Jones, et al. 2015. *The Metric Tide: Report of the Independent Review of the Role of Metrics in Research Assessment and Management.* https://doi.org/10.13140/RG.2.1.4929.1363.

Wise, Tom, and Kenney Turnbull. 2019. "How Has Trade Policy Uncertainty Affected the World Economy?" Bank of England, September 10. https://www.bankofengland.co.uk/bank-overground/2019/how-has-trade-policy-uncertainty-affected-the-world-economy.

Wyman, Oliver, and British Business Bank. 2019. "The Future of Defined Contribution Pensions: Enabling Access to Venture Capital And Growth Equity." British Business Bank, September. https://www.british-business-bank.co.uk/wp-content/uploads/2019/09/Oliver-Wyman-British-Business-Bank-The-Future-of-Defined-Contribution-Pensions.pdf.

國家圖書館出版品預行編目資料

衝破經濟停滯：以無形資產重塑成長與繁榮 / 喬納森.哈斯克爾
(Jonathan Haskel), 史蒂安.韋斯萊克 (Stian Westlake) 著；曹嬿恆譯. -- 初
版. -- 臺北市：商周出版：英屬蓋曼群島商家庭傳媒股份有限公司城邦
分公司發行, 2023.03
　　面；　　公分. -- ( 莫若以明書房；BA8037)
譯自：Restarting the future : how to fix the intangible economy
ISBN　978-626-318-574-6（平裝）

1.CST: 經濟發展 2.CST: 經濟危機 3.CST: 資產管理

552.15　　　　　　　　　　　　　　　　　　　　112000263

線上版讀者回函卡

莫若以明書房 BA8037

# 衝破經濟停滯
## 以無形資產重塑成長與繁榮

原 文 書 名／Restarting the Future: How to Fix the Intangible Economy
作　　　者／喬納森‧哈斯克爾（Jonathan Haskel）、史蒂安‧韋斯萊克（Stian Westlake）
譯　　　者／曹嬿恆
編 輯 協 力／李　晶
責 任 編 輯／鄭凱達
版　　　權／顏慧儀
行 銷 業 務／周佑潔、林秀津、黃崇華、賴正祐、郭盈均

總 編 輯／陳美靜
總 經 理／彭之琬
事業群總經理／黃淑貞
發 行 人／何飛鵬
法 律 顧 問／台英國際商務法律事務所　羅明通律師
出　　　版／商周出版
　　　　　　臺北市104民生東路二段141號9樓
　　　　　　電話：(02) 2500-7008　　傳真：(02) 2500-7759
　　　　　　E-mail：bwp.service@cite.com.tw
發　　　行／英屬蓋曼群島商家庭傳媒股份有限公司　城邦分公司
　　　　　　臺北市104民生東路二段141號2樓
　　　　　　讀者服務專線：0800-020-299　　24小時傳真服務：(02)2517-0999
　　　　　　讀者服務信箱E-mail: cs@cite.com.tw
　　　　　　劃撥帳號：19833503　　戶名：英屬蓋曼群島商家庭傳媒股份有限公司城邦分公司
訂 購 服 務／書虫股份有限公司客服專線：(02) 2500-7718；2500-7719
　　　　　　服務時間：週一至週五上午09:30-12:00；下午13:30-17:00
　　　　　　24小時傳真專線：(02) 2500-1990；2500-1991
　　　　　　劃撥帳號：19863813　　戶名：書虫股份有限公司
　　　　　　E-mail: service@readingclub.com.tw
香港發行所／城邦（香港）出版集團有限公司
　　　　　　香港灣仔駱克道193號東超商業中心1樓
　　　　　　Email：hkcite@biznetvigator.com
　　　　　　電話：(852)2508-6231　　傳真：(852)2578-9337
馬新發行所／城邦(馬新)出版集團　【Cite (M) Sdn. Bhd.】
　　　　　　41, Jalan Radin Anum, Bandar Baru Sri Petaling,
　　　　　　57000 Kuala Lumpur, Malaysia
　　　　　　電話：(603)90578822　　傳真：(603)90576622　　Email：services@cite.my
封 面 設 計／萬勝安
印　　　刷／鴻霖印刷傳媒股份有限公司
總 經 銷／聯合發行股份有限公司　　電話：(02) 2917-8022　　傳真：(02) 2911-0053
　　　　　　地址：新北市新店區寶橋路235巷6弄6號2樓

■ 2023年3月2日初版1刷　　　　　　　　　　　　　　　　　　　Printed in Taiwan

城邦讀書花園
www.cite.com.tw

定價：500元（紙本）／350元（EPUB）
ISBN：978-626-318-574-6（紙本）／ISBN：978-626-318-576-0（EPUB）　　版權所有‧翻印必究